再

橋本雄❖編
Hashimoto Yu

北海道大学出版会

はしがき

本書は、二〇一九年度文学研究院(文学部)公開講座「再——くりかえす世界」(英訳"*Re-: The World Repeats Itself*")を書籍化したものです。講師全員のお話を文章化したものですので、各講義のエッセンスを〈ふたたび〉味わっていただけるものと思います。なお、右の英訳タイトルは本研究院の竹内康浩先生(欧米文学研究室)に創案いただきました。

当該講座全体の趣旨は、ポスター・チラシ類から引用いたしますと、「再生、再生産、再帰、回帰、循環、あるいはくりかえす姿、その後のあり様、といった、〈再〉をめぐる現象や事象、文学や歴史の諸相をとおして現れてくる私たちの世界のあり方を、多様で多彩な研究分野の教員が、受講生のみなさんとともに、問いかけ、探って行きたい」、というものでした(一部表記改変)。たしかにその通りで、目次に一目瞭然でしょうが、〈再〉・〈くりかえす〉等々にまつわる話題が多岐にわたって取り上げられています。そして、手前味噌ながら、我が文学研究院の擁する陣営の多才ぶり、学問の多様性も瞬時に看て取れるでしょう。

要するに、多様な学問分野で議論となっている、〈再生〉〈再生産〉〈再帰〉〈回帰〉などの諸相を、この一冊で観察・吟味できるわけです。しかも学問の最先端から届けられた話題が盛りだくさん。そういう意味で本書は、大変お得な作りになっている、と言えるのではないでしょうか。ぜひとも本書をひもとき、気になるところから読み進めていただければ、編者としてもありがたい限りです。

以下、慣例に従って、編者なりの読書案内を綴ってみましょう。もちろん、こんな雑駁な感想文は読み飛ばして、本編に直行していただくのがベストだとは思いますが、もしや何かの手引きになれば幸いです。

第一章。宮嶋俊一先生(宗教学インド哲学研究室)の章タイトル「諸宗教における死と再生をめぐって」は、もともと「生きてることが辛いなら、いっそ小さく死ねばいい――諸宗教における死と再生をめぐって」という講義題目でした。このインパクトあふれるタイトルは、論文中にも書かれている通り、歌手の森山直太朗さんの歌に由来しています。誰でも生きづらい瞬間というのはありますよね。貧富の差も拡大し、世界中で「地域紛争」や「異民族」の虐殺・虐待、地球温暖化など環境問題が深刻になりつつある今、この過酷な世に憂くことも珍しいことではなくなりました。私たちは、つい、「がんばれば何とかなる」という「通俗道徳の罠」(松沢裕作『生きづらい明治社会』岩波ジュニア新書、二〇一八年)に縛られていませんか? けれども、そんなときこそ、息をつき、気分を切り替えることが大切です。宮嶋論文は、そんな希望や勇気を与えてくれる、愛に満ちた論稿と言えるでしょう。

第二章。和田博美先生（心理学研究室）は「甦れ脳細胞！——運動の効果とニューロジェネシス」と題して、まさしく我々に〈若返り〉の希望、〈活き活きと生きる〉ための指針を示す、これまた愛にあふれた論稿を寄せてくださいました。しかも、日頃の怠惰に対する反省を促す（！）ものでもあり、言い換えれば本章はきわめて実践的《プラクティカル》な論文です。かつて加齢とともに壊滅してゆくと考えられていた、脳の神経細胞の〈再生〉が話題の中心となっています。成熟した生体の脳でも、新たに脳細胞が生まれることが近年わかってきたわけですが、ではどうすればその動きは促進されるのか？　誰もが知りたくなる、そうした秘訣《レシピ》が本章には詰め込まれています。第一章の宮嶋論文と併せ考えると、「エイヤ！」と〈死んだつもり〉で心をリセットし、昨日までの鬱々とした自分にサヨナラする！のが大切だとわかります。頑張りすぎずに、ストレスを解消してゆきましょう。

第三章。水溜真由美先生（映像・現代文化論研究室）の「トラウマ記憶と反復——カート・ヴォネガット『スローターハウス5』」は、ヴォネガットの同題の小説を素材に、恐怖心が間歇的かつ繰り返し訪れるトラウマの意味内容に迫ります。一転して陰鬱な話題かと思われるかもしれませんが、さにあらず。作者ヴォネガットは、その非人道性で有名な第二次世界大戦中のドレスデン空襲を体験し、それをトラウマにもっている小説家です。二〇年ほどかけて、ようやく作品として当該「経験」を表現するに至りました。そこに至るまでの時間の長さにも驚きますが、それをいかに表現するかにも、問題の根深さが表れています。そのあたりの複雑な事情を水溜先生は解き明かし、現在的問題の所在を指し示してくれているわけです。とりわけ、ニーチェの永劫回帰説を引き合いに、当該小説の本質をえぐり出した点は白眉でしょう。宿命論にやや魅かれた作者ヴォネガットが、しかしそれに抵抗する如くこの小説を著したことが掘り起こされています。戦争の悲惨さに目をつむるのではなく、むしろ正視するための工夫がこの小説には籠められていた！

　個人的な感懐ばかりで恐縮ですが、私（編者橋本）は、一つ前の北大文学研究院公開講座本、『かなしむ人間』に「珠光の嘆き」という小文を書きました。そこでも述べたように、仏教的には、楽しいことも苦しいことも、好きも嫌いも、言わば人間の心に潜む〈執着〉にほかなりません。酷な言い方をすれば、望む・望まないにかかわらず、トラウマすらも一種の〈執着〉、〈こだわり〉なのです。作品中の酷い出来事についても、作者ヴォネガットは「そういうものだ」という評語を書き連ねました。仏教的解釈に寄りかかりすぎかもしれませんが、ある種の達観――単なる諦念ではないし宿命論でもない――に彼が至ったのだとすれば、なんだか救われるような気がしませんか。過去の人々の魂の絶望を救済し、現在を生きる我々の生に資すること。これも人文社会科学や中等・高等教育の重要な役割だと思います（小川幸司「ショアーをめぐる群像」・「御前会議と青年兵士のアジア・太平洋戦争」（『世界史との対話――70時間の歴史批評』下巻、地歴社、二〇一二年）参照）。

第四章。佐野勝彦先生（哲学倫理学研究室）の「知能と再帰——アラン・チューリングの機械観」

も、現在的問題に深くコミットした論稿です。今、世界中でＡＩ（人工知能）が注目を浴びていますね。仕事の大半が失われるとか、人間の頭脳を超えるシンギュラリティが訪れるとか、さまざまな憶説が飛び交っています。でも、そもそもＡＩがどんなものか、どのようにして構想されてきたのかについて議論されることはあまり多くない。ＡＩにできること・できないことを知ることは、未来を生きるためにとても大切なことでしょう。佐野論文では、ここの部分をきちんと説明してくれています。単なる〈繰り返し〉や〈再帰〉を超えて、はたして機械は人間のような独創的発想をなしうるのか?! 人工知能のこれまでの歩みと、この先の展望をぜひ読み取っていただきたいと思います。

第五章。小杉康先生（考古学研究室）の「奄美と縄文——「再葬」をめぐる考古学の冒険」は、講演時のタイトルが「再葬と再生——「再」をめぐる考古学」でした。奄美や沖縄に残る再葬（洗骨）の風習を切り口に、民俗誌的情報を適度に調合させつつ、死と葬送に向き合う人類史を文字通り掘り下げてゆきます（今使った「再葬」という概念を手っ取り早く知りたい人は、一五三ページの図5-11をご覧ください）。また本論稿は、小杉先生の「民俗誌考古学」事始めという、新たな学問の開幕を告げる記念碑的作品とも言えます。それだけではありません。小杉講演に示された〈再〉には、もう一つ、彼が「間欠的類似現象」と名づける歴史学上の根本問題も、〈二重《ふたえ》〉に含意されていました。なんと心憎い演出なのでしょう！

小杉論によれば、この「間欠的類似現象」とは、たとえば葬送方法や墓制に関し、時空を隔てて「類似」した現象が現れることを指します。けれども、実際こうした「間欠的類似現象」は、葬制・墓制の問題に限られない。有名な、「歴史は繰り返す（History repeats itself）」という箴言がありますね。社会構造や文化の違うところでも、どういうわけか人間は似た行動をとり、似たような現象を起こすことがあります。だとすればその条件とはなんなのか。もちろん過去の人間にも共通する、本質的な何かが作用しているのかもしれません。けれども、一見同じように思われたとしても、実は大事な部分で異なっている可能性は当然ある。歴史のなかの〈再〉には、かくも複雑で究明し甲斐のある問題がたくさん転がっているのです（本書第八章の金沢論文も参照）。さればこそ歴史の教訓を語って安直な未来予想図を描くことには慎重でなければなりません。しかしながら、限られた人生の経験値を増やすためにも、歴史を／に学ぶことはとても大切だと思うのです。いささか暑苦しい歴史学徒の感想となってしまいましたが、本論文から、そのあたりの機微も汲み取っていただければ、と期待しています。

第六章。佐藤健太郎先生（東洋史学研究室）の「レコンキスタ――中世イベリア半島の「再」征服」もまた、歴史学的に非常に味わい深い論稿です。世界史でもおなじみ、「国土回復運動」とか

「再征服」とも呼ばれる「レコンキスタ」を題材に、歴史上の〈再〉、あるいは〈再々〉とは何か、という深遠な問いに迫ります。誰しも、〈元のモノを取り戻す〉と言うと、なんだか否定できない正当性を有するかのように考えがちですが、数百年の時間の流れのなかで、何をもって〈元のモノ〉と言えるのかは、そう簡単に決められるはずもない。その〈元〉って、いつのことなの？という曖昧さです。したがって、〈元に戻す〉というのは、その権利を獲得したい人々による後づけの論理（屁理屈?!）にすぎない、のかもしれません。今、世界のさまざまな地域・局面で、不寛容さが広がっています。それに我々がどう向き合うべきか、イスラーム世界への留学経験をもつ佐藤先生ならではの、温かいヒントに満ちた論文に仕上がっています。

なお、私が専門としている日本の中世社会でも、土地やモノが元の持ち主（本主《ほんしゅ》）に戻されるべき、という法理が存在していました。その発現例の一つが、有名な徳政令ですね。借金すら帳消しにされてしまう、スゴイ法令です。その一方で、中世の武家政権は、現にその土地を支配している人間の所有権を基本的には保護してゆきます（「当知行安堵《とうちぎょうあんど》」の原則）。土地やモノの所有権は時代とともに動きますから、どの時点が〈元〉（基点）となるのか、どの所有権が正当であるのかは、一義的には決められません。だからこそ、所有権をめぐる、怨嗟に満ちた暴力の連鎖が生まれてしまうわけです。――このように、佐藤論文からは比較史の視点を獲得することもできます。地球上あらゆるところで継起した暴力や偏見、排除や嫌悪の由縁を知るために、歴史学がいかに重要な学問であるのか、ぜひとも感じ取っていただきたいと思います。

第七章。武田雅哉先生（中国文化論研究室）の「〈再〉遊記の大冒険――あのひとたちはその後……」は、単なる素朴な繰り返しやコピーではない、〈リヴァイヴァル〉の魅力を具体的に教えてくれる論稿です。タイトルにも見える通り、ここでの〈祖〉材は、おなじみ『西遊記』。けれども、今回光が当てられるのはその後に数多《あまた》作られた「続書」、要するに子々〈孫〉々のヴァリアントです。今風に言えばスピンオフやシークエル、あるいはチェインストーリやパラレルワールドなどの類いですね。こうした物語世界がなぜかくも豊穣に紡がれてきたのか、当然知りたくなるわけですが、そうした疑問にも明快な答えが用意されています。種々の〈再〉遊記制作当時の時代背景や社会状況と関わらせながら、各物語の特徴が非常にわかりやすく解説されているのです。かてて加えて、武田先生の『西遊記』への愛が詰まった論稿に仕上がっているのも、武田ファンにとっては嬉しい要素でしょう。

第八章。金沢英之先生（日本古典文化論研究室）は、「くりかえす世界の／と物語――『SSSS.GRIDMAN』から考える」と題して、近時作られた標題アニメ作品を軸に、物語の〈再現性〉をめぐって話を展開してゆきます。美術史・芸術学などでも「模倣と創造」の緊張関係は常に議論の的となりますし、金沢先生が専門とする文学研究でも、先行する物語や言説の「本歌取り」は実に大きな問題です。眼前のテキストにまぶされた典拠を探る作業は、人文科学の基礎の基礎で、苦労は多いが達成感のある仕事でもある（前章の武田論文も参照）。ところが、読み進めるうちに、我々は良い意味で金沢先生に裏切られます。本章の真のテーマは、そうした訓詁学の重要性の紹介ではなく、近代とポスト近代《モダン》との違いは何か、という問いだったからなのです！　ああ、ここまで来ると半ばネタバレ気味ですが、近代の息苦しさから解放されるためにも、ポスト近代という〈くりかえす中世〉に期待を寄せるのは、日本中世史を専攻している私だけ、ではありますまい。

第九章。平沢和司先生（社会学研究室）の「階層は再生産されるのか――調査データから格差社会を考える」も、我々の社会を考えるうえで必須の視点を提供してくれます。親の七光りとか世襲議員とか、誰もが違和感を覚えずにはいられない問題と直結するからです。こうした社会問題を解決・改善してゆくには、印象論ではなく、冷静な分析や判断が必要です。たとえば、親の職業・職位等と子どものそれとが一致する〈再生産〉は、はたして本当に起こっているのか。もし起こっているとしたら、それはどの程度の割合であるのか。現在の日本社会を覆っている問題は、「機会の不平等」なのか、それとも「結果の不平等」なのでしょうか。そもそも〈再生産〉とは如何なることなのか。――事はそう単純ではないわけですが、そうした複雑な問題群に関して、平沢論文は平易に分析の糸口を開示してくれます（最後には抑制的とはいえ、実に的確な展望も！）。

　我々大学人としては、「機会の不平等」を是正・緩和することが何より大切と思います。しかしながら、「機会の平等／不平等」は「結果の平等／不平等」（大学受験の結果）からも生まれてしまう。正負の循環も常に、容易に生じかねないわけです。社会のなかでの分断が強まってきた今こそ、こうした社会の再生産構造や循環《サイクル》の拠って来る由縁を的確に捉えねばならないでしょう。そのヒントを平沢論文から是非とも汲み取ってください。

以上、「はしがき」としては少々長すぎたかもしれません。また、ずいぶんと自分の専門とする歴史学に引きつけすぎた気もいたします。さすがにこれで終わりにしましょう。――それでは、〈再〉をめぐるさまざまな物語を、存分にお楽しみください。

橋本　雄

目次

第一章　諸宗教における死と再生をめぐって

宮嶋俊一

はじめに

シンガーソングライターの森山直太朗さんに、「生きてることが辛いなら」（御徒町凧作詞、森山直太朗作曲）という曲があります。この曲の中には、「生きてることが辛いなら　いっそ小さく死ねばいい　恋人と親は悲しむが　三日と経てば元通り　気が付きゃみんな年取って　同じとこに行くのだから」という歌詞が含まれているのですが、この歌詞が一時、騒動を引き起こしました。この曲が自殺を勧めているのではないか、と問題になったのです。自主的にオン・エアを控える放送局も出てきました。あるインタビュー番組で、森山さんは、自殺を助長したつもりはない、「小さく死ねばいい」の小さくに意味を込めたつもりだった、と話しています。私には森山さんの言いたいことが理解できたのですが、「小さく死ねばいい」の「小さく」というのは少しわかりにくいかな、とも思いました。おそらく、一般的には「死ぬことに大きいも小さいもないではないか」と思われていますから、このような問題が生じたのではないかと感じたのです。「小さく死ぬ」という表現を私なりにわかりやすく言い換えるなら「死んだことにしたらいい」、あるいは「死んだ体《てい》で、行動すればいい」、さらには「死んだこととして扱えばいい」といったことになると思います。それを宗教学的に表現すれば、「生きているのが辛いなら、象徴的に死ねばいい」ということになるでしょう。もちろん、これでは曲のタイトルにはなりませんので、実際には「小さく」という表現になったのだと思います。

では「象徴的に死ぬ」とはどういうことでしょうか。ご存じの方も多いと思いますが、さまざまな宗教儀礼を見てみると、象徴的に死んで、象徴的に生まれ変わるという儀礼がたくさんあります。たとえば、熊野奥駆修行というものがあります。これは山岳修行の一種で、白装束で山中を歩き、心身を鍛錬するという修行です。奥駆修行は、日本の山岳信仰と仏教が融合して独自の展開を遂げたものですが、その修行路の途上に、「西の覗き」と呼ばれる、崖の上から下を覗き込む場所があります。修行者は綱を腰に付けて、岩の上から崖下を見ることで、谷底を真っ逆さまに落ちていくという「死」を疑似体験するのです。背後からこれまでの人生を問い直すようなことを次々に言われ、「はい、はい」と答えつつ、行を終えていきます。この行を体験することで、疑似的にいったん「死んで」、そして別人として生まれ変わっていくのです。

このような死の疑似体験は世界各地の成人儀礼にもともとあったもので、バンジージャンプもそれに当たります。バンジージャンプは今ではエンターテインメント、娯楽の一種として観光地で行われていたりもしますが、これはもともとバヌアツで行われていた成人儀礼で、恐怖に打ち勝っための強い気持ちをつくると同時に、（解釈によっては）いったん死んで、そして大人として生まれ変わるという儀式でした。

さて、最初に紹介した「生きてることが辛いなら」という曲に戻ると、（解釈が人によってさまざまであることは当然であるとして、その一つを示すなら）やはり、「小さく」死んで、そして生まれ変わっていく、別の人間として再生していくという、そういうことを歌った歌として解釈できると思います。

一　宗教は死をどのようなものと考えてきたのか

ここで、宗教が「死」の問題に対してどう向き合ってきたのか、いくつか紹介してみたいと思います（岸本英夫「生死観四態」『死を見つめる心――ガンとたたかった十年間』講談社、一九七三年を参照）。まず、生物学的な「死」が逃れられないなかで、なんとかそれを逃れようと不老不死を追求する宗教があります。道教の神仙思想などがそれに当たります。また、生物学的な死から蘇って肉体が再生するという考えもあります。たとえば、エジプトのミイラなども、そのような考え方に基づいて製作されたのではないか、という説があります。ですが、それよりもむしろ多いのは、肉体は滅びても霊魂が生き続けるという考え方でしょう。たとえば、亡くなった人に「会う」ため、今でも多くの人が恐山（青森県）を訪れます。ここに行けば死んだ親に会える、亡くした子どもに会える、といった信仰は今も根強く存在しています。このように死んだ後も霊魂は残り続ける、そして生まれ変わりを続けていくという輪廻転生の考え方は、仏教の六道輪廻《りくどう》などにも示されています。ですが、これから主として論じていくのは、死んだ後、私たちがどうなるのかということではなく、象徴的に死んで象徴的に生まれ変わる、ということですので、現実の死の話とは少し違います。

二　ファン・ヘネップの通過儀礼論

はじめに、人類学者のアルノルト・ファン・ヘネップ（Arnold van Gennep　一八七三―一九五七）による通過儀礼論を紹介しましょう。この人の名前は、英語読みでヴァン・ジェネップ、オランダ語読みでファン・ヘネップとなりますが、父がフランス系、母がオランダ系、本人はドイツに生まれ、フランスで育ち活躍したというコスモポリタンな人で、代表作は『通過儀礼』（原著は一九〇九年。邦訳は綾部恒雄・綾部裕子訳、岩波文庫、二〇一二年。同書からの引用は本文中（　）内に示す）です。

通過儀礼とは人生の節目節目で行われる儀礼ですが、これをイニシエーションと捉えて、それが分離儀礼・移行儀礼・結合儀礼という三つのプロセスからなることを彼は指摘しました。分離とは、古い自分の集団から一度「分離」し、それまでの日常社会から隔離される段階、移行とは古い集団から新しい集団への移行段階、そして結合とは新しい自分の集団に結びつく段階のことです。つまり、「生まれ変わり」には元の世界からの分離期、そして移行期、さらに新たに生まれ変わった人間として元の世界に統合される段階の三段階があると考えたのです。そのことを、彼の儀礼論から考えてみます。

ファン・ヘネップはまず、宗教というシステムについての説明から始めます。近代社会には、世俗的世界（俗界）と宗教的世界（聖域）が存在します。つまり「線が引かれる」のです。そして、俗人が宗教界に入る場合（やその逆の場合）、儀礼が必要となります。それは、人生の節目節目における通過儀礼においても同様です。誕生、社会的成熟、結婚、親になること、階級の上昇、職業上の専門化、死など、人生にはさまざまな諸段階があり、その時々において、人類はさまざまな儀式を行ってきた、あるステイタスからまた別のステイタスへと移るためには、儀式が必要なのだ、とファン・ヘネップは説きます。

さらには、季節の移り変わり（冬至、夏至、春分、秋分）、年の変わり目、新年の祭りにも同様の儀礼が行われますし、実際に空間を移動して境界を通過する場合にも行われます。人間は自然の起伏、石、木、川、湖などによって、また、柱、門、石柱など人工物によっても空間に「境界」を引きます。

境界を越えることとは禁じられ、領地への侵入は呪術的・宗教的な禁忌（タブー）とされますが、重要なのは二つの世界の間、境界の引かれた地域に中立地帯が設けられることです。そして中立地帯にいる者は特別の状態にあるとされ、二つの世界のあいだをさまよう者とされたのです。そして、このような空間を通過するときには、たとえば「門をくぐる儀式」のような儀礼が行われました。

この空間的な通過儀礼が精神的な通過儀礼へと転化したのだとファン・ヘネップは述べます。そして彼は、妊娠や出産、出生と幼少期、さまざまな集団への加入儀礼、葬儀などについて論じます。そのいくつかを見てみましょう。

妊娠や出産、出生と幼少期

妊娠や出産については、「まずはじめに妊娠した女を一般社会からも、家族集団からも、また時としては女性の集団からさえも切り離す分離儀礼があり、次に厳密な意味での妊娠の儀礼が続くが、これは一種の過渡期の儀礼である。最後に出産の儀礼となるが、これは、彼女がもと属していた集団に復帰させるか、あるいは、生まれた子が第一子や男子であった場合はとくに、彼女に新しい地位を与えるものである」(五九頁)と述べています。また出生については、赤ん坊が生まれると、まずは生まれてくる前の世界との分離の儀式が執り行われること(「分離の儀礼には普通、何かを切るということ——例えば生後初の散髪、剃髪——次いで初着せの儀礼がつきものである」(七六頁))と彼は述べます。へその緒の儀礼的な切断などもやはり分離の儀礼とされます。なお、赤ん坊は境界期にある存在です。境界期は民族によって異なりますが、二日から四〇日とされます。日本では「お七夜」と言われるように、七日目までが境界期です。その境界を越えるのが、命名の儀式となりますが、これは「統合」の儀式です。はじめに曖昧な名前を与えられ、次に人に知らせる個人的な名前をつけられ、それから他人には公にしない、家族内、クラン内、秘密結社内での名をつけらたりもします。

このように、名前とその人が置かれた状態が結びつく例として、宮崎駿監督の映画『千と千尋の神隠し』を思い浮かべてもよいでしょう。神々の世界に迷い込んでしまった千尋は、「千尋」という名前を失い、「千」という名で呼ばれます。そしてさまざまな経験を積んで、「千尋」という名前を取り戻し、元の世界に戻っていきます。ちなみに言うと、この物語もやはり、分離、移行、統合の三段階で構成されていることがわかります。そして分離の段階や統合の段階で、名前を失ったり取り戻したりしているのです。名前を取り戻して元の世界に戻ってきた「千尋」は、ある意味で「生まれ変わった」と言えるでしょう。

イニシエーション

さらにファン・ヘネップはオーストラリア諸族におけるトーテム結社への加入礼などを例に挙げて、イニシエーションについて説明しています。これまで述べてきたように、イニシエーションには三つの段階があります。分離儀礼は、「儀礼の第一幕」であって、「以前の環境すなわち女と子供の世界からの分離儀礼で、新米は繁みや特別の場所や別小屋に閉じこもり、種々のタブー、特に食物のタブーに服する」（一〇一―一〇二頁）ことになります。次に過渡儀礼ですが、その間「部族によっては、新米は死んだ者と考えられ、見習い期間中ずっと死んでいるところもある」（一〇二頁）とファン・ヘネップは言います。つまり象徴的に死んでいる段階です。そして、統合儀礼ですが、これは

「儀礼の積極的な面——慣習法の伝授、トーテム儀礼を新米の前でやってみせて徐々に教育していくこと、および神話の吟誦など——である。しめくくりは、宗教的儀式（例えば、ダラムルン信仰のあるところで）および部族ごとに異なる何らかの身体の致損（抜歯、割礼など）で、それがすんではじめて新米はクランの成人男子の一員と見なされるのである」（一〇二—一〇三頁）とされます。生まれ変わって、一人前の男とみなされる、ということです。

結婚

さらに、ファン・ヘネップは結婚についても述べます。彼によれば、結婚による社会的身分の変化（家族、クラン、村落、部族を変える）は重要です。結婚とはまさに「生まれ変わり」なのです。結婚では、分離儀礼（「衣服を着かえること、牛乳の壺をからにし、三つの漿果（Galla）をはじけさせる。幼年期または独身期に関連のある何かを切ったり、こわしたり、投げたりする。結った髪をほどく、髪やあごひげを切ったり剃ったりする。目を閉じる。宝石類を取り除く。自分の玩具（人形など）、宝石、子供のとき着た服などを神に奉納する。食事の内容を変えたり、一時的に特定の食べものを断ったりする」（一六八—一六九頁）、「突き飛ばされたり、意地悪をされたり、吐いたりする。名前を変える、人格を変える、男女分業により定められた仕事の、一時的または決定的タブーに服すること」（一六九頁））や統合の儀礼（「腰帯・腕輪・着ている服の贈呈または交換、お互いを一本の紐で結び合う儀礼、互いの衣服の一部を結び合う儀礼、何らかのやり方で互いの身体に触れ合う儀礼、相手の所有物を飲んだり使ったりする儀礼（牛乳、ベテル（bétel）、煙草、仕事に使う道具など）、相手に飲みものや食べものをすすめる儀礼、一緒に何かを食べる儀礼（聖体拝領、古代ローマの宗教結婚式）、一枚の服やベールなどを一緒に被る儀礼、一つの椅子に座る儀礼、また、互いの血を飲む儀礼、一つの料理をあるいは同じ皿で一緒に食べる、同じ液体を、または一つの容れ物から一緒に飲むなどの儀礼、互いに身体をこすり合うか、身体をすり合わせる儀礼、（血や粘土などを）身体にぬりつけ合ったり、互いに洗い合う儀礼や、新しい家に入る儀礼などがある」（一七一頁）とされます。ですが、とりわけ重要となるのは「過渡儀礼」で、それが婚約期間です。その期間には、略奪や誘拐の儀礼が行われたりもします。

葬儀

最後に、ファン・ヘネップが葬儀をどのように捉えているか、紹介しましょう。葬儀というとお別れの儀式と考えられがちですが、ファン・ヘネップは葬儀においても、分離儀礼・移行儀礼・結合儀礼が存在すると言います（「喪は遺された者たちのための過渡期であって、彼らは分離儀礼によって過渡期に入り、この期間の終わりに再統合の儀礼を行なって（喪明けの儀礼）一般社会に戻るのである」（一九〇頁））。つまり、葬儀では分離儀礼が主流と思われているのですが、実は移行儀礼、さらに死者を死者の世界に統合させる儀礼が重要なのです。

人間の生死は明確に区分できるものではありません。死とは、体の機能が徐々に失われていくプロセスにすぎません。ですが、生きているのか死んでいるのかわからない、ということでは困ってしまいますので、なんらかの基準を設けて生死の間に（無理矢理）線を引いているのが現実です。そのような生物学的な認識と宗教的な認識には「段階的に死に向かう」という意味で似たところがあるとも言えますが、生物学的に死が宣告された後であっても、宗教的には人間の各要素（からだ、生命力、息の魂、影の魂、小人の魂、血の魂）のいくつかが、しばらくのあいだ生きていると考えられることもあります。また、その要素のなかには永遠に生き続ける部分があるとされることもあるわけです。

さて、そのように生物学的には死んでいても、まだあの世に赴いていない、過渡期の状態で行われる儀礼とは、要するに喪服中に行われる儀礼です。喪服中、遺族と死者はともに、一つの特別な集団を構成しており、死者は生者の世界と死者の世界の中間に置かれています。

葬儀のなかでの過渡期は、実質的に遺体、または棺が死者の部屋（通夜）、玄関などにとどめ置かれた状態です。過渡期についての儀礼は、肉体を除去するかあるいは肉体が朽ち果てるのを待つことからなります。たとえば、マダガスカル島のベツィレオ族の儀礼の第一段階は死体がその住居において腐敗してゆくのを待つことから、第二の儀礼は骨を埋葬することからなります。

統合儀礼においては、死者があの世に無事旅立っていけるよう取りはからわれます。「大事なことは、死者は旅に出なくてはならないので、生者は旅に必要なものを、物質面でも（衣類、食物、武器、道具）、呪術＝宗教的な面でも（護符、標章、通過のための合い言葉ほか）、すべて用意するよう気をつけることです。これらがあれば死者は生者の旅の場合と全く同じに、安全な旅と、通行と、暖かい歓迎とを保証されるのである」（一九八頁）とファン・ヘネップは論じます。

ファン・ヘネップの説は大変わかりやすく、多くの研究者に受け入れられましたが、他方で批判も受けました。その批判の一つは、「ありとあらゆる儀礼が、この三段階で説明できてしまう」というのはあまりに大雑把な主張ではないか、というものです。たしかに、儀礼の中身や意味を細かく分析せず、抽象化された構造だけに目を向けて「三段階から構成されている」と言えば、そう言えてしまうのかもしれませんが、そうした説明からはこぼれ落ちてしまうものがたくさんあります。私としては、そのような批判はその通りであるとしても、「あいだの期間」を発見した功績は高く評価されるべきだと考えます。私たちは、生か死か、既婚か独身か、など、二項対立的に物事を考えてしまいがちですが、生と死の「あいだ」、既婚と独身の「あいだ」という移行期間に着目することで、これまで見えてこなかったことが見えてくるのではないでしょうか。そして、この「あいだの期間」について、さらに考えを深めたのが、次に紹介するロベール・エルツです。

三　ロベール・エルツの二次埋葬論

次に、フランスの人類学者、ロベール・エルツ（Robert Hertz　一八八一―一九一五）の議論を紹介しましょう。エルツはデュルケーム門下の社会学者・人類学者でしたが、三三歳で戦死しました。生前書かれた論文の数は多くはありません。しかし、いずれも後世の研究者に大きな影響を与えてきました。それらは、『右手の優越』という著書に収められています。

さて、エルッは人類学者としてインドネシア、とりわけボルネオ島の資料を用いて研究を進めました。そのなかで、多くの民族が、「死ぬべき運命にある者が、もはや生きてはいないけれど、最終的には死んでもいない」といういわば宙ぶらりんの時期をもつことを明らかにしました。この宙ぶらりんの時期をエルッは「あいだの期間」と呼びます。そして、「あいだの期間」の終わりには「大祝宴」が催され、そこで死者の亡骸が再びあばかれ、儀礼を受け、新たな葬所に移されることになるのです。

「あいだの期間」においては、死体が崩れ異臭を放つのと同じように、死者の霊魂も宿無しで脅威の対象となります。霊魂はまだ死者の世界に入れないため、人間の居住地の周辺でみじめに過ごしているのです、

霊魂は腹立ちまぎれに悪意を抱き、生きている者を病気にしたりします。その敵意を和らげるには、手の込んだ規則を守ることが必要とされているのです。そして、霊魂を死者の世界に送るために、一度埋葬した遺骨を掘り出して、祝宴を開き、そして再び埋葬するという「二次埋葬」が執り行われます。二次埋葬に際して開かれる「大祝宴」では、乾燥した骨を祝福し、霊魂が祖先の国に到達したことを確認し、遺族たちの通常の関係を修復することによって、このみじめな時期に終止符を打つこととなるのです。

四　ウィリアム・ジェイムズの宗教論

最後に、宗教心理学の領域で、「生まれ変わり」がどのように捉えられているのか、ウィリアム・ジェイムズ（William James　一八四二―一九一〇）の理論から考えてみましょう（以下、ジェイムズのまとめに関しては、大田俊寛『宗教学』人文書院、二〇一五年を参照）。ウィリアム・ジェイムズは一八四二年にニューヨークに生まれました。ハーバード大学で化学や医学を学び、七三年から同大学で解剖学と生理学を教え、七五年にアメリカ初の心理学の実験所を設立しています。このような科学者としての活動に加え、ジェイムズは心霊現象にも興味をもち、八五年にはアメリカ心霊研究協会の創設に携わっています。心理学の領域では『心理学の諸原理』（一八九〇年）、『信ずる意思』（一八九七年）などの著作がありますが、哲学者としては『プラグマティズム』（一九〇七年）、『純粋経験の世界』（一九〇四年）（純粋経験とは、自我による反省を経る前の主客未分化の状態において意識の領野に直接的にもたらされる経験とされ、アンリ・ベルクソン、エドムント・フッサール、西田幾多郎など、多くの哲学者や思想家に継承されました）といった著作でも有名です。

ここでは、宗教心理学の古典的名著である『宗教的経験の諸相』（原著は一九〇一―一九〇二年、邦訳は桝田啓三郎訳、上巻一九六九年、下巻一九七〇年。同書からの引用は本文中（　）内に記した）を取り上げます。ジェイムズについて考えていくときに重要なのは、彼自身が生涯にわたって、憂鬱や不安といった感情に苦しめられていたということです。『宗教的経験の諸相』はジェイムズがエディンバラ大学のギフォード講座において行った連続講演(全二〇回の講義)をもとに執筆された著作で、さまざまな宗教現象を比較分析した研究書ですが、それと同時に、ジェイムズが自らの精神的苦悩と向き合うことによって生まれた作品であり、それゆえ宗教心理学研究の古典でありながら現代の私たちが読んでも心動かされるところがあります。

「健全な心」と「病める魂」の宗教

さて、宗教というと、みなさんは何を思い浮かべるでしょうか? 教会や神社などの宗教施設やそこで執り行われる儀礼・儀式でしょうか? それとも、信仰のような、目に見えない心の働きでしょうか? ジェイムズは宗教における両要素を区別し、前者を制度的宗教、後者を個人的宗教と呼びました。つまり、彼の考えでは宗教の諸領域は、神学・儀礼・教会組織等によって構成される制度的側面と、人間の多様な内的傾向から成り立つ個人的側面の二つに大別されるのですが、後者は前者よりも根本的です。なぜなら、あらゆる宗教の教祖は神との直接的かつ個人的な交わりを通して最初の力を得たのであって、神学や教会といった伝統的制度はそうした体験を引き継ぐことによって作られた二次的・副次的なものにすぎないと考えられるからです。こうした考えからジェイムズは、「宗教とは、個々の人間が孤独の状態にあって、いかなるものであれ神的な存在と考えられるものと自分が関係していることを悟る場合だけに生ずる感情、行為経験である」(上巻五二頁)と定義します。

このように、宗教が根本的に個人の心理の次元にあるとしたうえで、ジェイムズはさらにそれを、「健全な心」に基づく宗教と「病める魂」に発する宗教に分類します。前者は、神的存在や宇宙全体など、すべてを善なるものとして受け入れて、それと同時に自身の生活に幸福を感じる心によって営まれる宗教的形態です。こうした宗教にとって、人間の不幸や苦悩は一時的な精神の不調を表す「悪いもの」であって、速やかにその状態から抜け出すべきであると言われます。

これに対して「病める魂」の宗教では、罪責感・憂鬱・空しさ・恐怖といった否定的感情が、より深刻かつ根源的なものとして受け止められます。こうした宗教観を抱く人々にとっては、さまざまな苦悩は部分的なものでも、一過性のものでもありません。「そこに見られるのは、絶対的なまったき絶望であって、全宇宙は病者のまわりで凝固して圧倒的な恐怖の塊と化し、始めも終わりもなく彼をとり巻いてしまう」（上巻二四五頁）のです。

ここまで見てくると、「健全な心」の宗教のほうが「病める魂」のそれよりも好ましいと思えるかもしれません。たしかに、ずっと不幸や苦悩のなかでもがき続けるよりは、できるだけ早くそうした状態を脱し、笑顔で日々を過ごせるようになることが望ましいと多くの人が考えるのではないでしょうか？　しかし長い間心身の不調に苛まれていたジェイムズは、むしろ「病める魂」のほうを共感をもって受け入れ、そのありようを描き出していったのです。

さらに人間精神の全域を隅々まで探究するという観点からすれば、後者は前者に優越すると考えることもできます。というのも、「健全な心」の宗教は単純な独善性に陥りがちであるのに対して、「病める魂」の宗教においては光や善の領域の背後に隠された、闇や悪の領域をも探究することが可能となるからです。村上春樹の小説『風の歌を聴け』にはニーチェの言葉とされる「昼の光に夜の闇の深さがわかるものか」という文言が記されていますが、まさにこの言葉はジェイムズの宗教観にも当てはまります。こうしてジェイムズは、『宗教的経験の諸相』において、「病める魂」が自らの精神世界を探求し、最後に健康を回復するまでの過程を重点的に叙述していったのです。

「回心」「二度生まれ」

さらにジェイムズは、神秘体験がもたらす精神変容のプロセスについても論じ、それを「回心」「二度生まれ」といった言葉で表現しています。「回心(conversion)」は「改心」ではなく、宗教的な目覚め(改宗も含む)のことです。

ジェイムズによれば、「健全な心」の持ち主はもともともっていた資質をまっすぐに成長させるのに対し、「病める魂」の持ち主は、人生において大きな転換点を必要とします。それが「回心」や「二度生まれ」と呼ばれるものです。「回心」の際に、人は幻覚的な精神状態のなかで神の啓示や霊の訪問を受けます。いわゆる神秘体験と呼ばれる体験です。非日常的な存在が突如として出現してくることに対し、体験者は激しく狼狽し、当初は抵抗を試みます。ですが、徐々にそれを受け入れて、自分自身の生き方を根本から変えていくことになります。

ジェイムズはこうした現象に対して、心理学的な分析を加えています。彼の考えによれば、宗教的な回心とは人格におけるエネルギーの中心点が変化することを意味しています。フロイトやユングなど、多くの心理学者・精神分析家が論じてきたように、人間の意識の深層には「潜在意識」や「無意識」と呼ばれる広大な領域が存在しており、そうした領域では通常の人格とは異なる多様な人格が発達しています。そしてそれらがあるとき、境界を破って意識のなかに侵入してきます。そしてその影響から、従来の意識的人格の構造や性質に変容がもたらされると考えられたのです。

まとめ

多くの宗教が生と死の問題に深く関わっています。ただ、その関わり方はさまざまです。本章では通過儀礼を例としつつ「象徴的な死と再生」について、そしてまた心の変化を説明した「回心論」について、それぞれ取り上げてみました。宗教研究にはさまざまなアプローチがありますが、そのなかでも社会学的、人類学的な研究と思想的、心理学的、歴史的な研究は宗教研究の両輪をなしてきたと言っても過言ではありません。本稿では、その両輪の代表的な研究を紹介しました。

そのうえで、あらためて、宗教における死と再生について考えてみましょう。死と再生について、それぞれの宗教ごとにさまざまな考え方が存在します。その一端を本章でも紹介しましたが、これは、より良く「生きていく」ための知恵ではないかと思います。生きていくことが辛いなら、「小さく」死んでみる、人生の節目節目を通じて、何度も「小さく」死に、そして新たな自分として生まれ変わっていく、悩みや苦しみを抱えながらも、生まれ変わった新しい自分がそのような自分を過去の自分として受け入れていく……。宗教にはもともと、そのような「知恵」が備わっていたのではないでしょうか。森山直太朗さんの曲が波紋を呼びながらも多くの人たちに受け容れられていったのは、私たちが、やはりそうした知恵を必要としているからではないかとも思います。

読書案内

ファン・ヘネップ『通過儀礼』（綾部恒雄・綾部裕子訳、岩波文庫、二〇一二年）
本文中で紹介した、宗教人類学の古典です。

ピーター・メトカーフ、リチャード・ハンティントン『死の儀礼――葬送習俗の人類学的研究』（未来社、一九九六年〈第二版〉）
葬送儀礼に関する理論がわかりやすく紹介されています。

ウィリアム・ジェイムズ『宗教的経験の諸相』（枡田啓三郎訳、岩波文庫、上巻一九六九年、下巻一九七〇年）
本文中で紹介した、宗教心理学の古典です。

ミルチア・エリアーデ『永遠回帰の神話――祖型と反復』（堀一郎訳、未来社、一九六三年）
本稿では紹介できませんでしたが、エリアーデは宗教現象学者であり、本書は彼の代表作の一つと言えます。本稿で論じた「死と再生」とは別の視点から、「反復」について論じています。

第二章　甦れ脳細胞！
――運動の効果とニューロジェネシス

和田博美

はじめに

二〇世紀以降の医療の進歩はめざましく、日本人の二〇一六年の平均寿命は男性が八〇・九八歳、女性が八七・一四歳に達しています。一方、人の世話になったり介護を受けたりせず、自由に日常生活を送ることができる健康寿命は、男性が七二・一四歳、女性が七四・七九歳です。平均寿命から健康寿命を引いた期間、つまり男性では八・八四年、女性では一二・三五年の間、介護を受けたり寝たきりになったりして過ごすことになります。

年を取るに従って、膝や腰が痛んで思うように歩けなくなったり、ちょっとした段差につまずいて転びそうになったりすることが多くなります。冷蔵庫を開けたのに何を取り出そうとしたのか忘れてしまったり、聞いたはずのことを忘れたりして、記憶があやふやになります。「自分ももうろくしてきた。そろそろ介護施設に入ることを考えないといけないないか」などと、弱気になったり悩んだりすることもあるでしょう。そんな私たちにとって、介護の世話を受けず自由に生活できる期間を少しでも延ばすことが、より良い老後を過ごすことにつながります。介護や医療に必要な費用を抑えることができるため、健康寿命を延ばすことが社会的にも注目されているのです。

高齢者が元気になり、再び若者のように生活することはさすがに不可能です。しかし加齢によって生じる老化のスピードを抑え、今の状態を少しでも長く維持することは可能です。私たちに希望を与えてくれるさまざまな研究成果が、次々に報告されているのです。健康寿命を延ばし、自由で自立した生活を少しでも長く送るために、私たちは何をしたらよいのでしょうか。ここでは脳の働き、とりわけ記憶や判断・意思決定といった認知機能に関わると考えられているニューロジェネシス（神経新生）の話に焦点を当てて、私たちが何をしたらよいか、何をしたらより良い老後を送れるのかについて考えてみましょう。

一　ニューロジェネシス（神経新生）

1　ニューロジェネシス

ニューロジェネシスとはなんだろう

私たちは目で見たものや耳で聴いた音を脳で認識し、理解しています。脳で考え、必要なら手足などの身体を動かして反応するのも脳の働きです。

私たちの脳はカリフラワーのような形をしており、一三〇〇グラムほどの重さがあります。この脳は約一千億個の神経細胞（ニューロン）から構成されています。これらの神経細胞は網の目のように結びつき、電気信号を使って情報を交換しています。この働きによって、私たちは目で見た相手の顔や、耳で聴いた音楽を記憶したり、認識したりすることができるのです。

ではこの神経細胞はどのようにして生まれるのでしょうか。すべては精子が卵子と出会い、受精したときにさかのぼります。受精した卵子は細胞分裂を繰り返し、やがて三つの細胞の集まりに分かれていきます。このうちの一つは外胚葉と呼ばれ、私たちの脳を作っていきます。外胚葉が発達すると、神経管と呼ばれる細長い筒状の形になります。神経管の内側には神経幹細胞と呼ばれる細胞があり、この神経幹細胞から、神経前駆細胞とグリア前駆細胞が生まれます。このうち神経前駆細胞は移動しながら成長し、決められた場所に到達すると神経細胞になるのです。一方、グリア前駆細胞はグリア細胞になり、神経細胞に栄養分を供給したり、神経細胞を支えたりする役目を果たすようになります（図２－１）。

このように神経幹細胞から新たな神経細胞が生まれる過程をニューロジェネシス（神経新生）と呼びます。神経幹細胞は、いわば神経細胞の卵といってもよいでしょう。

ニューロジェネシスが見つかった！

ニューロジェネシスは、受精卵が生育する胎児期から幼児期にかけて、最も活発になります。し

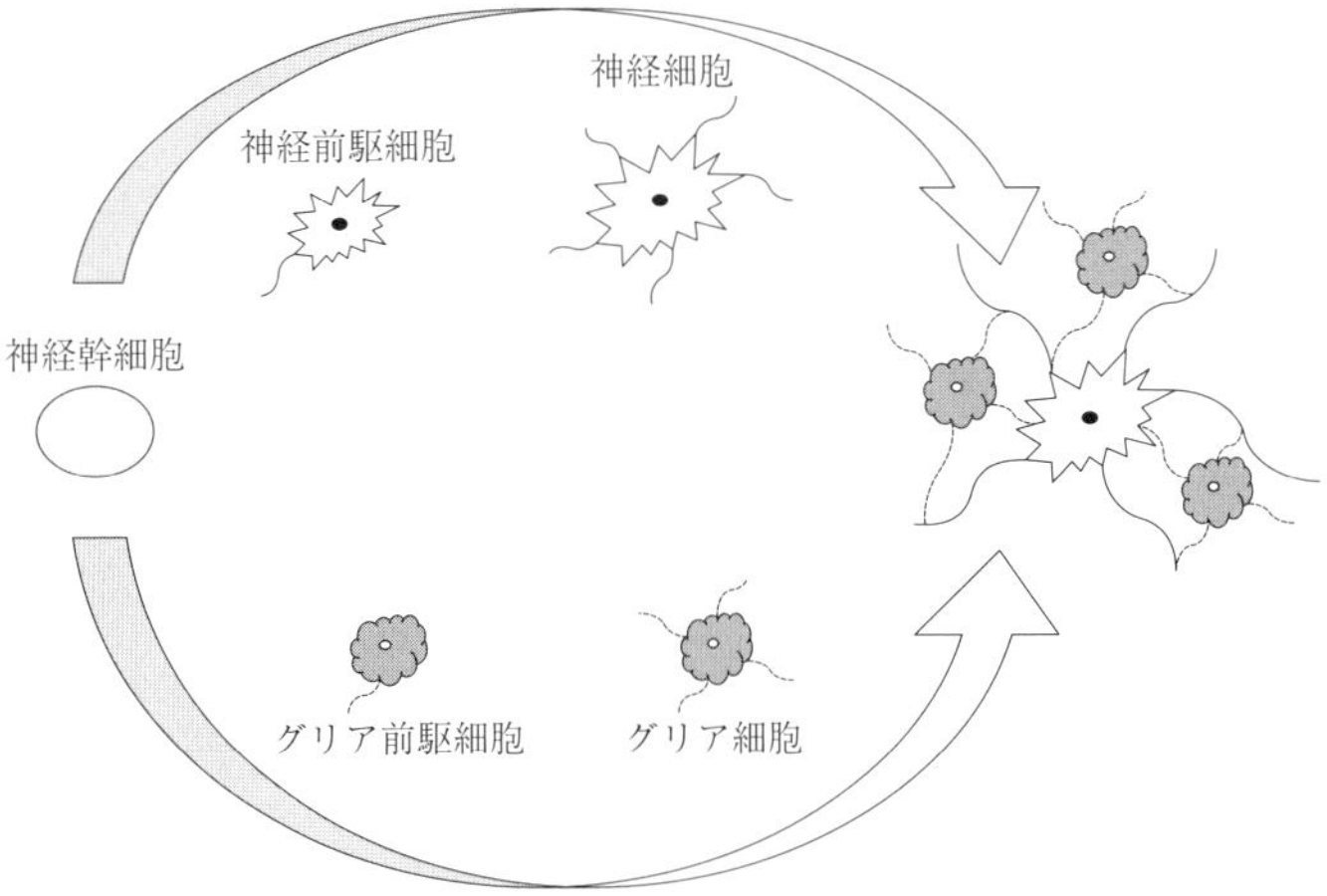

図 2-1　ニューロジェネシス

注）神経幹細胞から神経前駆細胞とグリア前駆細胞が生まれます。神経前駆細胞は移動しながら成長し，神経細胞になります。グリア前駆細胞はグリア細胞になり，神経細胞に栄養分を供給したり神経細胞を支えたりする役目を果たします。

かしひとたび神経細胞に成長してしまうと、再生する能力はありません。そのため、成人期以降は少しずつ神経細胞が減少し、加齢とともに死滅していくと信じられてきました。

ところが一九六〇年代に、ジョセフ・アルトマンという研究者が、成熟したほ乳類（ネズミ）の脳で新たな神経細胞が生まれていることを発見したのです。その後もウサギ、ネコ、サル、ヒトで新たに生まれた神経細胞が次々に発見されてきました。これらの発見により、ニューロジェネシスは成熟した大人の脳でも起こり、新たな神経細胞が生涯にわたって生まれ続けていると考えられるようになったのです。

成熟した脳の中で、ニューロジェネシ

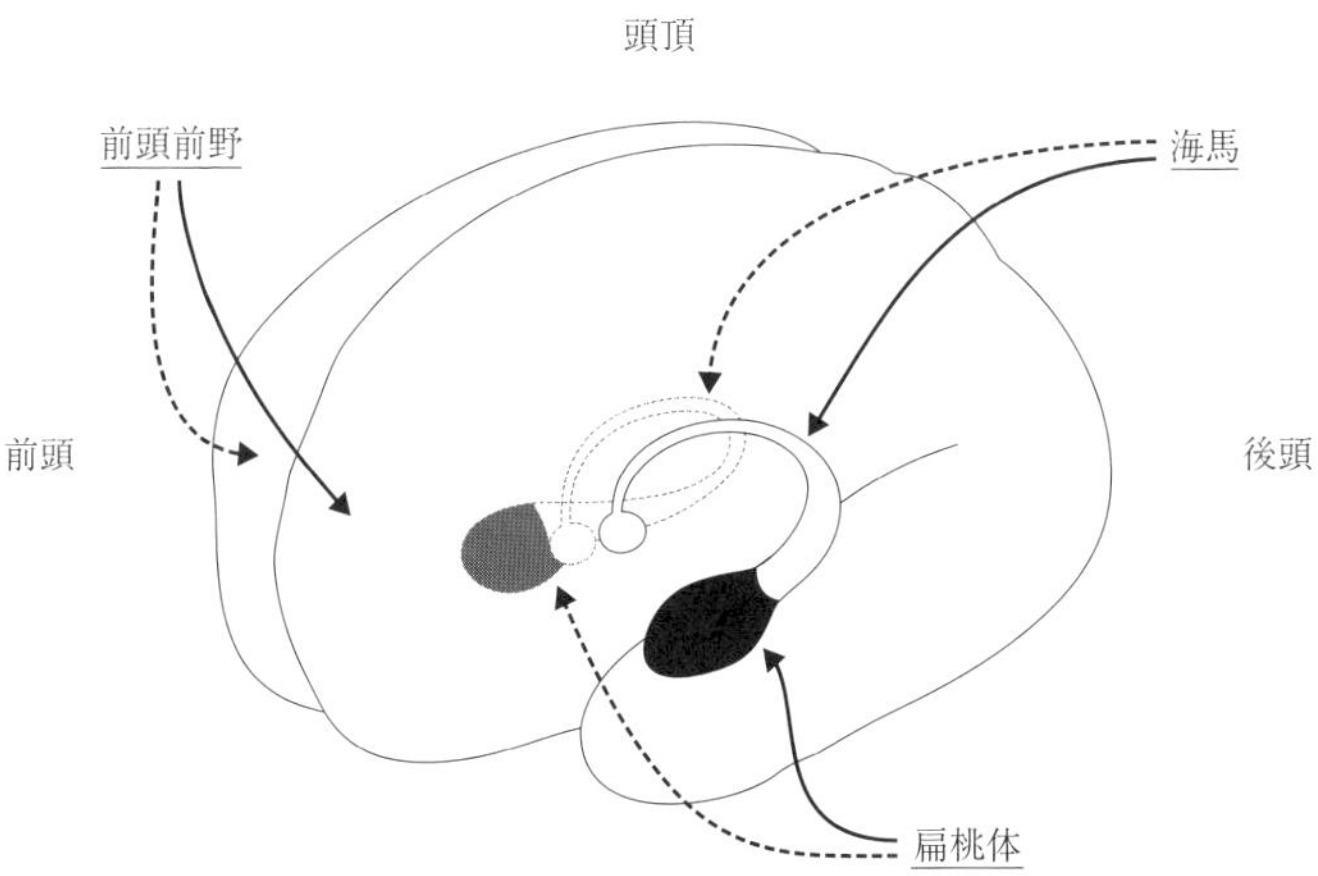

図 2-2　ヒトの脳内における海馬，扁桃体，前頭前野の位置

注）脳は左右対称の２つの大脳半球から構成されています。図は，脳を左側（左半球側）から見たところです。実線で描かれている海馬と扁桃体は左半球側に，点線で描かれている海馬と扁桃体は右半球側にあり，左右対称の形をしています。前頭前野も左右の大脳半球にあります。

出所）征矢英昭・本山貢・石井好二郎編『もっとなっとく使えるスポーツサイエンス』（講談社，2017 年，152 頁）を改変して引用

スが最も盛んに起こっているのが海馬《かいば》と呼ばれる領域です（図 2-2）。海馬は記憶の働きと密接に関わりがあり、新しい記憶を蓄えたり、古い記憶を整理したりする機能があると考えられています。

海馬の中で特にニューロジェネシスが盛んで研究の対象となっている部分が歯状回《しじょうかい》です。歯状回には神経幹細胞があり、ここで新しい神経細胞が生まれ、網の目のような海馬の神経回路に組み込まれることで、記憶の働きを担っていくようになるのです。ここから先は、海馬の歯状回で起こっているニューロジェネシスについて紹介していきます。

2　動物やヒトのニューロジェネシス研究

ネズミで見つかったニューロジェネシス

バイヤー（一九八二年）は、成熟したネズミの海馬歯状回でニューロジェネシスが起こっていると発表しました（図2-3）。

ネズミは生後三週間程度で母親から離乳し、約二ヶ月で成熟します。離乳してから成熟するまでの期間を、思春期あるいは青年期と呼ぶこともあります。生後二ヶ月目以降が成熟期です。生後二年目前後から毛並みや色艶が悪くなり、白内障や腫瘍も見られるようになります。さらに足腰が動かなくなり、生後三年ほどで寿命を迎えます。バイヤーは生後三〇日（思春期）、六〇日（成熟前後）、一二〇日（成熟期）、一八〇日（成熟期）のネズミを使って、海馬歯状回のニューロジェネシスを調べました。その結果、成熟した神経細胞の割合が加齢に伴って減少し、入れ替わって未成熟な神経細胞（前駆細胞）の割合が増加することを見つけたのです。成熟したのちの生後一二〇日目や一八〇日目になっても、ニューロジェネシスが盛んに起こり、成熟した後も海馬の神経細胞が常に一定に維持されていることを発見したのです。ネズミの研究とはいえ、私たちに希望を与えてくれる成果ではないでしょうか。

サルで見つかったニューロジェネシス

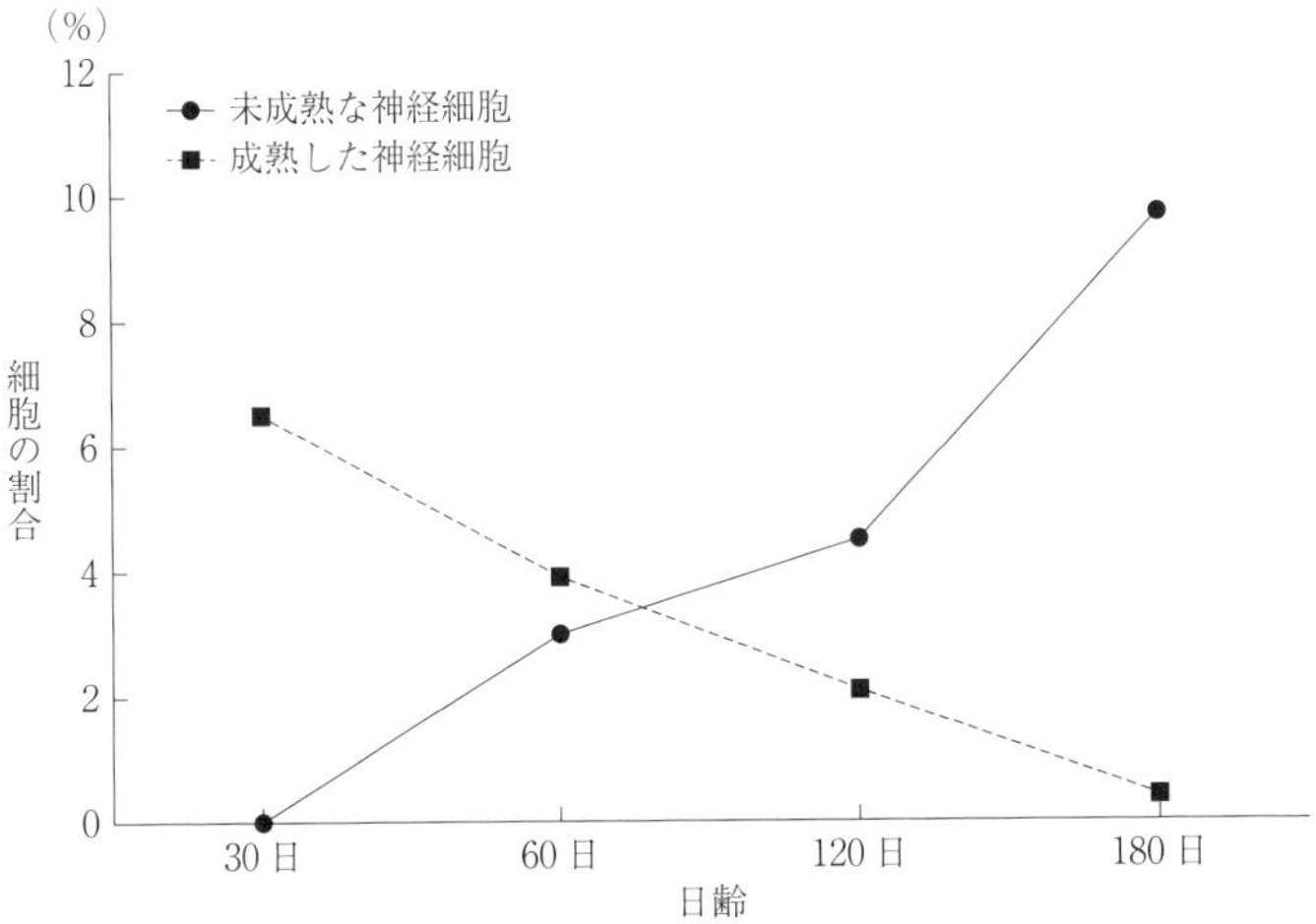

図2-3　ネズミの海馬で見つかった成熟／未成熟な神経細胞の割合

注）生後30日，60日，120日，180日のネズミの海馬を調べたところ，日齢とともに未成熟な神経細胞の割合が増加しました。

出所）Bayer, S.A. Experimental Brain Research. 1982年，46巻，315-323頁を改変して引用

もっと期待できる研究成果は、ほ乳類のなかでも私たちに最も近いサルでニューロジェネシスが見つかったことです。

一九九九年、グールドらは二種類のサル（カニクイザルとアカゲザル）を研究に用いました（図2-4）。カニクイザルはフィリピンやジャワ島など東南アジアに住んでおり、群れをつくって生活しています。その名の通り、カニを好んで食べます。人間と類似点が多いこと、飼育が比較的容易であることから、実験動物として用いられてきました。一方のアカゲザルは、東南アジアから中国南部・インド北部にかけて生息しています。雑食性で、やはり群れで生活しています。私たちの赤血球に

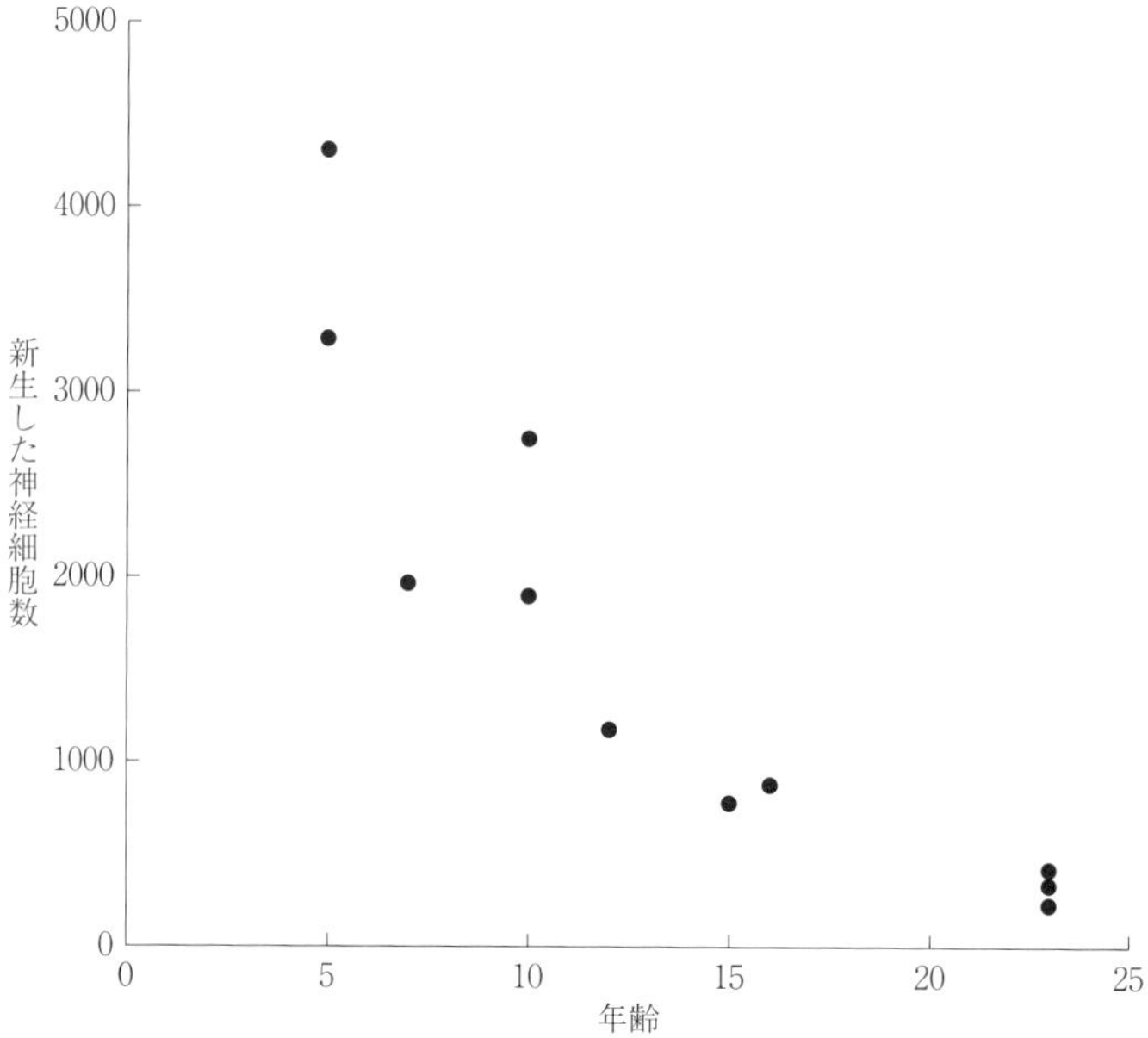

図 2-4　サルの海馬で見つかった新生した神経細胞の数

注）若齢のサルでは約 3800 個，中年のサルでは約 1600 個，老齢のサルでは約 330 個の新生した神経細胞が見つかりました。

出所）Gould, E., et al. Proceedings of the National Academy of Sciences of the United States of America. 1999 年，96 巻，5263–5267 頁を改変して引用

はアカゲザルと同じ抗原があります。この抗原がある人をRh＋型、ない人をRh－型と呼びます。ちなみにRhとは、アカゲザルの英語表記（Rhesus monkey）に由来しています。アカゲザルも実験動物として利用され、アメリカのマーキュリー計画では宇宙飛行も体験しています。

　話をグールドらの研究に戻しましょう。研究に用いられたサルの年齢構成は、若齢の五歳（二頭）、中年の七～一六歳（六頭）、老齢の二三歳（三頭）でした。海馬

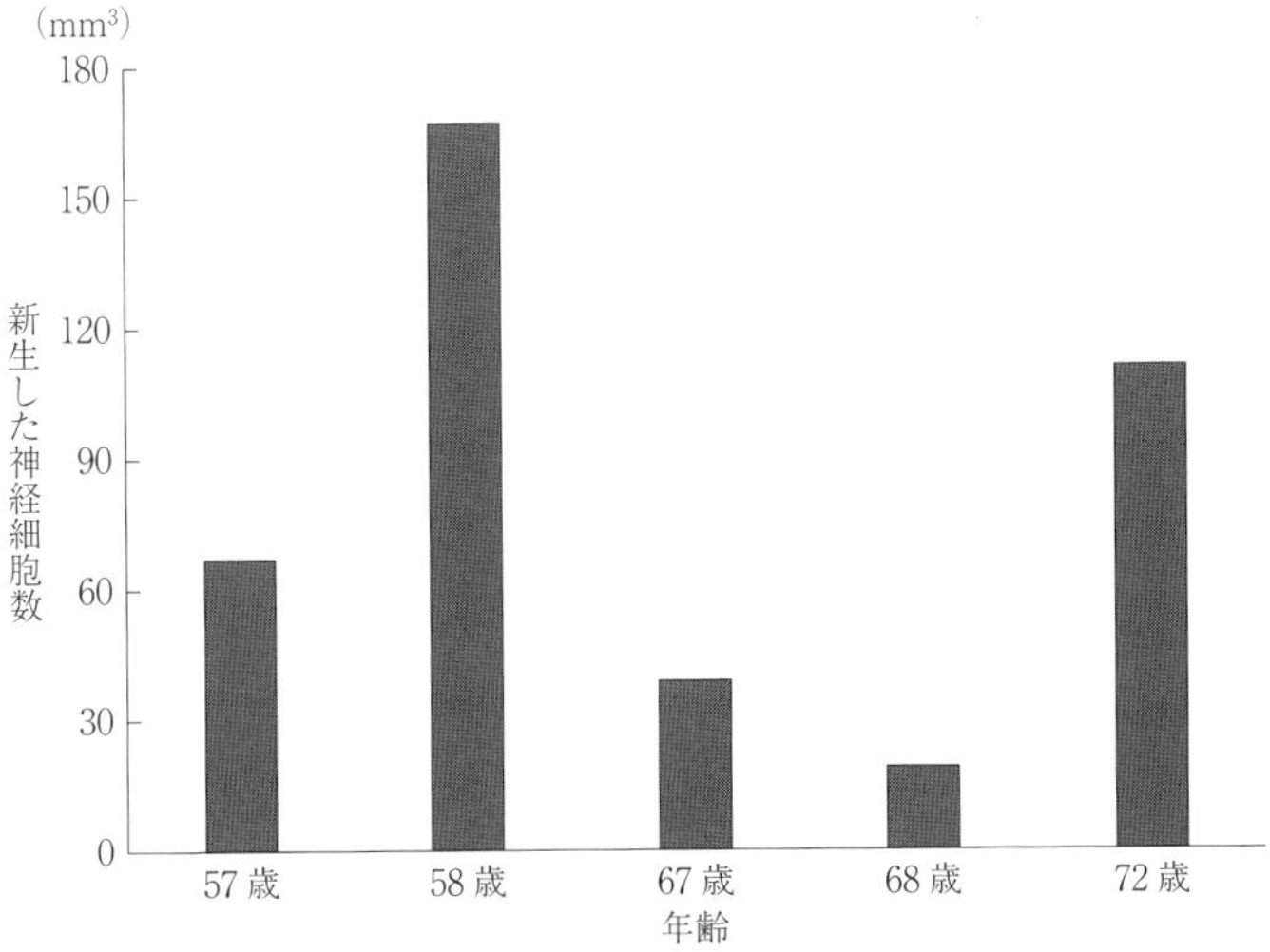

図 2-5　ヒトの海馬で見つかった新生した神経細胞の数

注）ガンで亡くなった57歳から72歳のすべての患者さんで，新生した神経細胞が見つかりました。

出所）Eriksson, P., et al. Nature Medicine. 1998年，4巻，1313-1317頁を改変して引用

歯状回で新しく生まれた神経細胞の数を数えたところ、若齢のサルが最も多くおよそ三八〇〇個、次が中年のサルでおよそ一六〇〇個でした。中年群のサルのなかでは、年を取ったサル（一五～一六歳）ほど新生した神経細胞の数は少なくなっていました。そして老齢の三頭では、平均して三三〇個ほどの新生した神経細胞が見つかりました。

老齢の三頭は、いずれも二三歳のカニクイザルでした。カニクイザルの寿命は平均して一五年、飼育した場合でも三〇年程度といわれています。したがってグールドらが研究に用いたカニクイザルは、かなりの老齢ザル（人間なら後期高齢者?!）とい

えるのではないでしょうか。このように、老齢になっても絶えることなく、ニューロジェネシスが起こっているのです。

ヒトで見つかったニューロジェネシス

私たちが最も注目すべきなのは、ヒトでニューロジェネシスを発見したエリクソンら（一九九八年）の研究です（図2-5）。この研究チームは、ガンで亡くなった五名の患者さんから脳を採取しました。もちろん研究の内容について生前にきちんと説明し、承諾を得たうえで研究を行いました。そして海馬を調べたところ、五七歳から七二歳のすべての患者さんから新たに生まれた神経細胞が見つかったのです。成人したヒトの海馬も、終生にわたって新たな神経細胞を生み出す能力を維持していることが証明されたのです。これこそ私たちにとって希望といえる成果でしょう。

3　これまでにわかっていること

これまでの研究から、ニューロジェネシスについて次のようなことがわかっています。

・ニューロジェネシスはネズミやサルだけでなく、私たちヒトでも起こっています。
・ニューロジェネシスは赤ちゃんや子どものときだけでなく、成熟した後も老齢になった後も生涯にわたって続きます。

二　何がニューロジェネシスを盛んにするのだろう？

ニューロジェネシスは胎児期から幼児期にかけて最も活発に起こります。では成熟期以降は、何がニューロジェネシスを盛んにするのでしょうか。動物やヒトを対象にしたこれまでの研究から、運動、それも強制された運動ではなく、自発的に行う運動に効果のあることがわかってきました。また仲間と関わり合ったり、遊具を使って遊んだりすることでさまざまな刺激が生まれる豊かな環境にも、ニューロジェネシスを促進する効果が示されています。

1　ニューロジェネシスを盛んにするもの

ネズミでわかった運動の効果

プラッグら（一九九九年）は、ネズミを五種類の異なる飼育環境で育て、海馬歯状回で新生した神経細胞の数を調べました（図２-６）。五種類の飼育環境は次のようなものでした。

・標準環境：縦一八センチ、横三〇センチの飼育ケージに三～四匹のネズミを入れ、集団で飼育しました。

・学習環境：標準環境と同じ条件で飼育しました。そのうえで、水を張ったプールにネズミを入れ、水面のすぐ下に沈めてある台を、泳いで探させる訓練を行いました。台に泳ぎ着けば、水

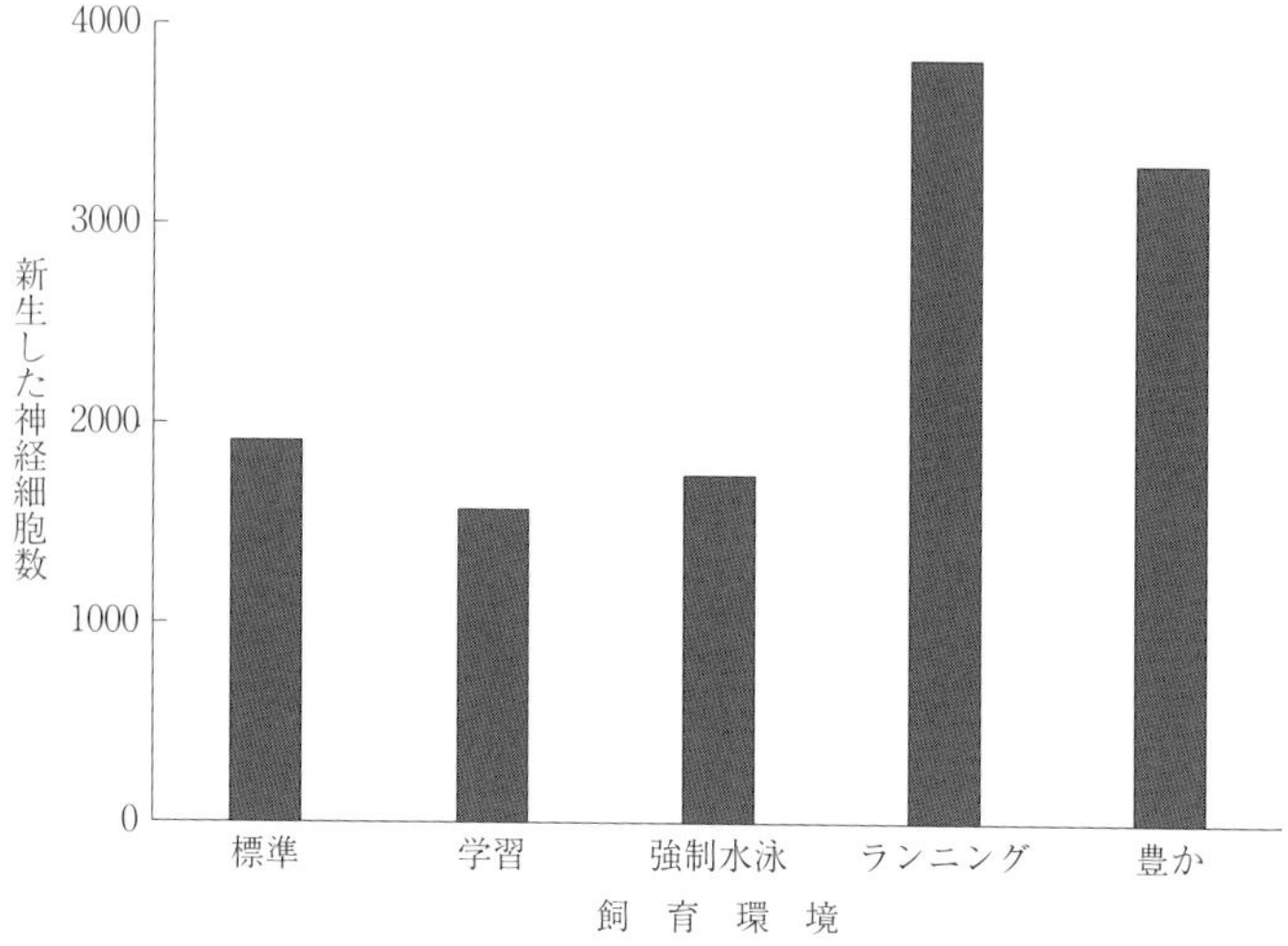

図 2-6　飼育環境がネズミのニューロジェネシスに及ぼす効果

注）ネズミを 42 日間，異なる環境で飼育し，海馬歯状回で新生した神経細胞を調べました。自発的に運動を行ったランニング環境と豊かな環境で飼育されたネズミは，新生した神経細胞の数が増加しました。しかし学習環境や強制水泳環境で飼育されたネズミの神経細胞の数は標準環境のネズミと変わりませんでした。

出所）van Praag, H., et al. Nature Neuroscience. 1999 年，2 巻，266–270 頁を改変して引用

から上がることができます。ネズミは台が沈んでいる位置を学習し、記憶することができます。そのため、ひとたび台の位置を覚えたあとは、どの位置からプールに入れても一直線に台に向かって泳ぐようになります。なおネズミは泳ぐことができるため、いきなり水に入れても溺れることはありません。

・強制水泳環境：標準環境と同じ条件で飼育しました。さらに学習環境と同じように水を張ったプールにネズミを入れて、強制的に水泳をしてもらいました。ただし水から上が

ることができる台はありませんでした。強制水泳環境のネズミが泳いだ時間は、学習環境ネズミが台に泳ぎ着くまでに要した平均の水泳時間と同じ長さになるよう調整しました。
・ランニング環境：標準環境と同じ条件で飼育しました。さらに飼育ケージの中に回転輪を入れ、ネズミがいつでも好きなときに回転輪の中に入って輪を回し、運動できるようにしました。ペットのハムスターが回転する輪の中に入って走り、輪をくるくる回している動画を見たことがあると思います。これが回転輪です。
・豊かな環境：標準環境より大きな縦七六センチ、横八六センチの飼育ケージに一四匹のネズミを入れて飼育しました。ケージの中には、おもちゃ、プラスチック製のトンネル、回転輪などの遊具が置いてありました。ネズミはトンネルの中に出入りしたり、回転輪を回したりして、自由に遊ぶことができました。

これらの環境でネズミを一二日間および四二日間飼育したあとで、海馬歯状回で新生した神経細胞を調べました。その結果、自発的に運動を行うことができたランニング環境と豊かな環境で飼育されたネズミは、新生した神経細胞の数が、標準環境で飼育されたネズミより増加したのです。一方、学習環境や強制水泳環境で飼育されたネズミには、新生した神経細胞の増加は認められず、標準環境のネズミと変わりはありませんでした。このことから、自由に運動したり、仲間と関わったり、遊具で遊んだりできる刺激的で豊かな環境が、ニューロジェネシスを促進すると考えられているのです。

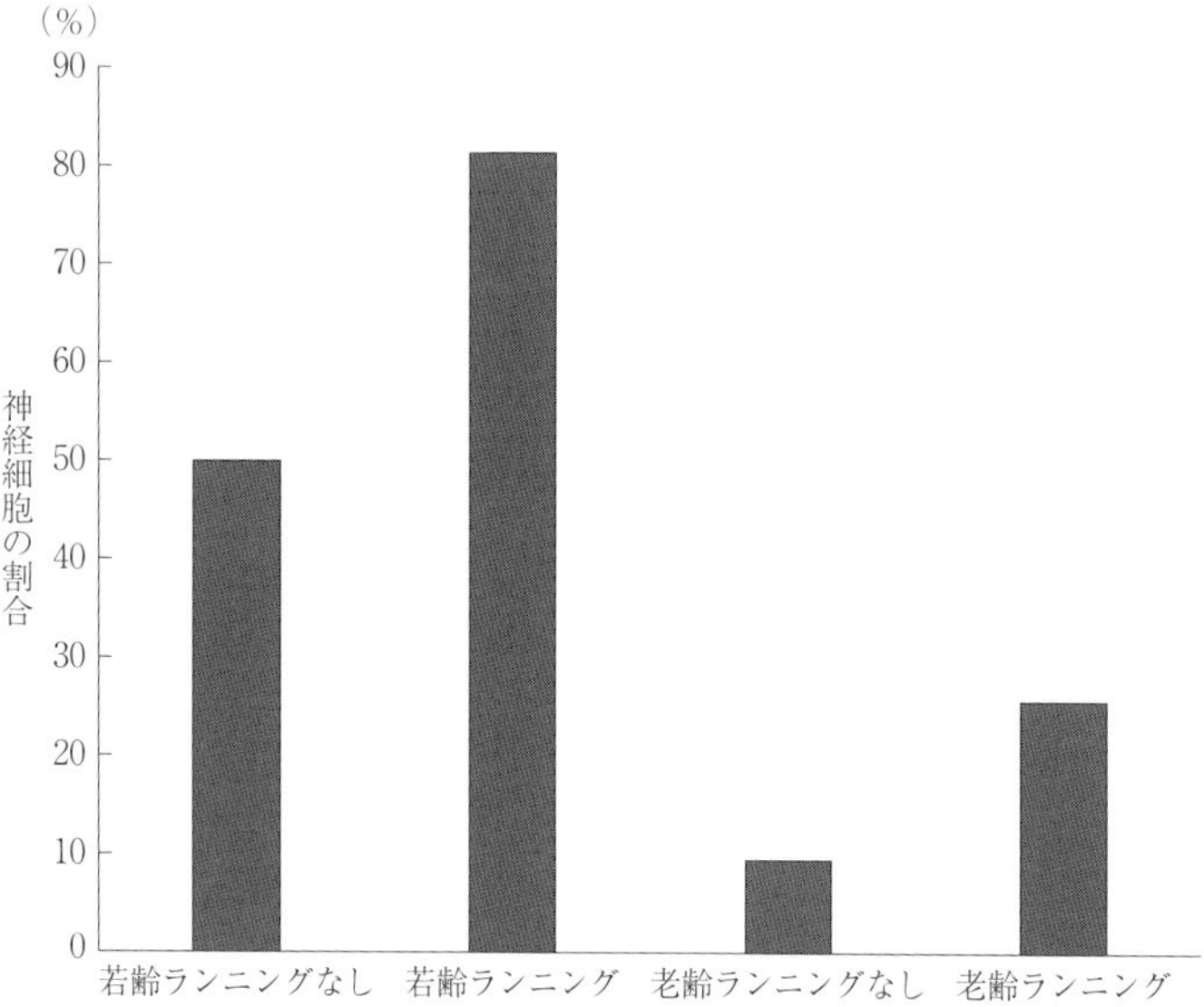

図 2-7　ランニングが若齢ネズミと老齢ネズミのニューロジェネシスに及ぼす効果

注）若齢であっても老齢であっても，ランニングをすると新生した細胞から神経細胞に成長する割合が増加しました。

出所）van Praag, H., et al. The Journal of Neuroscience. 2005 年，25 巻，8680-8685 頁を改変して引用

私たち人間も、楽しく運動したり家族や友人と交流をもったりすることが、健康に良いといわれています。いろいろなことに興味や関心をもって取り組む姿勢が、脳の働きを活発にすることも知られています。習慣的な運動や豊かな環境は、私たちの脳のニューロジェネシスを盛んにするのではないでしょうか。

プラッグら（二〇〇五年）は、自発的な運動の効果を老齢に近いネズミでも調べています（図 2-7）。生後一九ヶ月の老齢ネズミと、生後三ヶ月の若齢ネズミをそれぞれ二つの条

件に分け、一方はランニング条件、他方はランニングなし条件としました。ランニング条件では、四五日間にわたり回転輪で自由に走ることができました。一日当たりのランニング距離は、若齢群が四九〇〇メートル、老齢群が三九〇〇メートルでした。わずか五センチ足らずのネズミが、毎日四～五キロも走り続けたのです。

実験の結果、新生した細胞数の増加は若齢ランニング群、老齢ランニング群、若齢ランニングなし群、老齢ランニングなし群の順になりました。ただし、新生した細胞のなかで神経細胞に成長した割合が多かったのは、若齢ランニング群、若齢ランニングなし群、老齢ランニング群、老齢ランニングなし群の順になりました。予想通り、運動が海馬歯状回のニューロジェネシスを促進することが明らかになったのです。運動は、老齢ネズミにとっても十分効果があると証明されました。これらのネズミに、水を張ったプールに沈めた台を泳いで探す学習訓練を行ったところ、老齢ランニング群は若齢ランニングなし群と同程度の成績を示し、記憶力がアップしたことも明らかになりました。

ヒトでわかった運動の効果

ニューロジェネシスが起こったかどうかを調べるには、神経細胞を特殊な化学薬品と反応させて染色し、そのあと脳を採取する必要があります。このような研究は、さすがにヒトで行うことはできません。そこで筑波大学の征矢らのグループは、運動を行った後の認知機能（注意力や記憶力）を測定して、運動が脳の働きに及ぼす効果を調べました。

この研究では、茨城県利根町に住む六五歳以上の高齢者に、自宅またはコミュニティーセンターで二年間にわたって運動を続けてもらいました（タムラら、二〇一五年）（図2−8）。自宅で行う運動には、「フリフリグッパー」と呼ばれる一〇分程度のユニークな運動を、一日三回行ってもらいました。一方、コミュニティーセンターで行う運動は月一回、一時間程度の長さでした。

「フリフリグッパー」について簡単に説明します。まず腰を左右にフリフリ。それに合わせて両腕を広げ、胸を開きながら拳を握ってグー、両腕を閉じて胸の前でパチンと拍手をしてパーです。フリフリとグッパーを音楽のリズムに合わせて繰り返します。私も試してみましたが、ビートの効いた曲に合わせ一分当たり一二〇拍の速さでフリフリグッパーを続けると、うっすら汗をかいて結構いける感じになりました。

一年間運動を継続した時点で、脳の前頭前野《ぜんとうぜんや》という領域の中前頭回《ちゅうぜんとうかい》の容量を測定しました。前頭前野は脳のいちばん前方部にあり、額の真後ろに位置している領域です。記憶した情報をまとめて判断したり、意思決定を行ったりする働きを担っています。運動を行った高齢者では、運動を行う以前の中前頭回の容量がそのまま維持されていました。さらに記憶や注意などの認知機能も向上したそうです。一方、運動を行わなかった高齢者では中前頭回の容量が低下し、脳に委縮が生じていました。このように軽度の運動を続けることで、加齢による脳の萎縮や認知機能の衰えを防ぐことができるのです。ただ運動を止めてしまうと、徐々に脳の萎縮が進むようです。

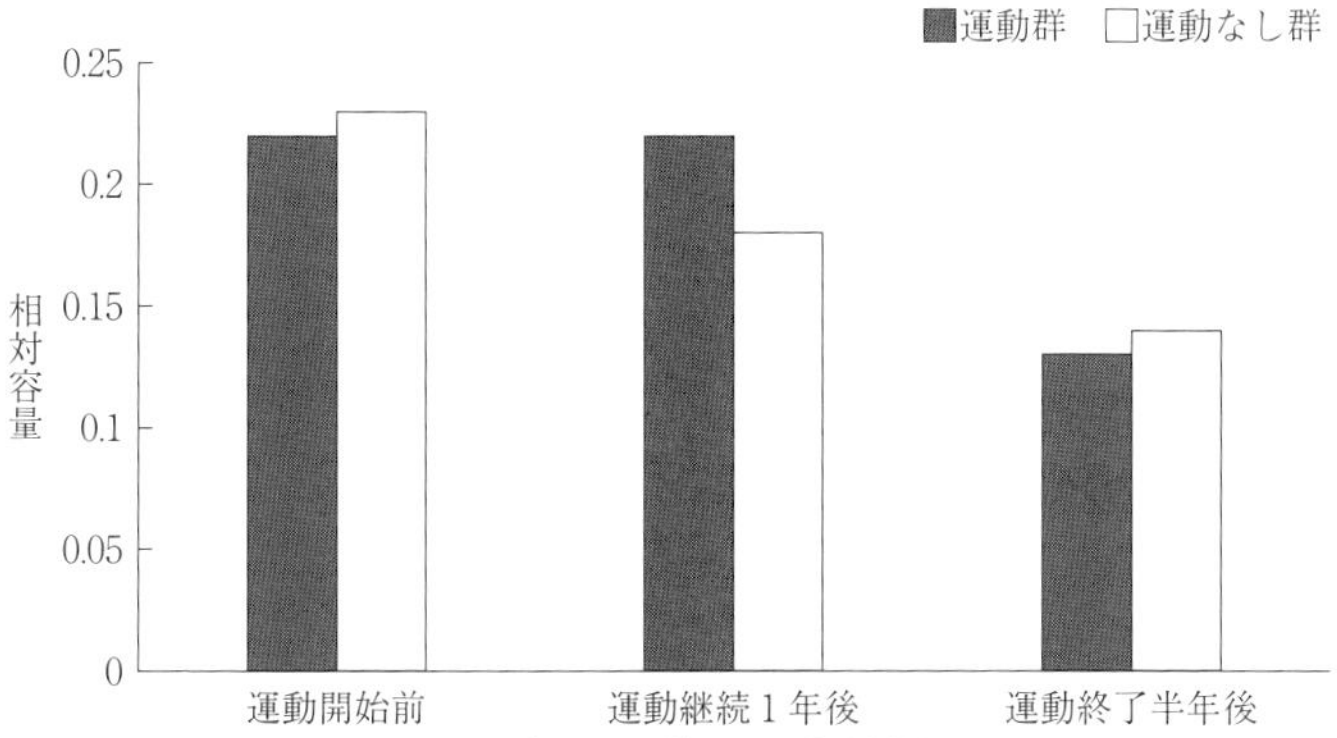

右側の中前頭回の相対容量

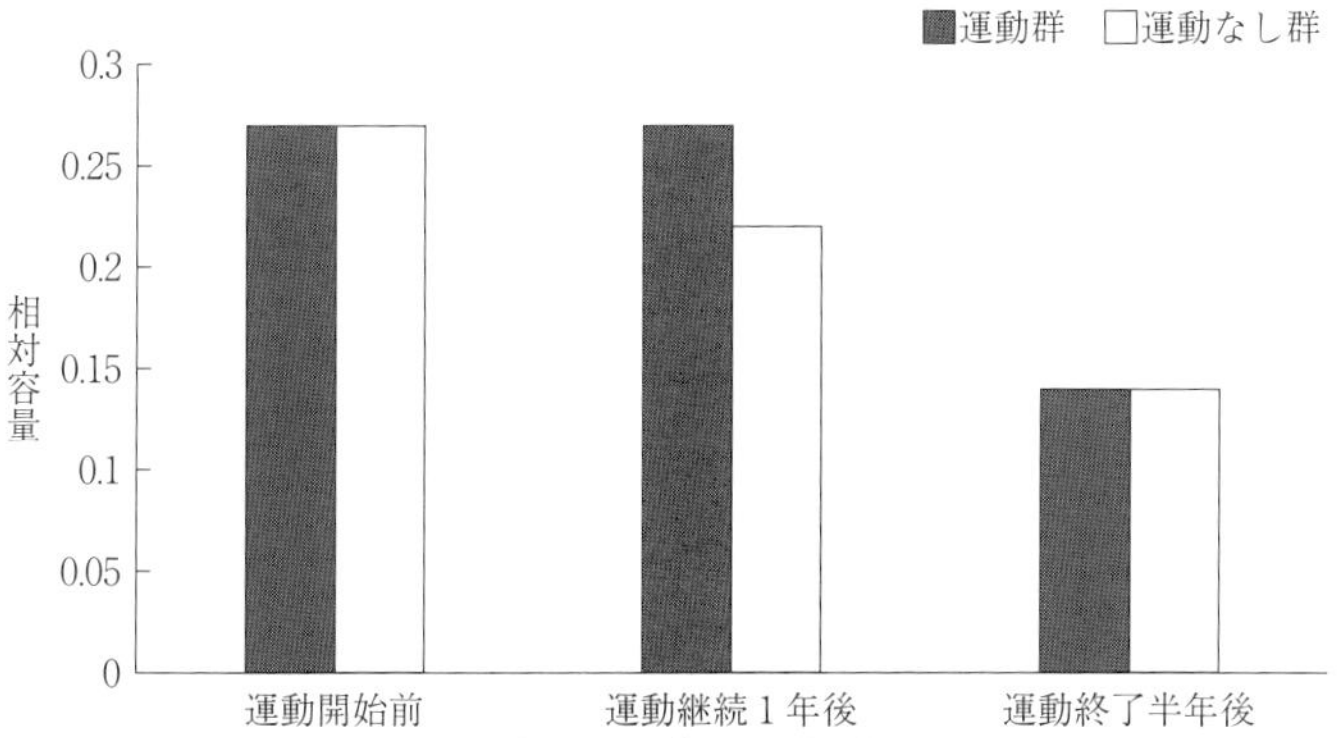

左側の中前頭回の相対容量

図 2-8　継続的な運動が高齢者の前頭前野容量に及ぼす効果

注）軽度の運動を継続して行った高齢者は，前頭前野に占める中前頭回の容量が維持されましたが，運動しなかった高齢者では減少しました。運動を止めてしまうと，中前頭回の容量が急激に減少しました。運動には脳の萎縮を防ぐ効果があると考えられています。

出所）Tamura, M., et al. International Journal of Geriatric Psychiatry. 2015 年，30 巻，686-694 頁を改変して引用

わずか一〇分程度の運動の効果も研究されています（スワべら、二〇一七年、二〇一八年）。対象者は二〇歳前後の若者で、対象者の半分はペダルこぎ運動を一〇分間行い、残りの対象者は一〇分間休息してもらいました。次いで対象者は、ニワトリや靴べラといった日常よく目にする物体のカラー写真を見せられ、それらが屋内にある物体か屋外にある物体かを判断するよう求められました。四五分間の休憩後、対象者は再びカラー写真を見せられ、その物体を先ほど見た写真と全く同じもの、先ほど見た写真にはなかったもの、先ほど見た写真と類似しているが同じではないものの三種類に分類するよう求められました。その結果、わずか一〇分間の運動を行っただけで、記憶力が改善したのです。わずか一〇分程度の運動を一回行っただけでニューロジェネシスが起こり、記憶力が良くなったとは考えられませんが、運動によって血流が増加し、普段以上の酸素や栄養分が脳に運ばれて記憶力が良くなったのかもしれません。一方、先ほどの老齢ネズミのように運動を習慣的に続けることで、ニューロジェネシスが盛んになる可能性はあります。実際、習慣的に運動を続けているヒトほど、海馬の容量が増大することも報告されているのです。

最近、ジョギングを楽しむ人をよく見かけます。若者ばかりでなく、多くの高齢者も走っています。私がよく通うプールでは、高齢者が二五メートルのコースを完泳したり、水中歩行を楽しんだりしています。北アルプスなどの山々では、多くの高齢者に出会うことができます。このように習慣的な運動を行うことによって、高齢者でもニューロジェネシスが起こると期待されています。運動が健康に良いことは、誰もが実感しているでしょう。

2　ニューロジェネシスの大敵は何か！

運動や豊かな環境はニューロジェネシスを活発にしますが、一方でニューロジェネシスを妨げる大敵もあります。その代表がストレスです。学校でのいじめ、学業成績、進学や就職の悩み、家庭や職場の人間関係、熾烈な出世競争。私たちの生活はさまざまなストレスに満ちあふれています。ストレスが原因で心身を病んだり、場合によっては生命に関わるような深刻な事態に陥ったりすることもあります。このようなストレスがニューロジェネシスを妨げるのです。

マイヤスクら（二〇〇六年）は断眠の影響を調べました（図2-9）。ネズミを水に浮かべた狭い台の上で三日間過ごさせ（水に落ちてしまうため眠ることができません）、海馬歯状回で新たに生まれた神経細胞の数を調べました。三日間眠ることができなかったネズミは、通常の飼育ケージや水に浮かべた広い台上で過ごしたネズミ（十分眠ることができます）に比べて、新生した神経細胞の数が減少していました。

またライバーワースら（二〇一六年）は、大草原ネズミを一匹ごとに隔離して単独で飼育しました（図2-10）。大草原ネズミは、もともと家族ごとに集団生活をするという習性をもっています。六週間にわたって隔離飼育された大草原ネズミは、海馬や扁桃体《へんとうたい》（不安や恐怖などの不快な感情を処理する働きがあります）という脳内の領域で、新生した神経細胞の割合が減少してしまいました。

ネズミではありませんが、マーモセットという二〇センチほどのサルの仲間がいます。南アメリ

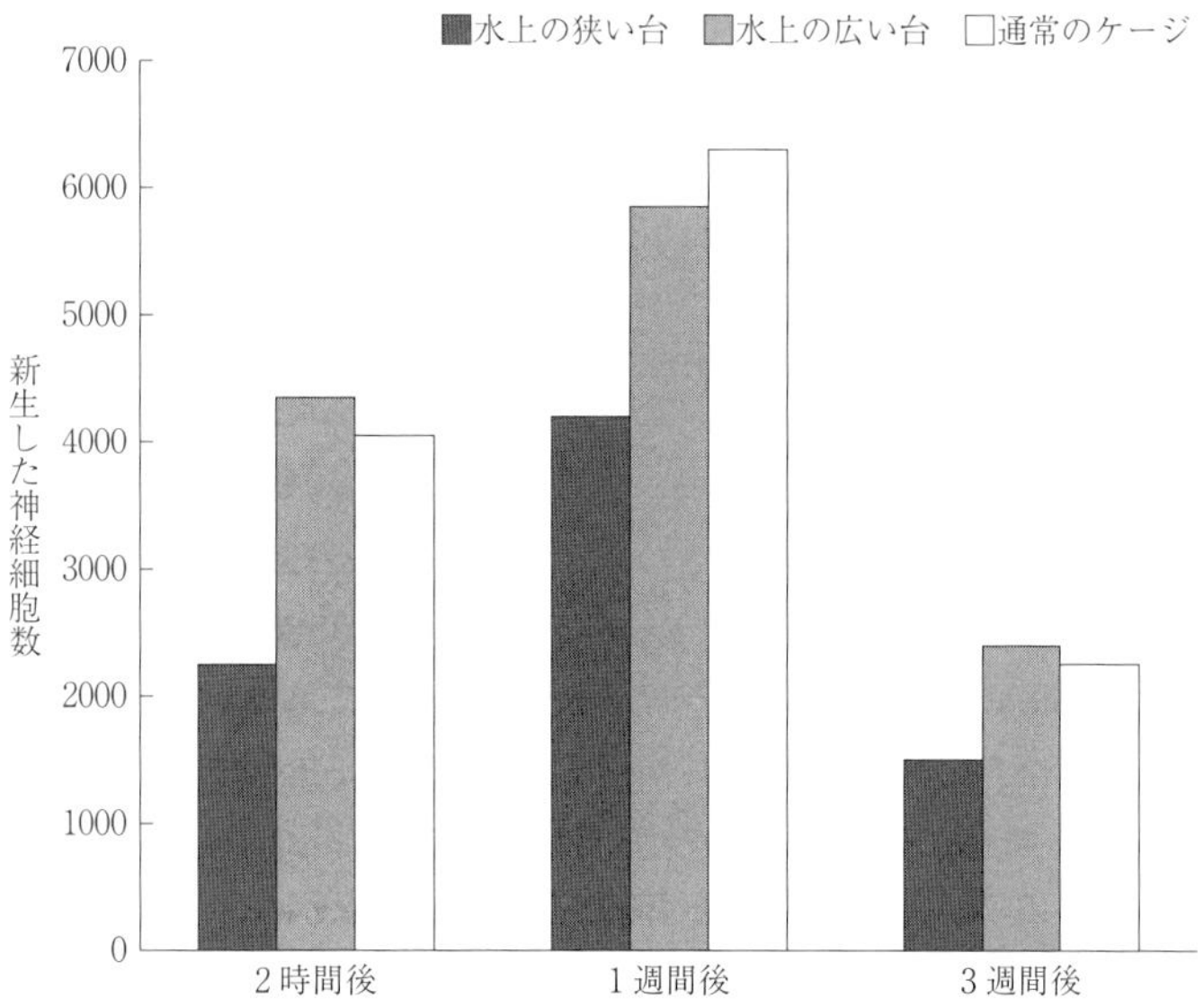

図2-9 3日間の断眠ストレスがニューロジェネシスに及ぼす影響

注）水に浮かべた狭い台上で3日間過ごしたネズミは，眠ることができませんでした。これらのネズミは，通常の飼育ケージや水に浮かべた広い台上で過ごしたネズミ（十分眠ることができた）に比べて，新生した神経細胞の数が減少しました。

出所）Mirescu, C., et al. Proceedings of the National Academy of Sciences of the United States of America. 2006年，103巻，19170-19175頁を改変して引用

カの熱帯雨林や落葉樹林に生息し、コモンマーモセットやピグミーマーモセットがよく知られています。このマーモセットを見知らぬ別のマーモセットが生活している飼育ケージに入れて同居させたところ、やはり海馬歯状回のニューロジェネシスが減少してしまったということです（グールドら、一九九八年）。

不眠、孤独、見知らぬ相手との同居。いずれのストレスも、私たち人間社会の縮図を見ているようです。

ストレスはニューロジェネ

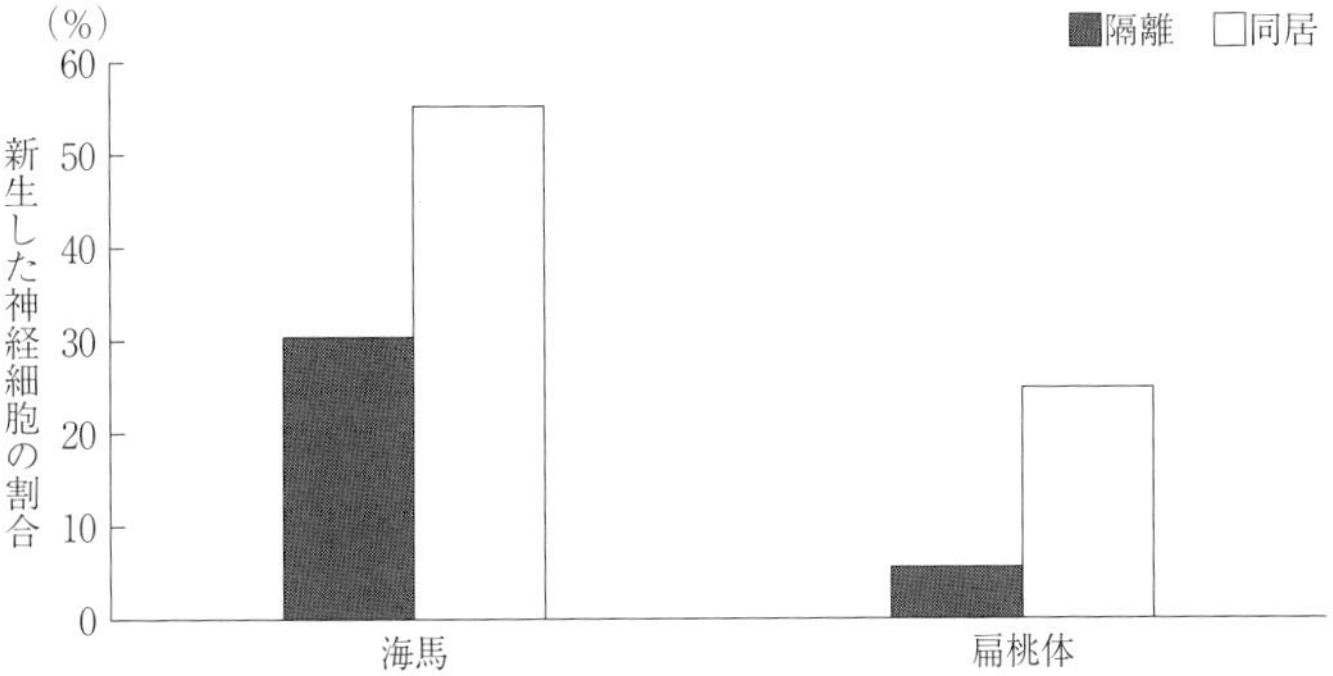

図 2-10　隔離飼育がニューロジェネシスに及ぼす影響

注）家族ごとに集団生活をする大草原ネズミを６週間にわたり隔離し，１匹にして飼育しました。すると仲間と同居させた大草原ネズミと比べて，海馬や扁桃体で新生した神経細胞の割合が減少してしまいました。

出所）Lieberwirth, C., et al. Brain Research. 2016 年，1644 巻，127-140 頁を改変して引用

シスにとって大敵です。ストレスがいかに良くないか、おわかりでしょう。

しかし、今の人間社会ではストレスなしに過ごすことは難しいでしょう。そのためストレスを上手に解消して生活することが必要になります。先ほどの断眠実験のネズミでは、きちんと睡眠を取ることでニューロジェネシスが回復しました。また運動をすることでストレスの影響を防ぎ、ニューロジェネシスを促進できることもわかってきました。これからの時代は運動、趣味、仲間との交流などを通して、ストレスと上手に付き合う知恵が重要ではないでしょうか。

3　これまでにわかっていること

これまでの研究から、何がニューロジェネシスを促進するのか、何がニューロジェネシスを妨げるのかについて、次のようなことがわかっ

ています。

・ニューロジェネシスは、楽しみながら行う自発的な運動や、さまざまな刺激がある豊かな環境によって促進されます。

・ニューロジェネシスは、ストレスによって妨げられます。睡眠不足、孤独な生活、うつ状態などのストレスは、ニューロジェネシスにとって大敵です。

・運動や趣味を楽しむことによってストレスを解消すれば、ニューロジェネシスは回復します。また運動を継続することによって脳の萎縮が抑えられ、認知機能が向上すると期待されています。

三　さあ、やってみよう！

平成三一年一月二一日付の読売新聞朝刊に、「海馬細胞増える？」と題する記事が特別面に掲載されていました。読んだ方もおられるのではないでしょうか。その中で、運動すると神経細胞の成長を促進する物質が分泌されるという研究成果が紹介されていました。成人期を過ぎると死滅すると考えられてきた脳の神経細胞が、運動することで増やせるかもしれないという可能性が出てきたというものでした。

1　運動にはこんな効果がある

この新聞記事でも、ネズミに運動させると海馬で新しい神経細胞が生まれること、高齢者でも習慣的に運動すると海馬の体積が増えることが紹介されていました。さらに、前頭前野の活動が運動によって高まり、判断力が向上するということです。また気分や意欲に関係する脳内の化学物質も、運動することで調節されているということでした。記事ではアメリカのハーバード大学医学部ジョン・レイティ准教授の言葉として、「体を動かし、働きを求められれば、血流が増し、細胞の連携が生まれ、筋肉と同じように脳は変化する。それは脳の委縮を防ぎ、自分自身であり続けるためのカギとなる」と紹介されています。

健康な体づくりのために運動が欠かせないことは、多くの人が実感していると思います。本屋さんで健康に関する書籍のコーナーを訪れると、運動に関するさまざまな本が出版されていることに気づくでしょう。そのなかで筑波大学の征矢《そや》らは、運動の効果を次のように述べています（征矢英昭・本山貢・石井好二郎編『もっとなっとく使えるスポーツサイエンス』講談社、二〇一七年）。

・運動、特に有酸素運動をすると血管の細胞から一酸化窒素が放出され、血管を拡張して高血圧や動脈硬化の発症リスクを低減させることができます。
・運動によって高齢者でも筋力がアップし、ケガや転倒を防止して寝たきりになるのを予防することができます。

・運動によって脳が活性化すると、記憶力などの認知機能が改善して認知症の予防につながるだけでなく、メンタルヘルスを増進してうつ病を予防したり治療したりすることができます。軽い運動を楽しく継続することによって、ストレスやうつ状態の解消、記憶力や判断力の向上、さらに認知症の予防などさまざまな効果が期待できるという報告が注目されています。運動によって心も体も元気を取り戻し、健康寿命を延ばすことができるのです。

2　スローエアロビックをやってみよう！

征矢は、先に紹介したフリフリグッパーを発展させ、スローエアロビックというプログラムを提案しています(征矢英昭著『一日一〇分！　脳フィットネスを高めるスローエアロビック』ＮＨＫ出版、二〇一八年)。スローエアロビックとは、単にエアロビックをゆっくり行うのではなく、ノリの良い音楽リズムに合わせて体を動かし、筋肉をほぐしていく運動です。スローエアロビックの動きを具体的に紹介します。

・フレアーツイスト：両足を腰幅に開きます。体を左右にひねりながら、両腕を体に巻きつけるようにしっかり振ります。腕と体を左側にひねったときは体重を右足に乗せ、右側にひねったときは左足に乗せます。
・フリフリグッパー：これは先に紹介した通りです。
・ノビユラ：両足を腰幅に開きます。両手を胸の前に出して、窓ふきをするように左右に振ります。自動車のワイパーをイメージするとわかりやすいでしょう。両手を右側に振ったときは腰も右側に動かし、両手を左側に振ったときは腰も左側に動かします。この動きを続けながら腕を少しずつ挙げ（ノビノビ）、バンザイの状態でワイパーのように腕を動かします（ユラユラ）。少しずつ腕を下ろして腕を胸の前に戻します。これを繰り返します。

スローエアロビックは二分間のウォーミング・アップ、六分間のインターバル運動、二分間のクーリング・ダウンから構成されています。ウォーミング・アップでは、一分間に九〇〜一〇〇拍のゆっくりした音楽テンポで、フレアーツイストを行います。次のインターバル運動は、音楽テンポが一分間に一一〇〜一三〇拍と少しきつめです。インターバル（休憩）を挟みながら、フリフリグッパーとノビユラを交互に行います。最後はクーリング・ダウンです。音楽テンポを一分間に九五拍まで落とし、フレアーツイストをしながら体の力を抜き、呼吸を整えていきます。

高齢者にも無理のない運動を一日一〇分程度行うことで脳を刺激し、判断や意思決定を行う前頭前野や記憶情報を整理する海馬の働きを活性化することができます。自分の好きな音楽を選んで運動することで、気分も快適になるでしょう。

3　コグニサイズ・コグニライフのすすめ！

スローエアロビックと並び、運動習慣を日常生活に取り入れることで健康寿命を延ばそうという取り組みがコグニサイズです。コグニサイズ（Cognicise）とは、認知を意味する英語「Cognition」のコグニ（Cogni）と、運動を意味する英語「Exercise」のサイズ（cise）を組み合わせたものです。つまり頭を使いながら運動するという取り組みです。一方、コグニライフとは、日常生活のなかで頭を使うという取り組みです。公園を散歩したり、電車に乗ったりしている最中にしりとりをしたり、一〇〇から七を引く引き算をしたりして、頭を使うようにすることです。

国立長寿医療研究センターの島田は、認知症の予防のためにコグニサイズ・コグニライフを提案しています（島田裕之著『コグニサイズ・コグニライフで認知症は自力で防げる』すばる舎、二〇一八年）。運動しながら頭を使うことで、効果的に脳を刺激して認知症を予防することができるのです。

ここで少し認知症のことを説明します。認知症には大きく三つのタイプがあり、そのなかで最も多いのがアルツハイマー型認知症です。記憶の働きをつかさどる海馬の神経細胞が急速に死滅して、食事をしたことや誰かに会ったことを思い出せなくなります。次に多いのが脳血管性認知症です。脳の血管が詰まって脳梗塞や脳内出血を起こし、周囲の神経細胞が死滅していきます。脳のどこで血管が詰まったのか、出血が起こったのかによって、手足が麻痺したり言葉が話せなくなったり、異なる症状が現れます。最も少ないのがレビー小体型認知症です。レビー小体というタンパク質が脳に沈着することで、幻覚や妄想といった精神症状が現れます。

認知症というと、加齢によって発症し高齢者にとって避けることができない不治の病のように考えられてきました。しかし現在では、認知症も生活習慣病の一つではないかと考えられています。というのは、アルツハイマー型認知症の発症要因として、運動不足が群を抜いて高いことがわかってきたからです。他にはうつ、喫煙、高血圧、肥満などが発症要因とされています。喫煙、高血圧、肥満は脳血管障害を引き起こす危険もあります。こう考えると、認知症の大部分を占めるアルツハイマー型認知症と脳血管型認知症は、生活習慣病であること、不治の病ではなく生活習慣を改めることで予防できることがわかると思います。運動することでうつ、高血圧、肥満も防ぐことができるのです。

ここでは島田が考案したコグニサイズの実例をいくつか紹介します。

・立って足踏み三の倍数で拍手：立った状態でその場で足踏みをします。足踏みをしながら「いち」、「に」と声に出して数を数え、三の倍数になったら手を叩いて拍手をします。このとき「さん」と声に出さないことがミソです。つまり、「いち」、「に」、（拍手）、「よん」、「ご」、（拍手）、「なな」、「はち」、（拍手）……となります。これを一〇〇まで続けます。

・立って足踏み一〇〇から七の引き算：立った状態でその場で足踏みをします。足踏みをしながら一〇〇から七を引き、答えを声に出して言います。「ひゃく」、「きゅうじゅうさん」、「はちじゅうろく」、「ななじゅうきゅう」、「ななじゅうに」、……となります。

・ナンバ足踏みあいうえお：右手と右足、左手と左足を同時に出す歩き方をナンバ足踏み、あるいはナンバ歩きといいます。ナンバ足踏みをしながら「あ、い、う」、「え、お、か」という順で、五〇音を三音ずつ区切って声に出します。まずイスに浅く腰掛け両手で拳を作ります。右手と右足を同時に上げ「あ」と声に出します。次に右手右足を下ろしながら左手と左足を同時に上げ「い」、左手左足を下ろしながら右手右足を上げ「う」と声に出した次は、声を出さずに右手右足を下げ、左手左足を上げます。これを繰り返し、「え、お、か」、「き、く、け」、……という順に五〇音の最後まで続けます。

・座って足踏み指ワイパー：イスに浅く腰掛け両手を胸の前に上げて拳を作ります。右手の親指と左手の小指を同時に立てます。次にこれらの両指を元に戻し、左手の親指と右手の小指を同時に立てます。声に出して数を数えながらこの動作を交互に繰り返します。さらに数を数えるのに合わせて、左右の足で足踏みをします。なかなか難しいです。

コグニライフの実例としては、日常生活の中でしりとりや引き算を行うほかに、文章を書く、時刻表やガイドブックを見て自分で旅行計画を立てる、新聞を声に出して読む、料理の献立や手順を考えて自分で作る、面倒なことをあれこれ考えながら行うことなどが挙げられます。認知機能を使う、頭を使う作業が日常生活にはあふれています。工夫を凝らして、自分に合った楽しいコグニライフを考えてみてはどうでしょうか。

4　これまでにわかっていること

これまでの研究から、運動、特に有酸素運動を続けると次のような効果のあることがわかっています。

・運動には血圧を下げる効果があります。その結果、脳梗塞や脳内出血のような脳血管系の病気を予防することにつながります。
・運動によって血流が増加すると、脳が刺激され神経細胞の成長を促進させる栄養素が放出されます。その結果、脳の萎縮を防ぐことができます。
・運動によって筋力がつくと転倒しにくくなり、寝たきりになるのを予防することができます。
・運動によって脳が活性化することで、認知機能が向上します。運動しながら頭を使う課題を組み合わせることで、さらに効果が高まります。認知症の予防にもつながります。
・運動は一日三〇分から六〇分、一週間に三回程度でも効果があります。楽しみながら継続することが大切です。
・頭を使う課題（認知課題）は、少し難しい程度、ちょっと考えないと解答できない程度の課題が適当です。

おわりに

ここまでニューロジェネシスと運動の効果について紹介してきました。ニューロジェネシスについては、限界や未解明な点も残されています。たとえば、ニューロジェネシスによって生まれた神経細胞のうち、多くは機能せずにそのまま死滅してしまいます。ごく一部の神経細胞が網の目のような神経回路に組み込まれ、記憶などの機能を担うようになると考えられています。一方、ニューロジェネシスが起こらないようにしても学習能力は失われないことから、学習や記憶の働きにとってニューロジェネシスは必要なわけではないという考えもあります。ニューロジェネシスは起こらなかったという研究報告もあります。どのような条件でニューロジェネシスが活発になり、どのような条件では起こらないのか、さらに研究が進んで解明されることを期待しています。

今日、日本人は男性八一歳、女性八七歳に及ぶ平均寿命を手に入れることができるようになりました。百歳以上の高齢者の数も七万人を超えています。これを可能にした医療の進歩には目を見張るものがあります。これからもますます医療技術は発展し、ガンや認知症を克服できる日がいずれ訪れることでしょう。

しかし私たちが医療を受け入れるだけで、この先も平均寿命を延ばすことができるでしょうか。私たちがもっと積極的に病気の予防や早期発見に取り組んでこそ、寿命を延ばすことが可能になるのではないでしょうか。特に他人の世話にならず自立した生活を送ることができる健康寿命を延ばすには、病気の予防と早期発見が欠かせないのではないでしょうか。治療は医師にしかできませんが、予防や早期発見は私たちにもできる取り組みです。継続的な運動、栄養バランスを考えた食事、十分な睡眠を取り入れた規則正しい生活を送ること。日常生活のなかであえて面倒なことに取り組み、頭を使うこと。趣味を楽しみ、家族や友人との交流を大切にして、張りのある生活を送ること。そして年一回は健康診断を受けること。

病気を予防し、万一病気になっても早期に発見して治療を受けることができれば、医療費や介護費を抑えることができます。そうなれば、高齢者はもちろん、若い人たちにとっても国の財政にとっても良いことに違いありません。人生百年、いや健康寿命百年の時代も見えてきます。

読書案内

島田裕之『コグニサイズ・コグニライフで認知症は自力で防げる』（すばる舎、二〇一八年）
誰でも楽しく取り組める頭と体を使う運動で、認知症を予防しようという本です。ＤＶＤ付きでわかりやすいです。

島田裕之（監修）『体と脳の若返り応援ノート』（現代けんこう出版、二〇一七年）
頭と体を使う運動をわかりやすく説明しているだけでなく、毎日記入する記録表が付いています。

征矢英昭『一日一〇分！　脳フィットネスを高めるスローエアロビック』（ＮＨＫ出版、二〇一八年）
中高年でも楽しくできる心と体の健康増進法スローエアロビック。認知症の予防にも適しています。ＤＶＤ付きで、やってみて私も楽しくなりました。

征矢英昭・本山貢・石井好二郎（編）『もっとなっとく使えるスポーツサイエンス』（講談社、二〇一七年）
質問・回答形式で、運動の効果がわかりやすく書かれています。第三章「健康な体のための使えるスポーツサイエンス」がおすすめです。

参考文献

Gould, E., et al. Proceedings of the National Academy of Sciences of the United States of America. 一九九八年、九五巻、三一六八―三一七一頁
Suwabe, K., et al. Hippocampus. 二〇一七年、二七巻、二二九―二三四頁
Suwabe, K., et al. Proceedings of the National Academy of Sciences of the United States of America. 二〇一八年、一一五巻、一〇四八七―一〇四九二頁

第三章　トラウマ記憶と反復
――カート・ヴォネガット『スローターハウス5』

水溜真由美

一　トラウマ記憶と反復

今年度の公開講座のテーマは「再――くりかえす世界」です。昨年末に講師の依頼をいただいたときに、まず私の頭に浮かんだのはトラウマ記憶の反復という問題でした。トラウマ記憶とは、戦争や災害などのショッキングな体験をめぐる記憶のことです。トラウマ記憶にはフラッシュバックする、つまり意思に反して繰り返し想起されるという特徴があります。トラウマ記憶に苦しむ病気が「ＰＴＳＤ」ですが、厚生労働省のホームページには、ＰＴＳＤについての次のような説明があります。

ＰＴＳＤとは外傷後ストレス障害（Post Traumatic Stress Disorder）の略語です。

生死にかかわるような実際の危険にあったり、死傷の現場を目撃したりするなどの体験によって強い恐怖を感じ、それが記憶に残ってこころの傷（トラウマ）となり、何度も思い出されて当時と同じような恐怖を感じ続けるという病気です。

こうした体験の後では、誰しもが、繰り返しそのことを思い出したり、恐怖を感じたりするものですが、普通は数週間のうちに恐怖が薄れ、記憶が整理されて、その体験が過去のものとして認識されるようになります。ＰＴＳＤでは、トラウマの記憶が一カ月以上にわたって想起され続け、下に述べるような症状をともなっており、また生活面でも重大な影響を引き起こしていることが特徴です。（https://www.mhlw.go.jp/kokoro/speciality/detail_ptsd.html　傍線引用者）

ＰＴＳＤという言葉が医学の世界で用いられるようになるのは一九八〇年代になってからですが、今から百年前にトラウマ記憶の反復脅迫的な性格に注目した人物がいます。精神分析学の創始者として知られるジークムント・フロイト（一八九六―一九三九）です。ご存じのように、フロイトは、幼児を含めて人間の心的生活の中心に性的欲望があることを主張しました。フロイトは、性的欲望は無意識下において理性によるコントロールに抵抗すると考えました。夢はその一つの表れであるとされます。フロイトの主著の一つである『夢判断』では、夢の不可思議な内容が願望充足という観点から解釈されます。

ところがフロイトは、一九二〇年に「快感原則の彼岸」という論文を発表します。フロイトはこの論文の中で、「外傷神経症」の患者が過去のトラウマ体験を繰り返し夢に見ることに注目します。フロイトは、そのような夢は願望充足ではありえないと考えました。フロイトは不快な体験に執着する心の動きを「快感原則」の「彼方」にあるものと見て、新たに「死の欲動」という概念を提起します。

ところで、フロイトがトラウマ体験の反復強迫的な性格に目を向けた背景として、第一次大戦の経験を無視することはできません。「快感原則の彼岸」には、わずかですが「戦争神経症」についての言及があります。当時のヨーロッパでは、第一次大戦の帰還兵の間に神経症的な症状が広がっていました。当初、そうした症状は「シェルショック」と呼ばれ、砲弾による脳の損傷が原因であると考えられましたが、やがて心因性のものであることが明らかにされました。戦場における体験が兵士の心に大きな傷を残すこと、戦場の記憶がフラッシュバックして帰還兵を苦しめることは、今日では広く知られています。

二　カート・ヴォネガットとドレスデン空襲

さて、本章では、ドレスデン空襲にまつわるトラウマ記憶を扱った作品として、カート・ヴォネガット（一九二二―二〇〇七）の『スローターハウス５』を取り上げます（以下の引用文は、カート・ヴォネガット・ジュニア『スローターハウス５』伊藤典夫訳、早川書房、一九七八年によるものです）。

まずは、カート・ヴォネガットの略歴について述べます。ヴォネガットは、一九二二年に、ドイツ系のアメリカ人としてインディアナ州のインディアナポリスに生まれました。一九四〇年にコーネル大学に入学して化学と生物学を専攻しますが、在学中に戦争が始まり、一九四三年に陸軍に入隊しました。大学は中退したようです。一九四四年一〇月、ヨーロッパ戦線に派遣され、同年一二月のバジルの戦いでドイツ軍の捕虜になります。一九四五年一月半ば、ドレスデンの捕虜収容所に移され、翌二月に空襲に遭遇します。この後、四月にソ連軍の捕虜となり、米ソ間の捕虜交換を経て米国に帰国します。帰国後は、シカゴ大学大学院で人類学を学び、一九四七年にニューヨーク州スケネクタディーにあるゼネラル・エレクトリック社の広報部員となります。その後、一九五一年に退職してフリーランスのライターとなりました。有名作家になるまで紆余曲折がありますが、その点については省略させていただきます。主要著作として、本講義で取り上げる『スローターハウス5』(一九六九年)のほか、『タイタンの妖女』(一九五九年)、『母なる夜』(一九六一年)、『猫のゆりかご』(一九六三年)などがあります。

次に、ドレスデン空襲についてお話しします。ドレスデン空襲は、一九四五年二月一三日から一五日にかけて、英米両軍がドイツ東部の都市ドレスデンに対して行った空爆です。ヴォネガットはドレスデン空襲の死者を一三万五千人であると繰り返し主張していますが、どうやらこれは、ナチがプロパガンダのために用いた数字のようです。この死者数の典拠はデーヴィッド・アーヴィング『ドレスデンの破壊』(一九六三年)であることが知られています。『ドレスデンの破壊』は、ヴォネガットが『スローターハウス５』を執筆した当時、ドレスデン空襲について参照することのできたほぼ唯一の書物でした。近年の研究では、死者数は数万人とされています。ちなみに、連合軍はドレスデンでのみ空爆を行ったわけではありません。一九四〇年には早くも、イギリスとドイツの間で空爆の応酬が行われていました。一九四三年にはアメリカ軍もドイツに対して空爆を始めました。第二次大戦における空爆によるドイツの死者数は、トータルで六〇万人に上るとも言われています。

ただし、ドイツの都市に対して行われた空爆のなかでドレスデン空襲は突出して有名です。みなさんのなかには、映画『ドレスデン、運命の日』(二〇〇六年)をご覧になった方もいらっしゃるかもしれません。これほどドレスデン空襲が有名になった理由は、ドレスデンは「エルベ川のフィレンツェ」と呼ばれる文化都市であったため、攻撃対象として不適切であったと考えられていることが指摘できます。とはいえ、多くの研究者が指摘する通り、そもそも戦略爆撃とは敵国民の士気を挫くことを目的とした無差別爆撃にほかなりません。「良い空爆」と「悪い空爆」を区別することなどできないことは、戦争末期に多くの都市が空襲の被害を受けた日本では容易に理解されることと思います。

ヴォネガットの話に戻ります。ヴォネガットにとってのドレスデン空襲の体験はどのようなものだったのでしょうか。先ほどお話ししたように、バジルの戦いで捕虜となったヴォネガットは、一九四五年一月半ばにドレスデンの捕虜収容所に移されました。そこでヴォネガットは妊婦のための高炭水化物シロップの製造に従事させられます。宿舎は、なんと食肉処理場でした。食肉処理場はドイツ語では“Schlachthof”と言いますが、ヴォネガットの宿舎は“Schlachthof fünf”、つまり「食肉処理場・五」として識別されていました。つまり、ヴォネガットが書いた小説のタイトル『スローターハウス5』は、ヴォネガットが収容されていた宿舎の名称の英語訳ということになります。

さて、二月一三日の夜にドレスデン空襲が始まりますが、ヴォネガットは空襲のあいだ、宿舎である食肉処理場の地下室に避難して難を逃れました。『母なる夜』の一九六六年版の序文にはドレスデン空襲に関する詳しい言及があります。以下、その一部を引用します。

わたしたちは火の竜巻を見るわけにはいきませんでした。みんな、食肉加工場の地下にあるひんやりとした食肉貯蔵室に、六人の見張りのドイツ兵や、はらわたを抜かれて何列も何列も並べられた牛、豚、馬、羊の死体といっしょにいたからです。地上で爆弾がうろつき回る音は聞こえました。ときどき乾いた水性塗料の粉が夕立ちみたいにザーと降ってきました。外をひと目見たさに地上に出ようものなら、わたしたちはきっと、火事旋風のあとによく見られる物体と化したことでしょう。（略）

麦芽シロップ工場は消えていました。地下室――十三万五千人のヘンゼルとグレーテルたちがそのなかで人形クッキーみたいに焼かれたたくさんの地下室――を除けば、あらゆるものが姿を消していました。そこで、わたしたちは死体発掘人夫として駆り出され、苦労して防空壕に入っては、死体を運び出しました。おかげでわたしは、あらゆる年齢の、いろいろなタイプのドイツ人が、たいていはひざの上あたりに貴重品を持ったまま死んでいるのを見ました。身内の人々がやってきて、わたしたちの掘り出し作業を眺めていることもありました。この人々も面白い存在でした。（飛田茂雄訳、早川書房、一九八七年、五―六頁）

空襲の後、ドレスデンが焼け野原と化したことを知ったときのヴォネガットの衝撃はどんなに大きかったことでしょう。空襲後、ヴォネガットを含めて生き残った捕虜は郊外の宿舎に移されますが、翌日から毎日ドレスデンに通って瓦礫や遺体の処理をさせられました。右の引用にあるように、当初は遺体を空き地に運んで材木とともに燃やしていたようですが、やがて火炎放射器を使って防空壕の中にある遺体に直接火をつけるようになったようです（ヴォネガットのエッセイ集『パームサンデー――自伝的コラージュ』によれば、ナチスは遺体を「火葬」にする前に貴金属を取り去るのを忘れなかったようです）。そのとき目にした凄惨な光景は、生涯忘れたくても忘れられるものではなかったと思います。

三　「トラウマ体験を書く」ことをめぐる葛藤

『スローターハウス5』が上梓されたのは一九六九年です。すでに終戦から二四年、約四半世紀が経過していました。なぜヴォネガットは、ドレスデン空襲の体験を作品化するまでにこれほど時間がかかったのでしょうか。『スローターハウス5』の第一章には、この作品を書き上げるまでの葛藤が語られています。

このくだらない薄っぺらな本が、わたしにどれほどの金と不安と時間を強要したかは、語るに余りある。二十三年前、第二次大戦が終って帰還したころには、ドレスデンの壊滅について書くのはたやすいように思われた。見てきたことを紙に書き移せば、それでよいのだ。また題材の大きさからいって、それが傑作とまでいかなくとも相当な金になることはまちがいないように思われた。

だが当時のわたしから、ドレスデンを語る言葉はあまり出てこなかった――すくなくとも一冊の本にまとめられるほどには。（一〇―一一頁）

同じく『スローターハウス5』の第一章には、ドレスデン空襲の記憶を思い起こすためにバーナード・V・オヘアという戦友の家を訪問したときのことが書かれています。その場面で、語り手の「わたし」はオヘアの妻のメアリに向かって次のように語ります。

メアリ、この本がほんとうに完成するのかどうか、いまのところぼくにはわからない。もう五千ページやそこら書いているのに、みんな気にいらなくて捨ててしまった。（一八頁）

もちろん、ヴォネガットに限らず、トラウマ体験について書いたり語ったりすることは容易なことでありません。過酷な戦争体験を書くまでに長い年月を要した作家は日本にも多数存在します。たとえば、シベリア抑留の体験をもつ石原吉郎がシベリア体験を語り始めるのは一九六九年のことです。一九五〇年代半ばから石原吉郎の詩は高く評価されていましたが、多くの読者は、長らく石原の詩の背後に過酷なシベリア抑留体験があることを知りませんでした。他方で、加計呂麻島における特攻未遂の体験をもつ島尾敏雄の場合は、敗戦後すぐに戦争体験を素材とする作品を発表し始めました。しかし、トラウマ体験の核になる部分を書くまでには長い時間を要しました。島尾の代表作「特攻三部作」のうちの二つの作品──「出発は遂に訪れず」（一九六二年）、「その夏の今は」（一九六七年）──が書かれるのは、やはり一九六〇年代のことです。

もちろん、トラウマ体験を言語化することが困難だというのは作家に限りません。トラウマ体験の持ち主が自分の経験した過酷な出来事について沈黙しがちだということは、広く知られています。その背景には、トラウマ体験を想起し、それを他者に向かって語ることが大きな苦痛を伴うことや、トラウマ体験を共有しない他者にトラウマ体験を伝えることが困難であることなど、さまざまな理由があります。

他方で、ジュディス・L・ハーマンは『心的外傷と回復』の中で、トラウマ体験の持ち主が沈黙を強いられる背景として、加害者と被害者の間に非対称的な力関係があることを問題にしています。

性暴力被害の場合に顕著ですが、加害者は自分にとって都合の悪い出来事の忘却を望み、第三者を巧みに味方につけながら、被害者の発言の信頼性を削ごうとします。その結果、被害者は孤立し、沈黙を強いられます。この構造は、アメリカにおけるドレスデン空襲をめぐる言説状況にも当てはまります。戦後のアメリカにおいて、ドレスデン空襲について語ることは長らくタブーでした。ドレスデン空襲の加害者であるアメリカ(軍、政府)にとって、軍事施設のない文化都市で一般市民を大量虐殺したことが広く知られることは不都合なことだったからです。『スローターハウス5』の第一章には次のような記述があります。

あるカクテル・パーティーに出かけたおり、たまたまシカゴ大学の教授と顔をあわせたので、わたしはその空襲のことを見たままに、これから書こうとしている本のこともまじえて話してみた。教授は、社会思想委員会なるもののメンバーで、わたしに強制収容所のこととか、ドイツ人が死んだユダヤ人の脂肪から石ケンやローソクを作ったことなどを滔々と話してくれた。

わたしにはこう答えるしかなかった。「ええ、ええ。それはわかってます」(二二頁、傍点原文)

この教授がドレスデン空襲をめぐる会話のなかでホロコーストを持ち出した理由は、暗にドレスデン空襲を正当化するためだと考えられます。つまり、ユダヤ人を大量虐殺したドイツ人には自らの被害を言い立てる資格はないということでしょう。このようにドレスデン空襲をタブー化する言説状況のなかで、ドイツ系の出自をもつヴォネガットが、ドレスデン空襲について語ることは容易なことではありませんでした。

このほか、ヴォネガットが『スローターハウス５』を書くために長い時間を要した理由として、当時、空爆による大量虐殺を語る言葉や物語の枠組みが存在していなかったことが挙げられます。既存の戦争文学や戦争映画は、戦争を美化するヒーローものと相場が決まっていました。『スローターハウス５』第一章において、先述したメアリは、語り手の「わたし」がドレスデン空襲を素材にして小説を書こうとしていることを知り、「わたし」に対して大変冷淡な態度をとります。なぜなら、「わたし」がフランク・シナトラやジョン・ウェインのようなマッチョな人物が登場する、戦争を賛美する小説を書こうとしていると考えたためです。メアリは「わたし」に向かって、実際に従軍し傷つくのは「海千山千のじいさん」ではなく「赤んぼう」のような若者であると述べます。「わたし」は、メアリが「自分の子供はいうまでもなく、ほかのだれの子供たちも戦争で死なせたくはなかった。そして戦争を助長する責任の一端は、本や映画にある、と考えたのだ」（二七頁）と悟り、次のように約束します。

しかしもし万一、これが完成するものなら、ぼくは誓うよ。フランク・シナトラやジョン・ウェインが出てくる小説にはしない。
そうだ、『子供十字軍』という題にしよう。（二八頁）

実際、『スローターハウス5』の原題には「子供十字軍」という言葉が含まれています（『スローターハウス5、または子供十字軍　死との義務的ダンス』）。これからお話するように、『スローターハウス5』は荒唐無稽なエピソードを含むユニークな作品ですが、それは英雄主義的な戦争礼讃の作品とは異なるタイプの作品を追求した結果として生み出されたものなのです。

四　ビリー・ピルグリムの生涯

いよいよ『スローターハウス5』の内容に入ります。『スローターハウス5』は一〇章構成の作品です。第一章では、先述した通り、『スローターハウス5』執筆の経緯が語られます。第二章以降はビリー・ピルグリムを主人公とする物語です。ビリーはドレスデン空襲のサバイバーです。なお、『スローターハウス5』はドレスデン空襲の体験を中心として書かれた自伝的な作品ではありません。もちろん、ドレスデン空襲をめぐる記述はヴォネガットの体験に基づく部分が少なくありませんし、ビリーはある意味ではヴォネガットの分身かもしれません。しかし、『スローターハウス5』がフィクション性の強い作品であることは一読すれば明らかです。

以下ではビリー・ピルグリムの人生を時系列に沿ってたどってみます。『スローターハウス5』では、ドレスデン空襲の体験のみでなく、ビリーが生まれてから亡くなるまでの出来事が描かれます。

ビリー・ピルグリムは、一九二二年にニューヨーク州イリアムに生まれました（ヴォネガットと同い年です）。一九四三年頃、ビリーはハイスクールを卒業しイリアム検眼医学校で一学期間学んだ後、召集されて従軍牧師助手になります。一九四四年、バジルの戦いでドイツ軍捕虜となった後、一九四五年初めにドレスデンの捕虜収容所に移され、空襲に遭遇します。帰国後、イリアム検眼医学校に再入学し、在学中に学校創設者兼経営者の娘であるヴァレンシアと婚約します。その後、神経衰弱――戦争体験に由来するＰＴＳＤであると思われます――を患い、復員軍人病院に六ヶ月間入院します。入院中、相部屋となったエリオット・ローズウォーターにＳＦ作家であるキルゴア・トラウトの作品を読むよう勧められます。退院後はヴァレンシアと結婚し、専門教育を終えたあとに義父の資金援助を得てイリアムで開業し、成功します。二人の子どもも授かります。一九六七年、娘の結婚式の夜にトラルファマドール星人に拉致され、トラルファマドール星で映画スターのモンタナ・ワイルドハックとともに裸で動物園に入れられ見世物にされます。一九六八年、国際検眼医大会に参加するため、義父らとモントリオールに向かう途中、旅客機がシュガーブッシュ山の頂上に激突して墜落します。この事故で義父を含めてほぼすべての乗客・乗員が死亡しますが、ビリーは救助され、ヴァーモント州の病院で手術を受けます。なお、ビリーの事故の知らせを聞いて動転したヴァレンシアは病院に向かう途中、自動車事故を起こして亡くなります。退院後、ビリーはニューヨーク市でラジオ番組に出演し、時間内浮遊現象とトラルファマドール星について話します。一九六八年、シカゴ大学で講演中、捕虜仲間のポール・ラザーロに銃で撃たれて死亡します。以上が、ビリー・ピルグリムの生涯です。

五　『スローターハウス５』の時間構造

『スローターハウス５』を読み解く鍵はユニークな時間構造にあります。先述したように、ヴォネガットはビリーが人生のなかで経験するさまざまな出来事を作品の中に描いていますが、それらは時系列に沿って語られるわけではありません。もちろん、それ自体は大して珍しいことではありません。たとえば語り手が過去を回想する設定の作品の中で、三年前の出来事が一週間前の出来事のあとに出てくることはよくあります。ただし、そうした場合でも、作品がリアリズムの原則に則って書かれている限り、出来事そのものは時系列に沿って発生していることが前提にされています。時系列のルールの逸脱と見えるものは出来事を語る順序の問題にすぎません。

一方で、『スローターハウス５』では、時系列のルールからの逸脱は語りの順序にのみ関わるわけではありません。というのは、『スローターハウス５』では、主人公のビリーが時間内浮遊をしてさまざまな瞬間を生きているという設定になっているからです。第二章の冒頭部分を引用します。

聞きたまえ――

ビリー・ピルグリムは時間のなかに解き放たれた。

ビリーは老いぼれた男やもめになって眠りにおち、自分の結婚式当日に目覚めた。あるドアから一九五五年にはいり、一九四一年、べつのドアから歩みでた。そのドアをふたたび通りぬけると、そこは一九六三年だった。自分の誕生と死を何回見たかわからない、と彼はいう。そのあいだにあらゆるできごとを行きあたりばったりに訪問している。

そう彼はいう。

ビリーは、けいれん的時間旅行者である。つぎの行先をみずからコントロールする力はない。したがって旅は必ずしも楽しいものではない。人生のどの場面をつぎに演じることになるかわからないので、いつも場おくれ《ステージ・フライト》の状態におかれている、と彼はいう。（三九頁）

この荒唐無稽な設定をめぐる合理的な解釈は、現在を生きるビリーに過去の記憶がフラッシュバックしているとするものでしょう。たしかに、ビリーはドレスデン空襲をはじめとする戦場体験のトラウマを抱える人物として描かれており、ビリーの時間内浮遊とトラウマとが何らかの意味で結びついていることは確かだと思われます。ただし、ビリーの時間内浮遊が未来に向かうベクトルをも含むものである以上、それを「フラッシュバック」という言葉で語るのは適当ではないと思います。

ある場面を例に挙げます。新婚旅行中のこと、「あなたのために痩せるわ」、「減食するわ。あなたのために美しくなるわ」と語る妻ヴァレンシアに対して、ビリーは「ぼくはいまのとおりのきみが好きなんだよ」と語り、「ほんと？」と問うヴァレンシアに対して「ほんとさ」と答えます。そして、そのすぐあとに、「時間旅行のおかげで二人の結婚生活の情景をすでにたくさん見ていた彼は、それがすくなくとも耐えがたいほどではないことを知っていた」（一六二頁）という記述が続きます。

もちろん、過去・現在・未来を自在に行き来するビリーによる時間飛行をすべてビリーの妄想の産物だとする解釈も可能です。また、ビリーが現在の時点から過去の記憶を修正（捏造）していると解釈するならば、フラッシュバック説も成り立ちます。しかし、そのような解釈を採る場合、『スローターハウス5』に盛り込まれている時間哲学（後述）のユニークな意味を見失ってしまう危険があります。したがって本章では、ビリーが——少なくとも主観的なレベルでは——実際に時間内浮遊をしているという前提で解釈を進めます。

さて、先ほどビリーが新婚旅行の際に結婚生活の行く末を予言していたことを指摘しましたが、『スローターハウス5』には出来事の結果を先取りする叙述が頻出します。別の箇所を例に挙げます。ビリーは、捕虜収容所でエドワード・ダービーという四四歳のアメリカ人捕虜と知り合いになります。その際、語り手はダービーがインディアナポリスのハイスクール教師であり、一人息子は海兵隊に所属し太平洋で戦っているという情報を提示します。そして、そのすぐあとに次のような記述が加わります。

ダービーの息子は戦争を生きのびる。ダービーにはそれだけの余命はなかった。彼のたくましい体は、六十八日後、ドレスデンで銃殺隊によって穴だらけにされるのである。そういうものだ。（二一四頁、傍線引用者）

出来事の結果を先取りするこのような語りは、小説をめぐる暗黙の前提を覆すものです。通常、私たちは物語の結末を知らずに小説を読み進めます。ハラハラドキドキしながら物語の展開を追うことは小説を読む醍醐味でもあります。ところが、ヴォネガットはあらかじめ物語の結末を予告することで、読者から小説を読む楽しみの一つを奪います。ヴォネガットがダービーに対して行っていることは、推理小説であれば、ある人物が登場した瞬間に、のちにその人物が犯罪を犯し、その謎を名探偵が解き明かすことを予告するのと同じです。そしてそれゆえに、『スローターハウス5』にはヤマ場やクライマックスがありません。先ほどヴォネガットは既存の戦争文学や戦争映画とは異なるフレームで『スローターハウス5』を書こうとしたのだと述べました。それは戦争の美化や英雄主義を回避することでもありますが、同時に、大量虐殺をカタルシスを含んだ陳腐なドラマとして描くことを拒否することでもあります。そのために、ヴォネガットは意図的にヤマ場やクライマックスのない作品を書いたのだということができます。

ヴォネガットは『スローターハウス5』の第一章で「大量虐殺を語る理性的な言葉など何ひとつない」と述べ、「鳥は何というだろう？　殺戮についていて何かいうことがあるとすれば、それはこんなものか、「プーティーウィッ?・」と続けています(二二二頁)。また『スローターハウス5』の末尾は次の一節で締め括られます。

小鳥たちがおしゃべりをしていた。
その一羽がビリー・ピルグリムにいった、「プーティーウィッ?・」(二八一頁)

鳥のさえずりである「プーティーウィッ?・」は人間にとってはナンセンスな言葉です。メロドラマティックな戦争文学とひどくかけ離れたこのラストシーンは、大量虐殺という出来事が意味づけられない不条理な出来事であることを如実に示すものです。

六　トラルファマドール星人の時間哲学

先述したように、『スローターハウス5』には、トラルファマドール星人がビリーを拉致するエピソードがあります。だとすれば『スローターハウス5』はSF小説に違いない、と思われる方が少なくないでしょう。けれども、トラルファマドール星人をめぐるエピソードは、注意深く読むならば、作中人物であるSF作家キルゴア・トラウトの作品に由来するビリーの妄想であることがわかる設定になっています。もっとも、ヴォネガットは『タイタンの妖女』のようなSF風の小説も書いており、しばしばSF作家とみなされていたようです（ヴォネガット自身はSF作家とみなされることを嫌がっていたようですが）。

それはさておき、以下ではトラルファマドール星人のもつ独特の時間哲学に注目したいと思います。ビリーはトラルファマドール星人との会話のなかで、トラルファマドール星では時間の概念が地球と大きく異なっていることを知ります。トラルファマドール星人はビリーに向かって次のように語ります。

> きみたちがロッキー山脈をながめるのと同じように、すべての時間を見ることができる。すべての時間とは、すべての時間だ。それは決して変ることはない。予告や説明によって、いささかも動かされるものではない。それは、ただあるのだ。瞬間瞬間をとりだせば、きみたちにもわれわれが、まえにいったように琥珀のなかの虫でしかないことがわかるだろう。（一一七頁、傍点原文）

ビリーは、『イリアム・ニューズ・リーダー』に対して次のような投書を行います。

> わたしがトラルファマドール星人から学んだもっとも重要なことは、人が死ぬとき、その人は死んだように見えるにすぎない、ということである。過去では、その人はまだ生きているの

だから、葬儀の場で泣くのは愚かしいことだ。あらゆる瞬間は、過去、現在、未来を問わず、常に存在してきたのだし、常に存在しつづけるのである。（四三頁、傍点原文）

トラルファマドール星人の時間哲学のポイントは、未来は人間（宇宙人）の意思と無関係にあらかじめ決定されているとする宿命論です。たとえば、トラルファマドール星人は宇宙の破滅を次のように予言します。

「われわれが（宇宙を——引用者注）吹きとばしてしまうんだ——空飛ぶ円盤の新しい燃料の実験をしているときに。トラルファマドール星人のテストパイロットが始動ボタンを押したとたん、全宇宙が消えてしまうんだ」そういうものだ。（一五八頁、傍線引用者）

当然ながら、この発言を聞いたビリーは、「それを知っていて（略）くいとめる方法は何もないのですか？　パイロットにボタンを押させないようにすることはできないのですか？」と尋ねます（同、傍点原文）。この問いに対して、トラルファマドール星人は次のように答えます。

「彼は常にそれを押してきた、そして押しつづけるのだ。われわれは常に押させてきたし、押させつづけるのだ。時間はそのような構造になっているんだよ」（同、傍点原文）

つまり、トラルファマドール星人は、宇宙の歴史はすべての瞬間についてあらかじめ決定されており、自由意思の介在する余地はないと考えるのです。

七　偶然と不条理

ところで、トラルファマドール星人の主張する極端な宿命論をヴォネガット自身はどのように捉えているのでしょうか。もちろん、小説はフィクションですから、登場人物や語り手が著者の意見を代弁しているとは限りません。しかし、ヴォネガットがトラルファマドール星人の主張する宿命論に強い誘惑を感じていたことは確かだと思います。

その一つの証として、『スローターハウス5』には「そういうものだ(So it goes)」というフレーズが頻出します。これまでに提示した引用箇所にもこのフレーズを含むものがありますが(該当箇所に傍線を引いておきました)、空襲後の遺体処理の場面ではこのフレーズが執拗に反復されます。少し長くなりますが、引用します。

死体坑の数は、時がたつにつれ数百に増えた。はじめは臭いもなく、さながら蠟人形館であった。しかしまもなく死体は腐り、溶けだして、バラと芥子ガスのような臭いがこもった。

そういうものだ。

ビリーのパートナーであるマオリ人は、その臭気のなかで作業を命じられたため、肺気腫になって死んだ。彼は果てしなく嘔吐しながら、胸をかきむしって息絶えた。

そういうものだ。

そこで新方式が考案された。死体は運びだされなくなった。火焔放射器を持った兵士が、その場で火葬にした。彼らは防空壕のそとに立ち、なかに火を送りこんだ。

そういうものだ。

そのあたりのどこかで、哀れな中年のハイスクール教師エドガー・ダービーが、地下墓地からティーポットを持ちだしたところを逮捕された。容疑は窃盗であった。彼は裁判にかけられ、銃殺された。

そういうものだ。（二八〇―二八一頁、傍線引用者）

ヴォネガットは右の引用において、空襲による死者の無惨な姿をこれでもかと言うほど列挙しながら、「そういうものだ」というフレーズを反復しています。「そういうものだ」とは、当然そうなるべきものとして現実を追認する言葉です。また、圧倒的な現実を前にしたときに無力感を表明する言葉でもあります。みなさんは、人災であるはずの空襲を宿命論的に捉えることに反発を感じるでしょうか。それとも、空襲のような大惨事を経験した場合、宿命論的な考えに陥るのはやむをえないと考えるでしょうか。

そもそも、戦争は人々を死の危険に晒すことによって偶然のもつ残酷さと不条理を実感させる出来事です。戦争をめぐる体験談や戦争文学は、「なぜ、彼あるいは彼女が死に、自分は助かったのか」という問いに満ちています。

安田武という戦中派の評論家を例に挙げたいと思います。一九二二年生まれの安田は学徒動員で出征し、満州で敗戦を迎えます。満州では戦争末期にソ連軍との間で戦争が始まりました。八月一五日朝のソ連軍との銃撃戦の折、ソ連兵の撃った銃弾が安田の肩をかすめて隣にいた兵士に命中し、その兵士は即死します。以後、安田はソ連兵の銃弾がなぜ自分ではなく彼に命中したのかという疑問に捕らわれ続けます。一九六三年に上梓した『戦争体験――一九七〇年への遺書』の序章において、安田は、「あの時から十五年、その後のぼくの生存を保証しているものは、あの時の任意の距離、もしくは、見知らぬ異国人の恣意なのだろうか。そして、これからも、ぼくの生きている限り、ぼくの生命は、所詮ひとつの「偶然」にすぎないのだろうか」（朝文社、一九六三＝一九九四年、一〇頁、傍点原文）と自問しています。

同じことはヴォネガットにも当てはまります。そもそもなぜヴォネガットはアメリカ人であるにもかかわらず、ドイツの都市をターゲットとした空襲に遭遇しなければならなかったのでしょうか。そしてまた、なぜ空襲に遭遇しながら生き残ることができたのでしょうか。この問いをめぐる十分な答えはありません。もちろん、ヴォネガットがドレスデンで空襲に遭遇したのは、空襲時にヴォネガットがドイツ軍の捕虜としてドレスデンにいたからですし、生き残ったのは、食肉処理場の地下室が頑丈だったからでしょう。しかし、それはいずれも偶然です。ヴォネガットは捕虜にならなかった可能性もありますし、捕虜になったとして、ドレスデン以外の都市にある収容所に入れられた可能性もあります。また、ドレスデンの捕虜収容所に入れられたとして、食肉処理場以外の宿舎を割り当てられていた可能性もあります。さらに、ドレスデン空襲を生き延びたとして、エドガー・ダービーのように、瓦礫処理の最中に些細な理由でドイツ兵に処刑されていた可能性もあります。これらの点を突き詰めていけば、人は宿命論者になるしかなくなります。

ホロコーストについてのドキュメンタリー映画『ショアー』を制作したクロード・ランズマンは、「何故、ユダヤ人は殺されたのか」という問いに対する答えはないと述べましたが(「ここには、何故はない」)、奇しくも、『スローターハウス5』には、被害者が「なぜ」という問いを発し、その問いが暴力的に否定される場面が描かれています。ビリーが捕虜収容所で五列縦隊に整列して待機していた時、最後尾の列にいたアメリカ兵のつぶやきを警備兵が聞きとがめ、列から引っ張り出して殴り倒します。そのアメリカ兵は、「なぜおれを?」と問いますが、警備兵は「なぜおまえを?だれだろうと同じだ」と答えます(一二四頁、傍線引用者)。

実は、これと似たやりとりがビリーとトラルファマドール星人の間でも行われます。トラルファマドール星人に拉致されたビリーは空飛ぶ円盤の中で「何か質問は?」と問われ、「なぜ、わたしが?」と尋ねます。この問いに対して、トラルファマドール星人は「われわれにしたって同じことさ、ピルグリムくん、この瞬間という琥珀に閉じこめられている。なぜというものはないのだ」と答えます（一〇五―一〇六頁、傍点原文、傍線引用者）。

ちなみに、『スローターハウス５』に描かれる不条理な死はドレスデン空襲によるものだけではありません。戦争中に、ビリーの父親は狩猟中に友人の撃った弾に当たって亡くなります。多くのアメリカ人が戦場で命を落としている時期に、狩猟中に友人の誤射により命を落とすのは不条理です。また第四節で述べたように、国際検眼医大会に向かう途中、ビリーの義父は飛行機の墜落事故で死亡します。ビリーも同じ飛行機に乗っていましたが、またもや命拾いします。この事故で副操縦士とビリー以外の乗員・乗客が全員亡くなったことを考えると、義父とビリーの生死を分けた合理的な理由はないに違いありません。他方で、この事故の知らせによって動転したビリーの妻のヴァレンシアは自動車事故で亡くなります。夫が奇跡的に命拾いをしたというのに、事故の知らせのショックのために事故死するとは不条理であると言わざるをえません。同様に、ドレスデン空襲を生き延びながら、瓦礫処理の最中にティーポットを盗んだために処刑されたエドガー・ダービーの死はいっそう不条理と言えるかもしれません。このような死に対して、私たちは「そういうものだ」という言葉を発する以上に何ができるでしょうか。

八　ニーチェと永劫回帰

ところで、トラルファマドール星人の時間哲学はニーチェによる永劫回帰の思想を彷彿とさせます。ニーチェの永劫回帰の思想といえば、『ツァラトゥストラ』の「これが生だったのか。よし、ではもう一度」というフレーズが有名ですが、そのエッセンスは『悦ばしき知識』に登場する「運命愛（Amor fati）」という言葉に集約されると思います。つまり、永劫回帰の思想とは、すべての偶然、不条理を含めて自らの運命を愛するということです。『悦ばしき知識』には次のような一節があります。

> 最大の重し。——もしある日、もしくはある夜なり、デーモンが君の寂寥きわまる孤独の果てまでにひそかに後をつけ、こう君に告げたとしたら、どうだろう、——「お前が現に生き、また生きてきたこの人生を、いま一度、いなさらに無数度にわたって、お前は生きねばならぬだろう。そこに新たな何ものもなく、あらゆる苦痛とあらゆる快楽、あらゆる思想と嘆息、お前の人生に言いつくせぬ巨細のことども一切が、お前の身に回帰しなければならぬ。しかも何から何までことごとく同じ順序と脈絡にしたがって、——されば この蜘蛛も、樹間のこの月光も、またこの瞬間も、この自己自身も、同じように回帰せねばならぬ。存在の永遠の砂時計は、

くりかえしくりかえし巻き戻される――それとともに塵の塵であるお前も同じく！」〔略〕「お前は、このことを、いま一度、いな無数度にわたって欲するか？」」（『悦ばしき知識（ニーチェ全集8）』信太正三訳、筑摩書房、一九九三年、三六二―三六三頁、傍点原文）

みなさんはデーモンからこのように問われたらどのように答えるでしょうか。私は、「ではもう一度」と答える自信は全くありません。ただ、ニーチェは多くの人がこのデーモンの問いに「ノー」と答えることをよく知っていたと思います。『ツァラトゥストラ』第二部「救いについて」には、「時間は逆流しない。そのことに意志は憤怒している。『そうだったこと』――これが、意志には転がすことのできない石の名前だ」、「意志は、自分が後ろに戻れないことの腹いせに、復讐する」、「意志は、時間にたいして、時間の「そうだった」にたいして反感をもっている」、「復讐の精神。友よ、これこそ、これまでに人間が考えた最高のものだった」といった記述が見られます（『ツァラトゥストラ（上）』丘沢静也訳、光文社、二〇一〇年、二九三頁）。これらはいずれも、時間を巻き戻すことができないことに対して人間が強い苛立ちを感じることを、直截に表現した言葉です。

よく知られているように、ニーチェは欺瞞的なキリスト教道徳を強く批判しました。ニーチェの視点からすれば、キリスト教道徳とは「ある」に「あるべき」を、「あった」に「あるべきだった」を対置して「運命」を呪う欺瞞に満ちた思想にほかなりません。他方で、永劫回帰の思想とは、「ある」と「あった」、すなわち我々に与えられた「運命」を留保なく肯定する点でキリスト教道徳のアンチテーゼであるといえます。先述の「救いについて」には、次のような一節があります。

過去の人間を救い、すべての『そうだった』を『俺はそう望んだのだ』につくり変える――そういうことこそ、はじめて救いと呼べるものなのだ！（二九二頁）

九　『スローターハウス5』における永劫回帰

ところで、このようなニーチェの永劫回帰の思想をふまえたうえでトラルファマドール星人の発言を読み直してみると、まるでニーチェのエピゴーネン（亜流）であるような気がしてきませんか。先述したように、トラルファマドール星人は、空飛ぶ円盤の新しい燃料の実験をしているとき、テストパイロットが誤ったボタンを押したために、宇宙が滅亡することを予言しました。そして、「彼は常にそれを押してきた。そして押しつづけるのだ」として、この運命が永遠に繰り返されることを肯定していました。運命愛にあふれるトラルファマドール聖人は、宇宙の破滅をもたらす運命を愛しています。

トラルファマドール星人に拉致された後、ビリーはトラルファーマドール星人流の永劫回帰論に洗脳されていきます。例の飛行機事故で入院した際に、ビリーは相部屋になったラムファードという元空軍将校の大学教員とドレスデン空襲について話をします。ビリーが空襲の犠牲者であることを知ったラムファードは、「あれはやむをえなかったのだ」と弁明します。このラムファードの発言に対して、ビリーは、「わかっています」、「何であろうといいんです。人間はみんな自分のすることをしなければならないのですから。わたしはトラルファマドール星でそれを学びました」と答えます（二六一頁、傍点原文）。つまり、ビリーはドレスデン空襲を運命として受け入れています。

またビリーは、時間内浮遊によって知り得た自分の死の運命を公言し、かつそれを肯定します。ビリーは亡くなる前に、「わたし、ビリー・ピルグリムは（略）一九八六年二月十三日に死ぬのであり、常に死んできたし、常に死ぬであろう」という遺言をテープに残します（一九〇頁）。第四節で述べたように、ビリーはシカゴ大学における講演中に捕虜仲間に銃で撃たれて命を落としますが、ビリーは一時間以内に起こる自分の死を笑いながら予言します。そして、「もしみなさんがこれに抗議されるのなら、死がつらい悲しいものだと考えておられるのなら、わたしのいったことは一言もみなさんには通じていない」と主張します（一九一頁）。言うまでもなく、これはトラルファマドール星人の時間哲学の受け売りです。第六節で述べたように、ビリーはトラルファマドール星人から学んだ最も重要なこととして、人が死ぬとき、その人は死んでように見えるにすぎず、過去ではまだ生きているのだから、葬儀の場で泣くのは愚かしいことだ、と述べていたのでした。

このように、ビリーはトラルファマドール星人に拉致された後、永劫回帰論の宣教者になります。ヴォネガットが意識していたかどうかはわかりませんが、その姿はほとんどツァラトゥストラのパロディのようにも見えます。

パロディだという理由は、ビリーがニーチェの提唱する「超人」に似ても似つかないアンチヒーローだからという点だけではありません。何よりも、ドレスデン空襲の後で、また原爆投下とホロコーストの後で、永劫回帰の思想を唱えることがグロテスクに感じられるからです。永劫回帰論を受け入れるならば、空襲や原爆投下によって無差別に大量の市民を虐殺する／される運命を、そしてホロコーストによって大量のユダヤ人を虐殺する／される運命を愛し、反復し続けなければなりません。

「アウシュヴィッツの後で詩を書くことは野蛮である」と述べたのは哲学者のアドルノですが、ヴォネガットも、ドレスデン空襲と原爆投下の後で人間の思想や文化をめぐる前提条件が根本的に変化したことを強く意識していました。『スローターハウス5』ではトラルファマドール星人が宇宙の破滅を予言しますが、これはSF風の荒唐無稽な設定とのみみなすことはできません。ヴォネガットは『猫のゆりかご』という小説を書いていますが、この小説の登場人物であるフィーリクス・ハニカー博士は原爆の製造に関わったうえ、アイス・ナインという発明品によって自身の死後に人類を滅亡させます。ヴォネガットは、エッセイ「わたしが童心を失った日」（『パームサンデー——自伝的コラージュ』所収）の中で、原爆投下のニュースは無神論であったヴォネガット一族の「唯一の宗教」としての科学信仰を破壊したと告白しています。

ニーチェの永劫回帰の思想には深い真理があると思いますが、ドレスデン空襲と原爆投下の後で、それを丸ごと受け入れるのはグロテスクです。ヴォネガットは、『スローターハウス5』の登場人物であるローズウォーターに、「人生について知るべきことは、すべてフョードル・ドストエフスキーの『カラマーゾフの兄弟』の中にある〔略〕だけどもう、それだけじゃ足りないんだ」（一三七頁、傍点原文）と述べさせています。ニーチェの『ツァラトゥストラ』もまた『カラマーゾフの兄弟』と並んで人生について知るべきことが書かれている古典的なテキストであると思いますが、ドレスデン空襲と原爆投下の後を生きる我々は、「だけどもう、それだけじゃ足りないんだ」と言わざるをえないのです。

一〇　過去を振り返ること

ビリーはトラルファマドール星人から、「幸福な瞬間だけに心を集中し、不幸な瞬間は無視するように――美しいものだけを見つめて過すように、永劫は決して過ぎ去りはしないのだから」（二五六頁）という教えを学びます。しかし、この言葉が『スローターハウス５』に書き込まれていることは逆説的です。というのは、もしヴォネガットが「不幸な瞬間」を無視して生きようとしたならば、『スローターハウス５』は決して書かれなかったでしょうから。そもそも、「不幸な瞬間」を無視することは、トラウマ記憶が反復脅迫的に回帰する性質をもつ以上、不可能なことでもあります。

他方で、『スローターハウス５』第一章には、「不幸な瞬間」を想起することについて別の考えを述べている箇所があります。ここでヴォネガットは『旧約聖書』の「創世記」中の「大いなる破壊」をめぐる物語に注目します。神が悪徳のはびこるソドムとゴモラを滅ぼす有名な物語です。この物語の中で神はロトとロトの家族が逃げることを許しますが、ロトの妻は神の命令に逆らって後ろを振り返ったために、塩の柱に変えられてしまいます。このエピソードについて、ヴォネガットは次のように述べます。


周知のとおり、この二つの町に住んでいたのは悪い人間ばかりである。彼らが消えたおかげで世界はいくらかマシになった。

ロトの妻は、もちろん、町のほうをふりかえるなと命ぜられていた。だが彼女はふりかえってしまった。わたしはそのような彼女を愛する。それこそ人間的な行為だと思うからだ。

彼女はそのため塩の柱にかえられた。そういうものだ。（三七頁）

ヴォネガットは、第二次大戦中の「大いなる破壊」を振り返って『スローターハウス5』を書いた自らを「塩の柱」であると述べますが、まさしく『スローターハウス5』は「塩の柱」となる犠牲と引き替えに書かれた作品です。本章で明らかにしたように、『スローターハウス5』は、トラウマ的な出来事をめぐる宿命論的な意味づけに誘惑されながら、その意味づけに抵抗しようとした作品でした。戦後七〇年以上が経過した今日においても、『スローターハウス5』のもつアクチュアリティは少しも失われていません。今後も我々はドレスデン空襲や原爆投下の恐怖が繰り返される可能性におののきつつ、『スローターハウス5』を読み継いでいかなければなりません。

読書案内

カート・ヴォネガット・ジュニア『母なる夜』（飛田茂雄訳、早川書房、一九八七年）
第二次大戦中にナチスドイツとアメリカの二重スパイだったアメリカ人劇作家の物語。戦争協力者の自己欺瞞をあぶり出す。

諏訪部浩一『カート・ヴォネガット——トラウマの詩学』（三修社、二〇一九年）
ヴォネガットに関する秀逸なモノグラフ。「トラウマ」を切り口としてヴォネガットの代表的な作品を網羅的に検討する。

荒井信一『空爆の歴史——終わらない大量虐殺』（岩波書店、二〇〇八年）、田中利幸『空の戦争史』（講談社、二〇〇八年）
第一次大戦以後に本格化する戦略爆撃とは住民の戦意喪失を目的とする無差別爆撃にほかならないことを明らかにした著作。

林京子『祭りの場・ギヤマンビードロ』（講談社、一九八八年）
長崎における被爆体験をもつ著者が一九七〇年代に発表した作品二点を収録。被爆体験をめぐるトラウマ記憶を女性の視点から描く。

石原吉郎『望郷と海』（みすず書房、二〇一二年）
詩の言葉を「沈黙を語るためのことば」であると述べた著者が長らく黙してきたシベリア抑留体験について綴った評論集。

第四章　知能と再帰
――アラン・チューリングの機械観

佐野勝彦

はじめに

囲碁ＡＩの Alpha Go がトップ棋士を破った、というニュースは記憶に新しいかもしれません。最近では囲碁に限らず、「ＡＩ（Artificial Intelligence：人工知能）」という言葉は、新聞やテレビなどでも盛んに取り上げられています。オックスフォード大学のマイケル・Ａ・オズボーンは、現在の多くの職業は人工知能の発展によって置き換えられるだろう、とも述べていますが、この状況は、産業革命期にラダイト（機械打ちこわし）運動が起こった状況と重ねて議論されることもあります。そもそも「ＡＩ」という言葉は一九五五年にアメリカ、ダートマスで開催された「人工知能に関するダートマスの夏期研究会」で初めて提案されたのですが、以上のような文脈で言われる「知能（intelligence）」とは、どのようなものが想定されているのでしょうか。この問いを考えるためには、そもそも計算とは何か、人間の手による計算と機械による計算には違いがあるのか、機械による計算と人間による知的活動には違いがあるのか、といったもう少し具体的な問いから始めるのがよいかもしれません。こういった問いに順番に答えながら、人工知能についての先駆的発想にたどり着いていたのが、数学者・論理学者のアラン・チューリングです。本章では、アラン・チューリングの先駆的研究のいくつかを概観することで、みなさんと一緒に知能と計算の関係について考えてみましょう（本章で取り上げるアラン・チューリングの著作の日本語訳は〔伊藤和行・佐野勝彦・杉本舞、二〇一四年〕で読むことができます）。

本章の内容に入る前に「再帰」（英語では"recursion"）という言葉について説明しておきましょう。本章の「再帰」という言葉には狭い意味と広い意味の二つの意味があります。まず狭い意味では、再帰的な手続きとは（この時点では）繰り返し処理のことだと思ってもらって構いません。また、広い意味では「再帰」は「計算」とほぼ同じ意味で使います。たとえば、足し算は再帰的だ、といった場合は足し算は計算できる（「計算できる」の意味は本章で詳しく説明されます）、と同義です。この点で本章では繰り返し処理を一つの特徴としてもつ計算が知能とどのように関わるのかについて論じます。

一　人間の手による計算とは？　「計算レシピ」による実効的手続き

掛け算「31×11」をしてください、と言われたらどのように計算するでしょうか。暗算してしまう方もいるかもしれませんが、縦に数を書いて、

31
×）　11
31
310
341

のように筆算をする人が多いかもしれません。みなさんはこういった筆算の仕方に慣れすぎているかもしれませんが、たとえば一桁同士の掛け算や足し算は知っているけれども、二桁同士の掛け算の筆算を知らない子どもに、筆算の計算の仕方を教えようとしたらどうするでしょうか？　計算を料理にたとえて、次のような「計算レシピ」を書いてみるかもしれません。

二桁の掛け算の計算レシピ

(1)　31と1を掛けた結果の31を書く
(2)　(1)の結果の下に31と10を掛けた結果の310を右揃えで書く
(3)　(2)の結果の下に二つの数31と310を足し合わせた結果の341を書く

ここで(1)や(2)や(3)は計算の段階（ステップ）だと思えますね。こういった「計算レシピ」に従って行う手続きは、現代的には、**実効的手続き**、ないし、**アルゴリズム**と言われています。もう少し詳しく言えば次のようになります。

実効的手続きの定義

ある手続きMが実効的(effective)であると定義されるのは次の四つの条件を満たす場合である。

1 Mは有限個の文字で表現された有限個の曖昧でない命令で書かれている(「計算レシピ」がある)
2 Mは間違いなく実行されると有限時間で(いつか)結果を出す
3 Mは紙と鉛筆だけを使う人間によって実行できる
4 Mは実行するのになんのひらめきも工夫もいらない

私たちが先の筆算の「計算レシピ」に従っているときは、たしかにこの四つが満たされているように思えます(少し立ち止まって条件を一つずつ考えてみてください)。「実効的手続きの定義」の項目3で出てきている「人間」や「紙」と「鉛筆」については、計算作業者は死ぬことがなく、紙や鉛筆も際限なく利用できる、という意味で理想化がなされています。「実効的手続きの定義」の項目4を理解するために注意したいのは、計算レシピを生み出すためにはひらめきや工夫が必要なことがある、ということです。しかし、項目4で主張されているのは、いったん計算レシピが与えられたら、それに従うのにはひらめきや工夫がいらない、ということです。

さて「二桁の掛け算の計算レシピ」に従うためには、次のようなことができなければならないように思えます。

・紙の上の数字を読む、書き込む
・いくつかの数字に注目する
・注目している数字の場所を移す
・一桁の掛け算ができる
・足し算ができる
・計算の段階を変える

最後の「計算の段階を変える」というのは少しわかりにくいかもしれませんが、「二桁の掛け算の計算レシピ」では、同じ3と1に注目していても計算の段階(1)や(2)のときは3を書きますが、計算の段階(3)のときは4を書きますね。このように計算の段階を変えることで同じ入力に対しても異なる動作(掛け算や足し算)ができるわけです。

我々人間は計算をするときにつまらない計算ミスをすることもありますが、「実効的手続きの定義」の項目2で「間違いなく実行すれば」と書いてあるように計算作業者が全く間違いを犯さないとしてみましょう。そうすると全く間違いを犯さないので、わかりやすく筆算していたのを一直線に横に書いて、

$$31 \times 11 = 31 + 310 = 341$$

と計算してみても問題なさそうです。縦横に広がる二次元の紙ではなく、左右の横に広がるマス目に分かれた紙テープを利用しても、計算作業者が全く間違いを犯さないなら、計算できる事柄に変わりはなさそうです。さらに単純化をしていけば、計算作業者が従っているのは次のような手続きといってもよさそうです。

・計算はマス目に分かれた両方向に無限に長い一本のテープのマス目に記号を書くことでなされる
・計算の各段階で注意を向ける記号はテープ状の一つのマス目だけ
・計算作業者の動作はマス目中に記号を書き込むことと注意を向けているマス目を右または左に移動すること

・注意が向けられているテープ上のマス目の記号と計算作業者の心の状態だけから、次の状態が決まる

ここで計算作業者の「心の状態」が少しわかりにくいかもしれませんが、計算作業者の計算の段階（計算モード）だと思いましょう。

さて両方向に無限に長い一本のテープのマス目に 01010101…を出力する（01 をずっと繰り返しテープ上に書く）計算レシピはどのようなものになるでしょうか。たとえば次はどうでしょうか。

01010101…を出力する計算レシピ

(1) 空白に 0 を書いて、注意を向けるマス目を一つ右へ移動、ステップ(2)へ移る
(2) 空白に 1 を書いて、注意を向けるマス目を一つ右へ移動、ステップ(1)へ移る

掛け算の筆算の例では「いつか」結果を出せますが、01010101…を出力する計算レシピの場合は、どんな桁数でもいったん桁数（たとえば百桁目）を決めたら、そこまでがいつか計算できる、という意味で計算できる、と少し修正すれば問題なさそうです。ここの少し修正した考え方を使えば、円周率 π の無限に続く小数展開 3.141592…を計算するプログラムも実効的手続きといえそうですね。

二 「計算可能な数について」（一九三六年）——チューリング機械とそのプログラム

前節で見た理想化された計算作業者が従っている手続きを数学的に定式化したのが、チューリングが一九三六年に論文「計算可能な数について」で提案した**チューリング機械**（Turing Machine）です。個々の手続きが従っている計算レシピは一九三六年の論文では**振舞表**と言われていましたが、現代では**チューリング機械プログラム**（以下では*TM*プログラムと略しましょう）と言ってよいでしょう。TMプログラムは、次に挙げる、たった三つの基本的な動作の組み合わせになります。

・「計算ステップが q_i で注目しているマス目に文字 S_j があるとき、注目しているマス目を左（L）に移動して計算ステップを q_m へ移す」（略記 $q_iS_jLq_m$）
・「計算ステップが q_i で注目しているマス目に文字 S_j があるとき、注目しているマス目を右（R）に移動して計算ステップを q_m へ移す」（略記 $q_iS_jRq_m$）
・「計算ステップが q_i で注目しているマス目に文字 S_j があるときそれを S_k に書き換えて、計算ステップを q_m へ移す」（略記 $q_iS_jS_kq_m$）

ここで書かれている q_i や q_m は理想化された計算作業者が従っている手続きの説明で「心の状態」

と言われていたものですが、計算の段階（計算モード）のことでした。たとえば計算ステップが q_i でも注目しているマス目に文字 S_a があるときと別の S_b があるときでは別の動作をさせることができるわけです。上の三つの基本動作は非常に単純ですが、注目しているマス目にある文字によって**条件分岐**ができるわけです。基本動作の記号での略記、たとえば「$q_iS_jLq_m$」はいきなり見ると面食らうかもしれませんが、日本語で書かれた動作を簡潔に表していると考えてください。ちなみに、二〇一九年七月にイギリスの新五〇ポンド札紙幣にアラン・チューリングの肖像が描かれることが決まったのですが、新五〇ポンド札紙幣の表面には略記で書いたチューリング機械の三つの基本動作が印刷される予定になっています。

さて、たとえば 01010101…を出力するＴＭプログラムは、前節の 01010101…を出力する計算レシピの発想を、

・「計算ステップが q_1 でヘッドが空白（B）を読んでいるとき、注目しているマス目に0を書き込んで計算ステップを q_1 に移す」（q_1B0q_1）
・「計算ステップが q_1 でヘッドが0を読んでいるとき、注目しているマス目を右へ移し、計算ステップを q_2 に移す」（q_10Rq_2）
・「計算ステップが q_2 でヘッドが空白（B）を読んでいるとき、注目しているマス目に1を書き込んで計算ステップを q_2 に移す」（q_2B1q_2）

・「計算ステップが q_2 でヘッドが0を読んでいるとき、注目しているマス目を右へ移し、計算ステップを q_1 に移す」($q_2 1 R q_1$)

のようなチューリング機械の基本動作で実現し、この四つの動作を次のように並べることで得られます(図4-1はこのプログラムを状態遷移図〔フローチャート〕として見やすく描いたものです)。

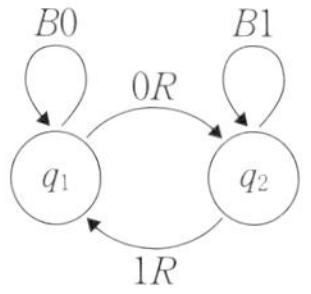

図4-1 01010101...を出力するTMプログラムの状態遷移図

01010101...をテープ上に出力するTMプログラム

$q_1 B 1 0 q_1$; $q_1 0 R q_2$; $q_2 B 1 q_2$; $q_2 1 R q_1$

一つ注意したいのは、このTMプログラムでは、図4-1のように、状態 q_1 から状態 q_2 への移行を**繰り返す**(**反復**する)ことで01を何度もテープ上に出力できるわけです。

さて、掛け算の筆算の例の場合は、足し算や一桁の掛け算はできると仮定されていましたが、チューリング機械の動作は非常に単純なので、足し算や掛け算が実行できるのかそんなに当たり前には思えないでしょう。たとえば、

７×３ のような掛け算は、

７×３＝（７×２）＋７＝（（７×１）＋７）＋７＝７＋７＋７

のように考えると７＋７＋７のように三回の足し算で肩代わりできますが、この考え方のプロセスでは７×３ の値を計算するために、７×２ や ７×１ の計算を呼び出しています。このように計算する仕方を**再帰**（専門用語を使えば**原始再帰**）と言います。本章のはじめで説明した狭い意味での「再帰」ですね。同じように、足し算も「足す一」という計算で次のように肩代わりできます。

７＋３＝（７＋２）＋１＝（（７＋１）＋１）＋１＝７＋１＋１＋１

これが意味しているのは、掛け算も足し算も結局「足す一」という計算に帰着される、ということです。数をどのようにテープ上に表すのか、というのを前もって決めておく必要はありますが、いずれにせよ「足す一」というのは、ＴＭプログラムの三つの基本動作でなんとか頑張れば書けそうだ、という感じがしないでしょうか。ＴＭプログラムの基本動作を説明した箇所で条件分岐の発想を説明しましたが、条件分岐に加えてアルゴリズムの説明でよく出てくるのは、**繰り返し処理**（繰り返し回数が前もって決まっているものとそうでないものの両方）だと思います。狭い意味の

「再帰」はこういった繰り返し処理で捉えられますが、繰り返し処理もＴＭプログラムの３つの基本動作で実現できます（01010101…を出力するＴＭプログラムで図4-1のように状態q_1から状態q_2への移行を繰り返すことで01を何度もテープ上に出力できたことを思い出しましょう）。これまでに説明してきたことを合わせると、我々がこれまでの人生のなかで出会ってきたような計算、たとえば、足し算、掛け算、べき乗、割り算、などはすべてＴＭプログラムで実現できる、と言えるわけです。もちろん理想化された計算作業者を考えているので、計算に天文学的に長い時間がかかる可能性がある点には注意が必要です。

三　チューリングのテーゼと万能ＴＭプログラム

人間はいろいろな実効的手続きに従うことができます。掛け算の筆算で理想化された計算作業者がしている手続きを単純化して出てきたのがＴＭプログラムでした。実効的手続きの定義に戻ってみると、与えられたＴＭプログラムに従ってテープ上で計算するのも実効的手続きといえそうです。それでは、この逆はどうでしょうか。チューリングは、逆もまた真なり、すなわち、掛け算の筆算に限らず、実効的手続きに従うどんな計算でもＴＭプログラムをうまく書いて計算できる、ということを主張しました。すなわち、

「実効的手続きで計算できるならばTMプログラムで計算できる」

という含意（「ならば」でつながれた命題）を主張したわけです。これは現代ではチューリングのテーゼと言われています（別の論理学者チャーチもほぼ同時期に同様な主張をしていたので、チャーチ・チューリングのテーゼとも呼ばれます）。

どんなTMプログラムが与えられても、それに従って計算するのは実効的手続きとみなせる、と述べました。この点をもう少し深く考えてみると、TMプログラムとそのプログラムへの入力の二つを受け取ったときに計算を進めること自体が実効的手続きとみなせないでしょうか。さらに、ここでチューリングのテーゼを使えば、ありとあらゆるTMプログラムを扱える、いわば万能なTMプログラムが構成可能できるのではないか、と予想できます。チューリングは一九三六年の論文でこの意味で万能なTMプログラムを実際に構成できる（プログラミングできる）ことを示しています。

これは非常に大規模なプログラミングとみなされるもので小さなバグは残るものでしたが、核になっていたのは、TMプログラムを数で表すという発想でした。まずTMプログラムに使われる記号に表4-1のように数を割り当てましょう。

そうすると、たとえば以前の01010101...をテープ上に出力するTMは四つの基本動作をセミコロンで区切って、

31322531631332311631132533116311332231

表 4-1　記号への数の割り当て

記号	対応する数
B	3
0	32
1	322
q_1	31
q_2	311
;	6
R	5
L	7

のような巨大な数に対応することになります。万能ＴＭプログラムは、両方向に無限に長い一本のテープのマス目に上の巨大な数が入力されると、我々がＴＭプログラムに従うように、上の巨大な数を行ったり来たりして、巨大な数の後に、プログラムによる計算結果を出力します。まさにＴＭプログラムに従う人間の振舞いを模倣しているわけです。万能ＴＭプログラムの発想は、現在のプログラム内蔵型計算機（インストールしたソフトウェアによって異なる動作をするコンピュータ）の理論的原型ともみなせます。この意味で、実効的手続きで計算できる、ＴＭプログラムで計算できる、というのは、我々が日常的に使っているコンピュータで計算できる、という意味だとも言えます。

四　ＴＭプログラムで解けない問題

読者の皆さんが昔小学校で勉強したように、コンパスと目盛りのない定規を使って角を二等分にすることができます。しかし、角の三等分はコンパスと目盛りのない定規だけでは不可能であることが知られています。実は、TMプログラム、実効的手続きについても同じようなことが言えます。チューリングは一九三六年の論文の中でこの意味で「解けない」問題について具体的に述べています。まずはTMプログラムを使ってある問題が解ける、という意味について明確にしておきましょう。

問題がチューリング機械で解けることの定義

ある問題がチューリング機械で解けるのは、あるTMプログラムが書けて、その問題へのどんな入力に対しても、有限時間内に(いつか)問題への「はい」か「いいえ」の回答を返す場合である。

ここで「はい」か「いいえ」については、テープ上に1や0を最後に出力することと考えてください。たとえば、入力した自然数が偶数かどうか判定する問題や入力した自然数が素数かどうか判定する問題は、チューリング機械で解けることが知られています。「有限時間内に(いつか)」と書かれている部分には天文学的な時間がかかっても構いません。

それでは解けない問題に移りましょう。チューリングが一九三六年の論文で挙げているのは次の「0プリント問題」です。

0プリント問題

ＴＭプログラムをテープ上に（数として）入力したときに、そのＴＭプログラムがテープ上にいつか0を印字するかどうかを判定しなさい。

チューリングは0プリント問題がＴＭプログラムをもってきても解けないことを数学的な仕方で厳密に証明しています（「対角線論法」という議論を使います）が、どうして解けないかのポイントだけを見ておきましょう。いつか0がテープ上に出てくるなら、0が印字された時点で「はい」と判定すればよさそうです。しかし、0プリント問題がどんなＴＭプログラムをもってきても解けない理由は、判定の答えが「いいえ」になるときです。すなわち、テープ上に全く0を印字しないＴＭプログラムを考えたとき、そのテープ上に印字される数字を一時間、一日、一ヶ月、一年とずっと見張っていても0は出てこないわけですから、「有限時間内」（いつか）に「いいえ」と言うことは難しそうですね。

五　推論は計算できる？——演繹と帰納

前節ではチューリング機械でも解けない問題があることを説明しました。現代のコンピュータはチューリング機械の数学的発想を実際に動く機械（ハードウェア）として実現したものだとみなせますので、チューリング機械でも解けない問題は我々が現代使っているコンピュータでも解けないことになります。一方、現代のコンピュータは、将棋や囲碁のプロを負かしたり、大学入試の問題を解いたりと、人間が思考して行うことをプログラムで計算しているように思えます。ここでは「思考はどれくらい計算できるのか？」という問いについて理解を深めましょう。「思考」と言いましたが、ここでは、

前提1
前提2
∴　結論

の形をした「推論」に話を絞りましょう。「∴」は「よって」とか「それゆえ」と読んでください。また、前提の数は一つでも三つ以上でも有限個なら構いません。たとえば、

すべてのペンギンは鳥だ
すべての鳥は卵を産む
∴　すべてのペンギンは卵を産む

表 4-2　演繹と帰納の相違

	演繹(deduction)	帰納(induction)
特徴Ⅰ	前提から結論へ正しさを必ず保つ	前提から結論へ正しさをおそらく保つ
特徴Ⅱ	結論は既に前提の中に含まれる	結論は前提に含まれない情報を含む

や

ある犬はすべての人に飼われている

∴　どの人にも飼っている犬がいる

はすべて推論です。「正しい」と言われる推論には演繹と帰納の二種類があります。その二つの推論の特徴をまとめたのが表4-2です。

ここまでで挙げた二つの例は両方とも演繹です。前提を正しいものとして受け入れると結論は必ず正しくなるためです。一方、

家の外の地面が濡れている

∴　雨が降ったのだろう

は演繹にはならないですが、文脈(たとえば、梅雨の時期の京都)によっては帰納とみなしてよいでしょう。また、

太郎には友人が三人いる
太郎の友人の花子は授業を欠席している
太郎の友人の次郎は授業を欠席している

∴　太郎の友人はみな授業を欠席している

は演繹にはならない（三人目の友人が出席している可能性があるため）ですが、三つの前提だけを受け入れても結論の正しさを高い確率で保証はできない点で帰納にはなりません。

六　推論が演繹かどうかは判定できるか？

この節では当面、推論が演繹かどうかがどのように判定できるか、という問題について考えてみましょう。たとえば、

すべてのペンギンは鳥だ
すべての鳥は卵を産む

∴　すべてのペンギンは卵を産む

の推論は（定言）三段論法と言われ、すでにアリストテレスによってその正しさが主張されていましたが、前節で挙げた二つの区別で言えば演繹になります。右の例で考えれば、「すべてのペンギンは鳥だ」「すべての鳥は卵を産む」の二つの前提が正しければ「すべてのペンギンは卵を産む」は必ず正しい、ということになります。しかし、どうして結論が必ず正しいと保証できるのでしょうか。これについて考えてみましょう。「ペンギン」をAと、「鳥」をBと、「卵を産む」をCと書いてみると、

すべてのAはBだ
すべてのBはCだ

∴　すべてのAはCだ

という形で書けますが、まだどうして前提の正しさが結論の正しさを必ず保証するのかよくわかりません。ここで一九世紀の論理学者ジョージ・ブールの発想を使ってみましょう。ブールはA（ペンギン）やB（鳥）やC（卵を産む）といった概念を満たすものの集まりを小文字を使ってaやbやcのように書きました。ブールは「すべてのAはB」を「aであって、bでないものはない」と分析して、

$$a(1-b)=0$$

と数式で書きました。「すべてのBはC」や「すべてのAはC」も同じようにそれぞれ、

$$b(1-c)=0,\quad a(1-c)=0$$

と表現できることになります。すると第六節冒頭の三段論法は、

$$\begin{array}{l} a(1-b)=0 \\ b(1-c)=0 \\ \hline \therefore\ a(1-c)=0 \end{array}$$

と書けます。さらに少し展開して移項などをしてみると、

$$\begin{array}{l} \text{（前提1）}\ a=ab \\ \text{（前提2）}\ b=bc \\ \hline \therefore\ a=ac \end{array}$$

となります。問題の三段論法が正しいかどうかは、$a=ab$ と $b=bc$ の二つが正しいとした（この二つを受け入れた）ときに $a=ac$ が正しいか（導けるか）という問題になります。これは次のように示すことができます。

$$a \underset{(前提1)}{=} ab \underset{(前提2)}{=} a(bc) = (ab)c \underset{(前提1)}{=} ac$$

（前提1）と（前提2）をうまく使うことで $a=ac$ を導くことができました。このように上の三段論法の正しさの判定は数式の計算に帰着されることになります。この意味で上の三段論法のような演繹推論は計算できる、と言ってもよいでしょう。しかし、これはある演繹推論が計算できる、と言っているだけで、どのような演繹推論も計算できる、と言っているわけではありません。

たとえば次のような推論の例を考えてみましょう。

ある犬はすべての人に飼われている

∴　どの人にも飼っている犬がいる

この推論は演繹として正しい推論。一方、この推論の前提と結論を入れ替えた、

どの人にも飼っている犬がいる
∴　ある犬はすべての人に飼われている

は演繹にはなりません。なぜなら、私がプードルを飼っていて、読者の一人の方がチワワを飼っていても、私とその読者の一人の方が共通で飼っている犬がいることにはならないからです。問題は、三段論法よりももっと複雑に見えるこのような推論が演繹か否かを計算できるか、実効的手続きで判定できるか、になります。ここでの推論は「すべて」「ある」や動詞「飼う」を含んでいます。「すべて」「ある」は論理学では**量化記号**ないし**限量記号**と呼ばれ、「飼う」は**関係記号**と呼ばれます。現代の論理学では、接続詞「ならば」「でない」に加えものの量を限る量化記号「すべて」「ある」を含み、述語（「鳥だ」）や関係記号（「飼う」）を扱う記号言語のことを**述語論理**と言います。述語論理は、フレーゲという論理学者によって数学の厳密な証明を書くために提案された記号言語です。一九三六年にチューリングは０プリント問題が解けないことを使って次のことを示しました。

述語論理の決定問題の非可解性（チューリング　一九三六年、チャーチ　一九三六年）

述語論理の範囲内での推論が演繹かどうかの判定問題はどんな実効的手続きでも解けない

チューリングの証明は背理法によるもので、その概略は次のようなものでした。

(証明の概略)仮に、述語論理の範囲内での推論が演繹かどうかの判定問題がある実効的手続きで解ける、としてみよう。チューリングのテーゼにより、述語論理の推論の演繹判定問題はTMプログラムで解ける。このTMプログラムを使うと0プリント問題がTMプログラムが解けることが導かれる(この部分は全く自明ではありません)。しかし、0プリント問題がTMプログラムで解けないことがすでに示されていたので、矛盾する。以上より一番初めの仮定が誤っていた。(証明終)

演繹的推論は前提から結論へ正しさが必ず保たれる一方で、結論は前提の中に含まれているというのが二つの特徴でした。チューリングが一九三六年に示した結果は、述語論理の範囲内では、結論が前提の中に含まれているかどうかが現在のコンピュータでも絶対に判定できない、ということを示したわけです。すなわち、述語論理の範囲内の推論が演繹かどうかについてはコンピュータには無知が残ってしまうことになります。

七　ひらめきや帰納的推論は誤りうる

我々の知的思考は演繹的な推論をすることに尽きるのではありません。ひらめきを使ったり、帰納的推論を行ったりすることもあります。順に見ていきましょう。

実効的手続きの定義の中に「ひらめきや工夫」は必要ない、と書かれていましたが、図形に関する問題を解くときには幾何学的な直観を使うこともあります。たとえば次のような問題を考えてみましょう。

最短距離問題

次の四点からの距離の合計が最短の位置を求めてみましょう。

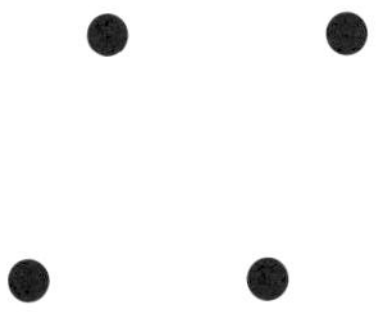

この問題は凸四角形の四つ頂点からの距離の合計が最短になる点の位置を求める問題に等しいです（この問題は北陸先端科学技術大学院大学の東条敏教授から伺いました）。この問題は微分を使って直接的に解こうとすることもできるのですが、別の仕方でも解けます。四点から決まる凸四角形の対角線が交わる点はどうかな、とひらめいた人もいるかもしれません。実際、その交点が最短の距離を与えることを交点以外の点と比較することで証明できます。こういった問題の場合は、まず対角線が交わる一点が答えではないかとひらめいて（この時点では間違える可能性は残ります）、そのひらめきが実際に正しいことを示しています。ここでは、我々が幾何学的図形を見ることで蓄積してきた経験からひらめいたとみなせますが、このひらめきは誤りを犯す可能性から逃れられません。

次に帰納的推論に移りましょう。数多くのデータ（前提）から規則性（結論）を見出すのは、帰納的な推論とみなせます。たとえば、

a_1が性質Pをもつ
a_2が性質Pをもつ
…
a_{10000}が性質Pをもつ

∴　すべてのaは性質Pをもつ

の形の推論は演繹ではないですが、ここでは仮に帰納になる、と想定しましょう。導かれた規則性（「すべての a は性質 P をもつ」）からはこれから見つかる新しいデータ（例えば a_{10001}）についてもその規則性が高い確率で（「おそらく」）当てはまることが主張されているので、前提（「a_1 から a_{10000} のすべてが性質 P をもつ」）に含まれない新しい情報が含まれているわけですが、同時に、導かれた規則性はたとえ小さな確率でも誤っている可能性から逃れらないわけです。

推論が演繹かどうかの判定については述語論理の範囲でコンピュータには無知が残りますが、コンピュータにはひらめきや帰納的推論はどの程度行わせることができるでしょうか。仮にある程度、帰納的推論ができるとしても、コンピュータは自分の出した結論が間違っている可能性は残ることになります。こういった問題意識をもって、一九三六年の論文以降に、チューリングが知性を示す機械についてのどのような考えをもっていたのかを見ていきましょう。

八　「ロンドン数学会の講演」（一九四七年）

チューリングは第二次世界大戦期には戦時研究として暗号解読に取り組みました。このあたりの事情については、二〇一五年に日本で上映された映画『イミテーション・ゲーム――エニグマと天才数学者の秘密』が詳しいです。ベネディクト・カンバーバッチがチューリングを演じましたが、チューリングが機械を使って暗号解読に取り組んだ様子が見事に描かれています。

さて、こういった戦時研究を経て、チューリングは一九四五年に英国国立物理学研究所の数学部門に雇われ、自動計算機関(ACE, Automatic Computing Engine)と呼ばれる計算機の開発に携わりました。ACEというのは、万能チューリング機械の発想を実際の計算機として実現し(ようとし)たものです。しかし、紙の上の計算モデルである万能チューリング機械プログラム(ソフトウェア)を実際のハードウェアとして実現するのは全く簡単なことではありません。一九四七年になされた「ロンドン数学会での講演」においてチューリングは、どのような発想や技術を使えばACEを実現できるのかについて講演をしています。本章のトピックである知能と再帰(計算)の関係について理解を深めるために、この節では「ロンドン数学会での講演」でチューリングが機械と知能の関係についてどのようなことを述べているのかを見ていきましょう。実際、チューリングのこの点に関する見解は人工知能についての先駆的見解とみなされるものです。

まず注目したいのは、チューリングが機械(以下での「機械」は現代のコンピュータと置き換えられる意味で使います)が人間にとって知性を示すためには、記憶装置や保存装置が重要だと考えていた点です。チューリングは「もし計算機に何らかの種類の真の知能を示させるならば、すでに利用できるものよりもはるかに大きな容量が[保存装置に]与えられねばならない」と述べています。さらに、逆に記憶装置が小さく限られたものなら、機械は「周期的演算しか実行できない」ことが示せる、とも述べています。私たちが誰かのことを「彼は機械だ」と言うと、決まりきったことしかできない、という悪い意味のこともあるかもしれません。ここでチューリングの「周期的演算」というのは「あらかじめ決まったことしかできない」という意味です。記憶装置や保存装置の容量が十分に大きければ、「周期的演算」を超えることを計算機にさせることができ、それが「真の知性」を示すことにつながる、とチューリングは考えているわけです。この記憶装置や保存装置の容量の十分な大きさというのは、ハードウェアに対する要請だと言えるでしょう。

さらにチューリングは機械が知性を示すための要件を述べています。

（要件１）機械は経験から学習できる。
（要件２）機械が誤りを犯すことを許す。
（要件３）機械が人間と接触することを許す。

の三つです。以下で一つずつ内容を見ていきましょう。まず（要件１）ですが、「経験から学習する」で意図されているのは次のような状況です。みなさんも自分の子どもが自分が教えたよりも要領よく作業をしていたら知性を認めると思います。また、すでに与えられているアルゴリズムを、皆さんの友人の一人が、実行にかかる時間が短くなるように改良したときにもその友人に知性を認めると思います。しかし、チューリングはこの（要件１）だけでは機械が知性を示すには、不十分だと考えました。なぜなら、すでに機械が実行できる事柄をより要領よくできるようになったとしても、当の機械が実行できることの全体は変わらないからです。

（要件2）に移りましょう。ここまでの節で、0プリント問題や述語論理の決定問題が、現代のコンピュータ（実効的手続き、アルゴリズム）で解けないことを見てきました。こういった問題を機械に与えると、機械は実効的手続きによっては絶対に答えることができないわけです。実効的手続きの定義の中には「ひらめきや工夫を使わない」という条件が入っていましたが、機械が実効的手続きで解けない問題も人間はひらめきや工夫を使えば解ける場合もあります。この点で機械は人間のような知性を示すことはありえない、と主張する人もいます。一方で、人間は、機械が全く誤りを犯さない実効的手続きの範囲でも、単純な計算ミスを犯してしまうことがよくあります。人間が単純な計算ミスを犯すことがあることに目をつぶって、機械に実効的手続きで原理的に解けない問題があることを理由にして、機械は人間のような知性を示すことはありえない、と結論づけるのは機械にアンフェアだ、とチューリングは考えます。また、機械に演繹的推論だけではなく帰納的推論も行わせようとするなら、機械は誤りを犯す可能性から逃れることはできません。こういった点から（要件2）が主張されているわけです。

最後は（要件3）です。我々人間はどのようにして知性を獲得してきたでしょうか。小学校、中学校、高校、大学、と教師から教育を受けたり、友人と議論をしたりすることを通じて知性を磨いていったとみなせるでしょう。機械に知性を示させたいならば、機械と人間とが接触させることを許さないといけない、というのがチューリングが（要件3）で意図していることです。

ここで挙げた三つの要件を実現するためには、どのような発想を万能チューリング機械やACEに持ち込めばよいでしょうか。「知能機械」（一九四八年）と「計算機械と知能」（一九五〇年）の二つの著作で、チューリングはこの点について考えを深めています。以下の節で詳しく見ていきましょう。

九　「知能機械」（一九四八年）

「知能機械」はチューリングが国立物理学研究所に在籍していた一九四八年に執筆された報告書で当時の所長に提出されたものですが、しばらく未公刊でチューリング死後、一九六八年に公刊されました。チューリングはこの中で人間の脳との類比を指導原理として、知的な振る舞いを示す機械を製作する方法について議論しています。特に注目したいのは、この中でチューリングが、訓練されていない子どもが知能を獲得するには、**規律**（dicipline）と**独創力**（initiative）の二つが必要だ、と述べていることです。「規律」と「独創力」で意図されているのはどのようなものでしょうか。「脳や機械を万能機械に変えるということは、規律の最も究極的な形態」とチューリングが述べるように、およそ実効的な方法に対応するのが**規律**と考えて差し支えありません。さらに、知能を作り出すのに規律に加えて必要とされるのが**独創力**だとチューリングは考えました。しかし、これだけでは、知能から規律を引いた「残り物」が独創力になっているようで、独創力がどのようなものかははっきりしません。チューリングによれば、独創力が必要な典型的な問題は「……を満たす数

nを求めよ」という形式のものであり、しらみつぶしではない巧妙な解の探索が機械の知能に関わるという見込みを持っていました。

それでは、どのような方法で機械に規律と独創力の両方を与えたらよいのでしょうか。チューリングが提案するのは次の二つの方法です。

（方法1）組織化されていない機械に、規律と独創力の両方を同時に獲得させる

（方法2）すでに規律を獲得している万能チューリング機械ないしＡＣＥへと独創力を移植する

（方法1）の中の「組織化されていない機械」の例としてチューリングが念頭に置いていたのは、幼児の大脳皮質でした。それは、大人になる過程で適切な干渉による訓練で組織化されるためです。その意味で「組織化されていない機械」とは、その初期の振る舞いが単純な構成要素からなっている機械とみなせるわけです。「知能機械」（一九四八年）の中では、特に規律に絞った（方法1）について考察しています（（方法2）は「計算機械と知能」（一九五〇年）で採用されることになります）。どんな規律（実効的手続き）にも従うこともできる機械は万能チューリング機械でした。すると、（方法1）を達成するには、組織化されていない機械から万能チューリング機械への組織化がどのようになされるか、という問題に答えなければなりません。

この問題に対して、報酬・罰を使って組織化すればよい、とチューリングは考えました。人間の子どもの教育(訓練)と類比的に考えれば、報酬(快刺激)・罰(不快刺激)という二つの干渉入力を機械に対して使って組織化を達成することになります。機械の振る舞いが誤っているときには機械に不快刺激を与え、正しいときに機械に快刺激を与える。こういった干渉が外部の「教師」によって適切に操作されれば、誤った振る舞いが稀になる方向へ収束すると期待できるでしょう。このような機械の例として、チューリングが「知能機械」(一九四八年)の中で挙げているのが「P型機械」と呼ばれるものです。これは、テープのないチューリング機械で、チューリング機械プログラムに非常に似ているのですが、その動作が心の状態(計算の段階)だけからは決まらないこともあります。チューリング自身の説明を見てみましょう。

P型の機械はテープのないL.C.M.[チューリング機械]とみなされるだろうが、その記述は大部分が不完全である。動作が未決定の配置に達したときは、欠けたデータに対してランダムな選択が行われ、記述の中に適切な入力が仮に作られて適用される。不快刺激が起こるときはすべての仮入力は取り消され、快刺激が起きるときは、仮入力はすべて確定的なものとなる。
(伊藤和行・佐野勝彦・杉本舞、二〇一四年、一三八頁)

P型機械のアイデアの中に、前節で見た機械が知性を示すための三つの要件が満たされていることが見て取れると思います。外部の人間からの干渉を許す点でP型機械では（要件3）が自然に満たされています。報酬・罰入力を外部から受け取り、機械は誤った振る舞いを修正する点で（要件1）と（要件2）の両方が満たされていますね。

一〇 「計算機械と知能」（一九五〇年）

「計算機械と知能」（一九五〇年）は哲学雑誌 *Mind* に掲載された論文ですが、この論文で、有名な「チューリングテスト（模倣ゲーム）」が提案されました。映画『イミテーション・ゲーム――エニグマと天才数学者の秘密』のタイトル中の「イミテーション・ゲーム」は「チューリングテスト（模倣ゲーム）」のことです。チューリングが論文中でスタート地点にしたのは「機械が考えることができるか」という問いでした。しかし、この問いは曖昧だと考えて、「問いに密接に関連し、比較的曖昧でない単語で表現されたもの」に置換しようとしました。それが次のチューリングテスト（模倣ゲーム）です。

模倣ゲーム（チューリングテスト）

模倣ゲーム（男女性別当てゲーム）の設定は次の通り。参加者は、男性A、女性B、性別問わない質問者Cの三人。CはAとBから壁で隔てられた部屋にいる。Cにとってのゲームの目標は質問を通してそれぞれの性別を当てることで、Aは C をだまそうとし(女性らしく振る舞う)、B は正直に答える。この模倣ゲームにおいて機械が A の役をしたときには機械か人間かを当てるゲームになるが、その場合、質問者 C は男性と女性の場合と同じぐらいの頻度で誤った判断をするか？

この中で言われている「機械」は万能チューリング機械、あるいは我々が現代に使っているコンピュータのことです。チューリングは、模倣ゲームを「動作速度のために適切な保存装置をデジタル計算機へ組み込み、適切なプログラムを与えたときに、機械 A が満足に質問者 C をだませるかどうか？」とも言い換えています。上述の模倣ゲームやこの問いに対して、チューリング自身は「約五〇年の間」で可能と肯定的でした。以下では、チューリングが肯定的だった理由を知性を示すための三つの要件との関連で見ていきましょう。

「約五〇年の間」と書かれているように、以下で説明するのは、質問者 C をだますために機械 A (ないし機械へのプログラム)をどのように構成したらよいか、というチューリングが当時にもっていた**ヴィジョン(見通し)**です。まずチューリングは、子どもの脳には機構がほとんどないので、それに似たものは簡単にプログラムできるはずだ、と考えました。そのプログラムを**子どもプログラム**と呼びましょう。そこで、子どもプログラムを実現し、そのプログラムへ**教育プロセス**を適用することで質問者Cをだます機械が構成できるとチューリングは考えました。これは「知能機械」（一九四八年）の箇所で取り上げた、機械に規律と独創力の両方を与える二つの方法のうちの（方法2）に相当していると考えてよいでしょう。教育プロセスでは、罰・報酬の使用に加え、子どもプログラムをもつ（デジタル）計算機と記号言語によって意思疎通する方法の重要性が強調されます。それは罰・報酬の数を減らすことが可能になるためです。さらに、述語論理の記号言語（「ならばい」「すべて」等を含む論理学の言語）で機械と「通信」するための方法として子どもプログラムへ推論システムを内蔵しておく提案もされます。

さて、この見通しにおいて、「ロンドン数学会の講演」（一九四六年）で述べられた、知性を示すための三つの要件がどのように満たされているか、について見ておきましょう。（要件3）については、罰・報酬入力に加え、論理体系を内蔵し記号言語で外部から機械への通信を可能にしている点で満たされている、と言ってよいでしょう。（要件1）については、罰や報酬の入力で自分の振る舞いを修正する点で、経験から学習すると言ってよいでしょう。機械が学習の過程で、自身の動作の規則（プログラム）をどのように変えるのか疑問に思う読者の方がいるかもしれません。チューリングは学習の過程で変えられる規則を、アメリカ合衆国憲法に例えています。合衆国憲法においては、憲法の修正を行う場合には、それまでの条文をそのまま残し、修正条項を追加する、という形式をとるそうですが、学習の過程で動作の規則を変える場合は、合衆国憲法と似たような仕方で規則の追記を行えばよいだろう、という見通しをもっていました。さらに、チューリングは、こういったヴィジョンに従って構成された機械の特徴は「教師は機械の振舞いをある程度予測できるが、機械の内部で何が進行しているかはほとんどわからないことが多い」点にある、と述べています。最後に、（要件2）は、罰・報酬入力を許す点で満たされている、とも言えますが、「誤り」については、ハードウェアの機械的故障から生じる「機能の誤り」と科学的帰納や常識推論に伴いうる「結論の誤り」の区別を明確にし、考察しているACEのような機械では「機能の誤り」は生じえないと仮定し、「誤り」についての分析をさらに進めています。

一一　ディープブルー対ガルリ・カスパロフ

さて「計算知能と機械」（一九五〇年）の中でチューリングは知的振る舞いについて次のような分析を行っています。

知的な振舞いは、おそらく、計算に関係した完璧に統制のとれた振舞いからの逸脱、しかしランダムな振舞いや無意味な反復性を引き起こさないようなわずかな逸脱にある（伊藤和行・佐野勝彦・杉本舞、二〇一四年、一九四頁）

これはそのままではよくわからないかもしれません。時代を約五〇年後に移して、この言葉の意味を考えてみましょう。まさにチューリングがこの言葉で意図していたことが実際に起こったとみなせる事例を紹介したいと思います（以下の事例は〈ネイト・シルバー、二〇一三年〉の第九章に依拠しています）。本章の冒頭でGoogleの囲碁ＡＩであるAlpha Goがトップ棋士を破ったという話に触れましたが、ここではチェスを取り挙げましょう。一九九七年五月に当時のチェスチャンピオンであったガルリ・カスパロフは、ＩＢＭのディープブルーというコンピュータと六局の対戦で勝負をしたのですが、一勝二敗三引き分けと負け越した結果、ディープ・ブルーに敗北を喫し、大きなニュースとなりました。前年に開かれた、ディープ・ブルーとの六番勝負では見事に勝ち越していたカスパロフですが、再挑戦を受けた翌年にディープ・ブルーにリベンジを許すかたちになったわけです。

注目したいのは、一九九七年に行われた六番勝負の第一局です。この第一局はカスパロフが四五手目で勝利したのですが、ディープ・ブルーの四四手目は意表を突く突飛な手でした。というのもディープ・ブルーがルーク（城や塔のような形をした駒、将棋の飛車に相当）をわざわざ自殺的な位置に移したためです。試合後、カスパロフはこの一手の意味をよく考えました。その結果、型にはまった手をディープ・ブルーが打っても二〇手以上先で、カスパロフがチェックメイト（王手）できることに気がつきました。そのことを踏まえて、カスパロフが出した結論は「ディープ・ブルーは最後まで計算し尽したうえで、一番傷のない負け方を選んだんだろう」というものでした。しかし、これはカスパロフにとっては恐ろしい結論でした。というのも、当時チェスで二〇手以上先まで読めるのは、コンピュータにも人間にも不可能だと思われていたからです。一九九七年のカスパロフとのリベンジマッチに備えて、ＩＢＭはディープ・ブルーの性能を驚くほど引き上げてきたのだとカスパロフは想像したわけです。しかし、後に判明したのは、実はこの四四手目が、ディープブルーの開発者が見落としていたバグによって生じたもので完全にランダムに打たれたものだった、ということです。この対局について詳細な解説を行っているネイト・シルバーは、一局目のこの四四手目について「カスパロフは直観に反する手は優れた知性の証だと結論づけた。決してそれが単なるバグだとは考えなかった」と記述しています。

さて、本節冒頭で述べたチューリングの、知的振る舞いの分析に戻りましょう。一九九七年の六番勝負の第一局で、ディープ・ブルーはカスパロフの四三手目までは「完璧に統制のとれた仕方で」動作していたと仮定できるでしょう。四四手目は、ディープブルーの開発者が見落としていたバグによって生じたもので完全にランダムに打たれたものですが、カスパロフからすると、それまでの「完璧に統制のとれた仕方」の動作からのわずかな逸脱（ズレ）に見えたに違いありません。もちろん、ディープブルーの四四手目は、実際にはランダムに打たれたものですが、カスパロフにとってはランダムな振る舞いを引き起こさないような一手に見えたのでしょう。その結果、カスパロフは、四四手目は直観には反するが、優れた知性の証だと考えたわけです。このようにカスパロフの考えが説明できるなら、チューリングの言葉は、時代に先駆けて知的振る舞いとは何かについて鋭い分析をしていた、と言えると思います。

結び

本章では、チューリングの先駆的業績を通じて、コンピュータ（計算機）や人工知能の発想が生まれてきた源泉を見てきました。チューリングは、万能チューリング機械という現代のコンピュータの理論的原型の発想を提案した一九三六年にすでに、どんなアルゴリズム（実効的手続き）でも解けない問題（0プリント問題、述語論理での演繹関係の判定問題）があることを明らかにしていました。コンピュータには、その発想が生まれたときからできないことがあった、と言ってもよいでしょう。しかし、人間の知的活動は、ひらめきや工夫の要らない実効的手続きに尽きるものではありません。実効的手続きを超える知的振る舞いをコンピュータをさせるには、人間と接触させつつ、コンピュータに経験から学習させ、コンピュータが間違えることを許容しないといけない、とチューリングは考えました。実際に、コンピュータや人工知能が我々にとって知的振る舞いを示しているかを判定するためには、ガルリ・カスパロフのように、コンピュータの出力が我々にとってもつ意味をよく考えなければなりません。チューリングの知的格闘は、「我々の知的活動のために、コンピュータや人工知能の出力が我々にとってもつ意味を間違いを恐れずよく考えながら、コンピュータや人工知能を実際に何度も繰り返し（再帰的に！）使っていこう」と現代の我々に示唆してくれているように思えます。

読書案内

ネイト・シルバー『シグナル&ノイズ——天才データアナリストの「予測学」』(西内啓解説、川添節子翻訳、日経ＢＰ、二〇一三年)

ディープブルーとガルリ・カスパロフの対戦でいったい何が起こったのかについてもっと知りたい人は、この本の第九章を読んでみましょう。

マーティン・デイヴィス『万能コンピュータ』(沼田寛訳、近代科学社、二〇一六年)

いったいチューリングの業績は論理学の歴史のなかではどのように位置づけられるのか、という関心をもった方におすすめです。

伊藤和行・佐野勝彦・杉本舞『コンピュータ理論の起源[第一巻]』(近代科学社、二〇一四年)

本章で取り上げた、チューリングの四つの著作の日本語訳が解説とともに掲載されています。チューリング著作についてもっと詳しく知りたい、という人におすすめです。

川添愛『働きたくないイタチと言葉がわかるロボット：人工知能から考える「人と言葉」』(朝日出版社、二〇一七年)

現代のＡＩを搭載したロボットは人間の言葉がわかるのでしょうか。言語の観点から現代の人工知能でどのような考え方や技術が使われているのかを平易な言葉で解説しています。

内井惣七『論理的思考のレッスン』(ちくま学芸文庫、二〇一三年)

演繹推論や帰納推論の違いや、述語論理を含む現代論理学の基礎に興味がある方にはおすすめです。明晰に思考するために論理学がどのように役立つのかについても最終章に説明があります。

第五章　奄美と縄文
──「再葬」をめぐる考古学の冒険

小杉　康

はじめに

日本では考古学は歴史学の一分野であるとされることが普通です。大学でのカリキュラムもそのようになっているところが多くあります。しかし、世界には考古学を人類学に位置づける国もあります。もちろん、日本の考古学者のなかにも自分の行っている研究は人類学であると考えている人もいます。いずれの場合でも、考古学者は自ら研究を進める過程で、「～を復元する」という言い方をよくします。あるいは「再構成する」という場合もあります。過ぎ去って、ばらばらになってしまった過去の出来事や事物を、あるいはその一部は完全に失われてしまったかもしれませんが、それらのピース（piece）を見つけ出し、つなぎ合わせて、無くなってしまった部分を推定して補い、その全体像を描き出します。そして、そこに再構成された歴史像が、人類史においていかなる意味あるいは意義があるのかを問うのです。

さて、地球上で展開している、あるいは展開した、多様な人類文化のなかには、年代や空間の懸隔にかかわらずとても似かよった事物や振る舞い、伝承が再三再四、登場することがあります。今これを「間欠的類似現象」と呼ぶことにしましょう。年代が大きく隔たりながらも、同一の地域でこの「間欠的類似現象」が見出された場合、そこになんらかの系統的なつながりを認めたくなるのが人情ですが、そのような解釈がなされることは考古学の研究においてもしばしばあります。

すでに「再」の字が何度か出てきましたが、本稿では私が専門とする縄文文化研究においてもしばしば登場する「再葬」の問題を取り上げて、考古学における「再構成」や「間欠的類似現象」についてて考えてゆきたいと思います。

一　再葬とは

二〇一九年の春、お笑い芸人のガレッジセールのゴリこと照屋年之さんによる監督・脚本の映画「洗骨」が封切られて話題になりました。洗骨とは風葬や土葬などで遺体を白骨にして、その骨を集めて甕などに納めて埋蔵あるいは収蔵する伝統的な葬法の一つです。日本では南西諸島の一部の地域で現在も行われることがあります。甕に納める際に、水や泡盛(焼酎)などで洗い清めることから洗骨の名で呼ばれています。このような葬法は日本だけにとどまらず世界各地で見受けられます。人類学や民俗学では遺体を一度だけ埋葬する「単葬」に対して、これを「複葬」と呼び、考古学では「再葬」と呼んでいます。一九三九年に群馬県岩櫃山《いわびつやま》鷹の巣岩陰・屛風岩岩陰遺跡を発掘調査した考古学者の杉原荘介さんは、そこで発見された葬法を後に「再葬」と呼称し、現在、考古学ではこの呼び名が主に使用されています。そこで、再葬のなんたるかを考古学的に議論する前に、まずは文学作品を通して、その概要に触れてみることにしましょう。こちらも近年、映画化(二〇一七年)され話題を呼んだ島尾ミホ著『海辺の生と死』(一九七四年刊)、そこに収められている「洗骨」からの要約、そして引用です(島尾ミホ『海辺の生と死』(改版)中央公論新社、二〇一三年)。

【場面一】
(1)男が三人、鍬で墓を掘っている。
(2)畳半畳位の珊瑚礁石《ナバンイシ》があらわれる。
(3)それをずらすと、中から頭骨や大きい骨小さい骨が見える。
(4)葉洩れ日が当たると「お骨にティダガナシ(太陽)の光は禁忌」と蝙蝠傘で遮る。
(5)穴の中に男が下りてゆき、「ウフネウガミギャ　キョータードー(お骨拝みに参りました)」と挨拶をして、骨を竹籠の中に拾い集める。
(6)竹籠三杯の骨が地上にあげられる。
(7)莫蓙の上に広げられ、指先で念入りに骨をふるいわける。
【場面二】
(8)墓地の横を流れる小川で、女たちが骨を洗う。

（a）「そのお骨の人もかつてはこのようにして先祖の骨を洗ったことでしょうと思うと、『ユヤティギティギ（世は次ぎ次ぎ）』という言葉が実感となって胸にひびき、私もまたいつかはこのようにしてこの小川の水で骨を洗って貰うことになるのだと、子供心にもしみじみと思いました。」

（9）女たちは綿花で洗い続ける。

（10）洗い終わると、水気が残らないように白い布で何回も拭く。

（11）墓の横に広げた莫蓙の上に並べて、真綿で幾重にも包む。

（12）鼻の削げ落ちているところに詰め綿をして、顔面全体をすっかり真綿でくるむ。

（13）再現された面影に、口々に生前の名を呼びかける。

（b）「遠縁にあたるその人の生前の記憶が私には全くなかったのでその姿を思い起こすすべはありませんでしたが、血のつながりというのでしょうか、言いしれぬ懐かしさがこみあげてきたのでした。」

（14）清めたお骨は蓋付きの背の高い甕に入れ、墓の穴に納めて土がかけられ、墓は再びもとの姿にかえりました。（お骨を納めたきれいな形や模様の陶器の厨子甕は埋めずに墓の横に置く。あるいは、甕の下半分だけを土中に埋めておき、蓋をあければいつでもお骨に会えるようにしておく。）

【場面三】

（15）墓地から小道をくだり、海岸へむかう。

(16)癩病人だけを葬るコーダン墓の近くまできた時、嗅いだことのない臭いが鼻に強く滲みました。
(17)墓のしるしの何もない陰気な墓地でしたが、……男女五、六人声をあげて泣きながら骨を焼いていたのでした。
【場面四】

(「トゥモチ」の日に、死後三年もしくは七年とか一三年が経過した人たちの改葬をする。「トゥモチ」は、その年最後の集落あげての「遊びの日」。赤飯、ご馳走を用意して、海岸や広場で遊ぶ。)
(18)改葬を済ませた家々から酒宴のざわめき、にぎやかなうたげ。
(19)広場いっぱいに円陣をつくり歌にあわせて手を振り身をくねらせて踊る。
(c)「踊りの輪の内側に踊っているおおぜいの亡き人の霊魂に向かって、なお生前の姿を見るかのように、現《うつ》し身の人々は親しかったその名を呼びかわし、話しかけました。……もはや生も死も無く。」

いかがですか。奄美では洗骨のことを「改葬」と言っています。島尾ミホさんは島尾敏雄著『死の棘』のヒロインとしても有名ですが、奄美の加計呂麻島、押角《おしかく》で育ちました。沖縄諸島と同様に奄美群島でも、洗骨(改葬)された遺骨を納める墓や遺骨そのものを現在でも目にすることがありますす。洗骨(改葬)あるいは再葬がこのようなものであることがわかったところで、奄美を歩きながら

「再葬」について考えてみることにしましょう。

二　奄美を歩いて考えたこと

私はここ数年、奄美の島々を歩きながら、島の人々の暮らしぶりや現代に息づく伝統的な事物に出会い、そして人類の生の営みの多様さと共通性とに思いをめぐらせ、考古学における解釈はどのようにして成立しうるのか、可能なのかを問い続けています。ここでは、そのような話題として「再葬」を取り上げますが、その前に、同じ地域の島の民俗データを援用しながら行われた考古学的な解釈の一例を紹介しておきましょう。

考古学者の瀬川拓郎さんは近年相次いで出版した何冊かの著書の中でアイヌ文化と縄文文化との共通性を強く主張しています（『アイヌと縄文』筑摩書房、二〇一六年、『縄文の思想』講談社、二〇一七年、ほか）。共通性というよりも、両者は系統的に直結するといったほうが正確でしょう。瀬川さんの言葉を借りると、「海辺や北海道、南島という日本列島の周縁に生きた人びと」の「生を律する思想」として生き残ったものが「縄文の思想」である、ということのようです（瀬川二〇一六：八頁）。そして「縄文の思想」は、「一万年以上におよぶこの縄文時代の、あるいはそれ以前の旧石器時代から受け継がれてきた思想」であると、説かれます（瀬川二〇一六：一九頁）。また、その論述の過程で、「縄文の世界観・他界観とは、農耕がおこなわれる平地をふくまない、海と山からなる二元的な世界観であり、その海と山とを往還する神の観念、またその観念とむすびついた海辺の洞窟と山頂をつなぐ他界観である」ことを述べています（瀬川二〇一六：一九二頁）。考古資料にとどまらず、むしろそれ以上に神話や伝承、民俗例、『古事記』『日本書紀』『風土記』などの文献資料から得られる情報を縦横に比較検討して導かれた結論のようですが、そこまで具体像を言い表せるのは、やはり現在の民俗データに多く依拠しているからです。

本稿の議論ではこのような瀬川説を検証することが目的ではありませんが、「縄文の世界観・他界観」の核心と関わる奄美の民俗例の取り扱い方についてはもう少し詳しく見ておきましょう。

「たとえば奄美では、海から集落をとおって聖地のカミ山にいたる、カミ道とよばれる一本道がつくられています。沖縄の祭りでは、山の神に扮した神女がこの道をとおって山から海へくだり、海の神を迎えるのです」（瀬川二〇一六：一九二頁）。このような説明に、図５−１が使われます。奄美の島々を歩くと、たしかにその図中に示された「アシャゲ」「イビガナシ」や「カミ道」を見ることができます。現時点において年中行事としての伝承は途絶えてしまっているところが大半ですが、変容しながらも、また断片的ではありますが、それらは生活のなかに静かに息づいています。それを瀬川さんは、「奄美や沖縄では、この縄文の世界観が現実の生活空間のなかに具現化され、往還する神が演劇的に可視化されていました」と説明します（瀬川二〇一六：一九二頁）。記述の仕方（レトリック）の問題かもしれませんが、思考の過程はやはり逆で、現在知ることができる奄美や沖縄の「民俗知」が縄文（考古資料）に投影されているように私には感じられます。

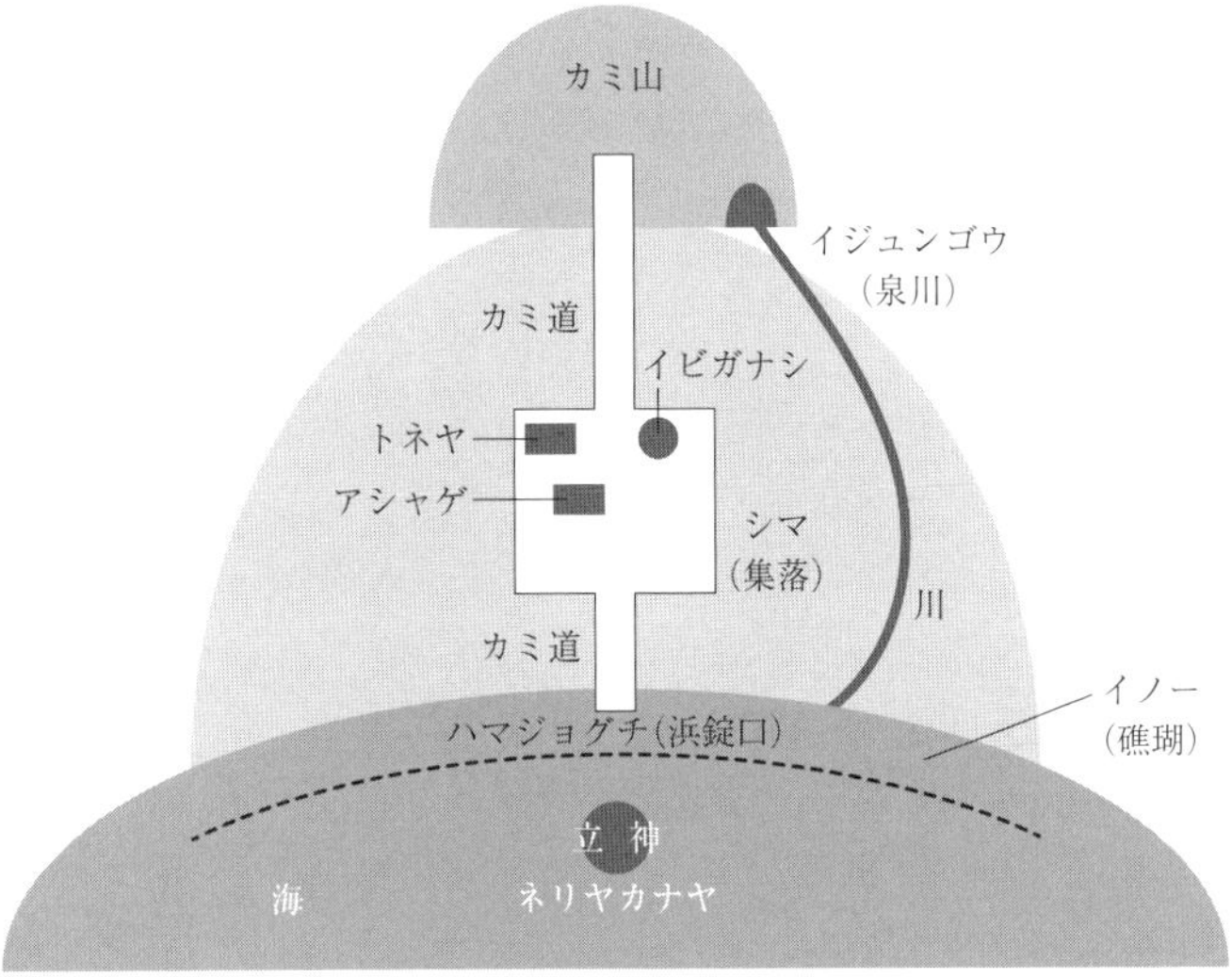

図 5-1　奄美地方の集落景観の概念図

出所）瀬川拓郎『縄文の思想』講談社，2017 年，193 頁

図 5-2　加計呂麻島，佐知克（さちゆき）の集落景観（筆者撮影）

話が「再葬」へとなかなか進みませんが、図５‐１に模式化された奄美の集落、地元では「シマ」と呼んでいますが、その出会いからいよいよ語り始めましょう。

奄美を歩いて最初に出会う風景はシマのそれです。海岸沿いの道が海に突き出した尾根の頂部を越えるところで、深い山ひだに切り込まれた撥形の平坦地に数十軒の民家の屋根が、照り輝く濃緑色の木々や草々の間に見えてきます（図５‐２）。このような奄美のシマの姿を民俗写真家の比嘉康雄さんはこう表現しています。「大熊《だいくま》は名瀬市の一集落である。ここも三方を山に囲まれ、海に面するという奄美の典型的な集落の形状をなしている。集落の最奥部に神山（ウガンヤマ）といわれる山があり、その山系から、大川《うごう》という川が集落の中を通り、海にそそいでいる」（比嘉康雄『神々の古層十二』ニライ社、一九九三年、九五頁）。

図５‐３は大熊周辺の地形図です。大熊は、奄美大島が琉球王朝によって支配されていた一五世紀から一七世紀初頭までの間に行われていた「ノロ制度」が「今も生活のなかに生きている」と言われているところです。ノロ（祝女）は琉球王府によって任命され、シマの祭祀を司る宗教的な権能を具えた女性です。比嘉さんは一九九二年に大熊で行われた「アラホバナ」の写真記録を残しています。アラホバナには「新穂初」の漢字があてられていますが、旧暦六月にノロによって行われる「収穫前の穂まつり的な祭祀」（稲穂まつり）のことです。このほかに、大熊のノロが取り仕切った神事には旧暦二月の「ウムケ（神迎え）」や旧暦四月の「ウフリ（神送り）」などがありますが、これらは先に瀬川さんが述べていた「海と山とを往還する神」に該当してくるのでしょう。先の図５‐１

図 5-3　名瀬大熊町の地形図

出所）国土地理院ウェブサイト　https://maps.gsi.go.jp

の模式図は、まさにこのようなシマで行われていた祭りの様子を空間的に表現したものであり、瀬川さんはそれを「縄文の世界観が現実の生活空間のなかに具現化」されたものと言っています。奄美に行くと、今でも縄文の集落に知らぬ間に迷い込めるのでしょうか。それはさておき、このようなシマの景観は大熊に限られたものではなく、奄美の多くのところで出会える風景です。地形図ですが、ここにそのいくつかを紹介しましょう（図5-4のa〜e）。

　さて、ここで問題です。これらのシマの地図は、比嘉さんが

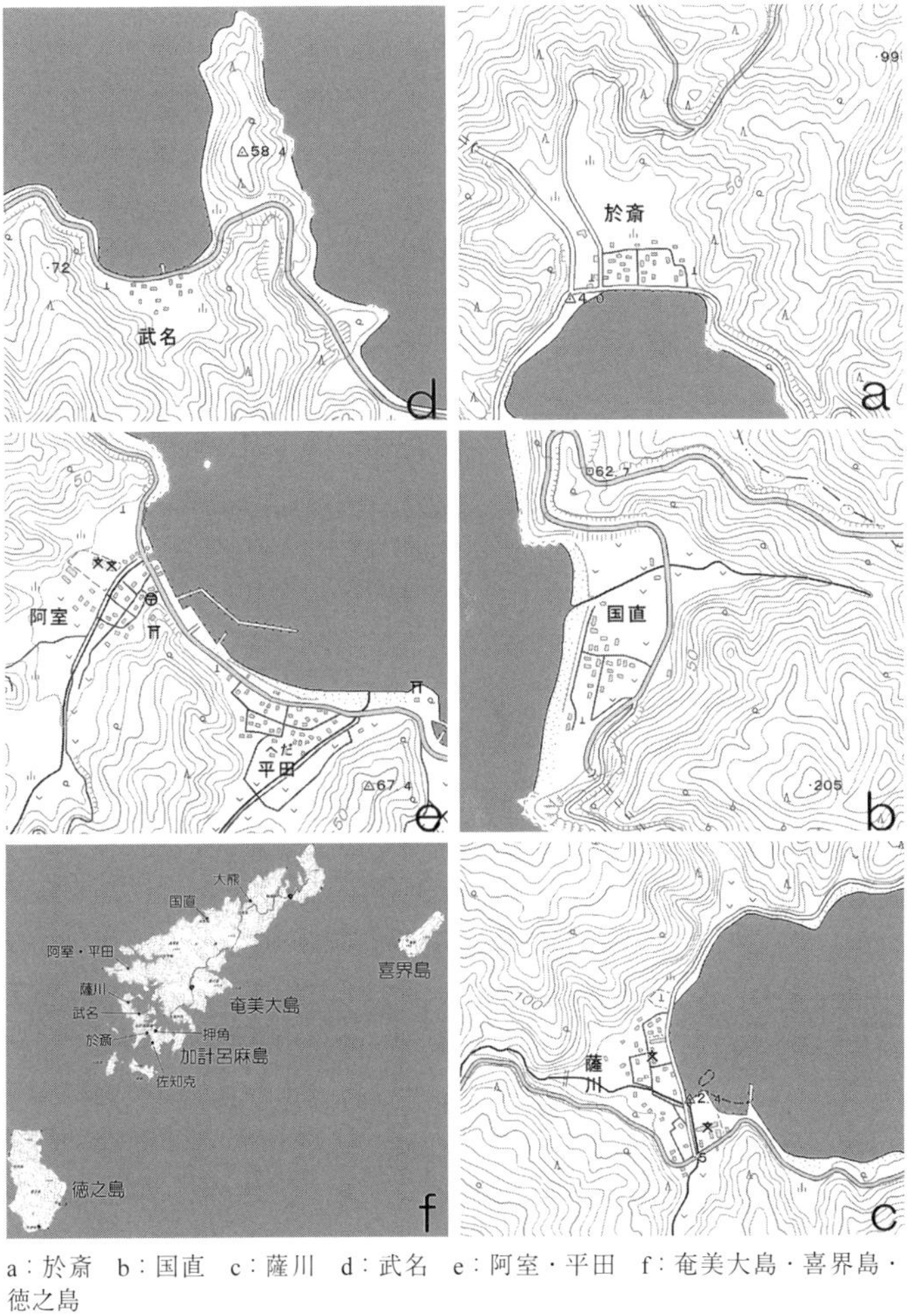

a：於斎　b：国直　c：薩川　d：武名　e：阿室・平田　f：奄美大島・喜界島・徳之島

図 5-4　奄美の集落(シマ)の地形図

出所）国土地理院ウェブサイト　https://maps.gsi.go.jp

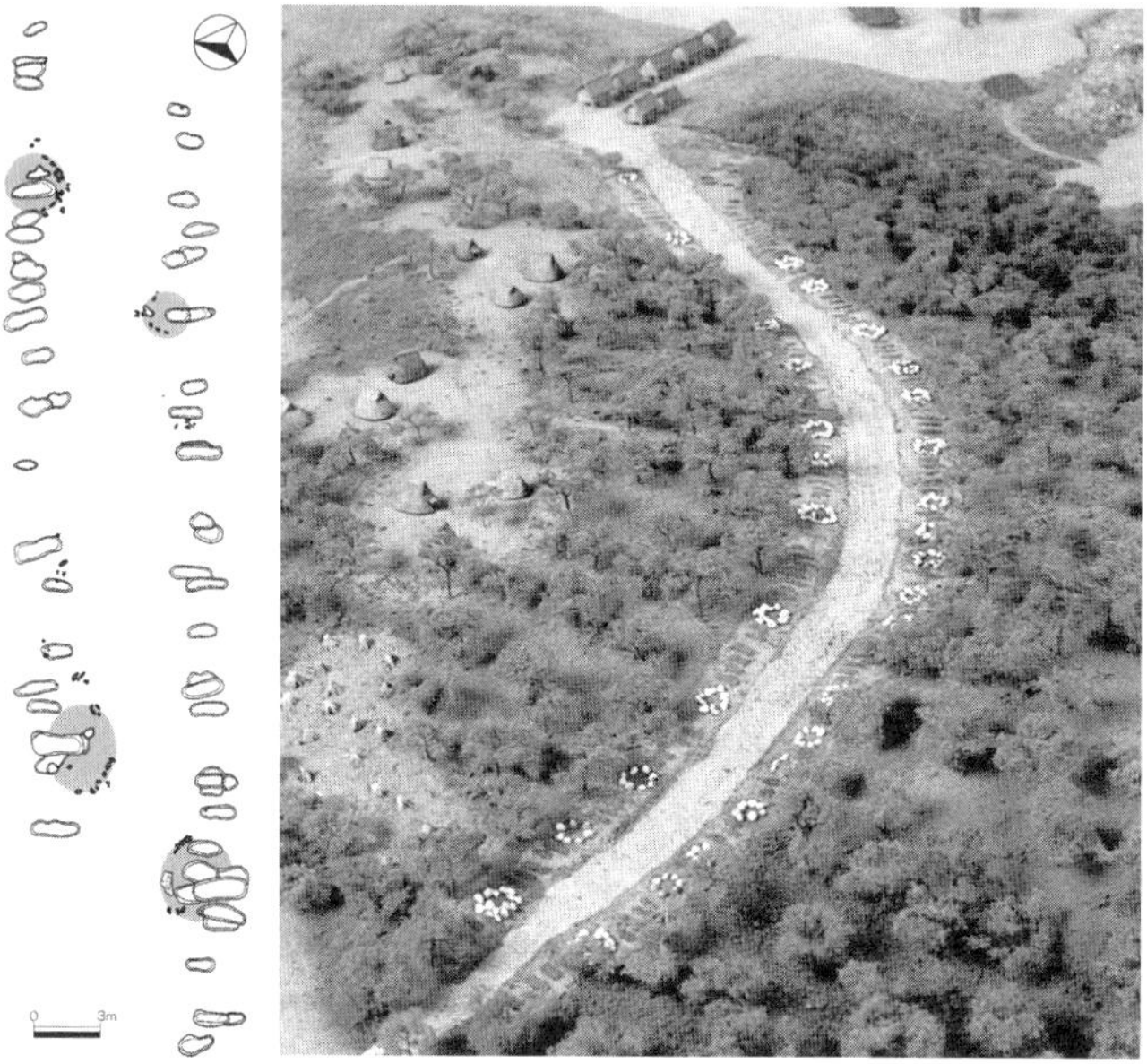

左：実測図　　　右：想定復原模型

図 5-5　三内丸山遺跡の二列に並ぶ土坑墓

出所）国立歴史民俗博物館編『縄文文化の扉を開く』青森県教育委員会，2001 年，49・51 頁

言ったような地形的な類似性のほかにも同じ特徴を持ち合わせています。なんでしょうか。それは海岸線に沿ったシマへの入口あるいは出口に当たる道路脇に墓地（⊥記号）がある点です。場合によっては道の両側にあるところもあります（大熊）。実際に現地を歩くと地図記号はなくても、入口（出口）付近に墓地を見つけることもよくあります。では、この辺で考古学のお話に入りましょう。このような道と墓との配置の事例としてまっさきに思い浮かぶのが、青森県に所在する三内丸山遺跡です。

この遺跡は縄文前期の中頃から中期末葉にかけて営まれた集落遺跡です。集落の外から、建物が立ち並ぶ集落の中心域に向かう道が設けられていて、なんとその両脇にはお墓（土坑墓）が整然と列をなして並んでいます（図5－5）。瀬川説に従うならば、「縄文の世界観が現実の生活空間のなかに具現化」した奄美においては当然のことかもしれませんね。当時の人たちはどんな気持ちでその道を往来したのでしょうか。

そこでヒントになるのが漢字の成り立ちを研究した白川静さんの「道」についての解説です（白川静『常用字解』平凡社、二〇〇三年）。「道」の字の中には「首」が隠れていますが、なぜなのでしょうか。曰《いわ》く、もとは「首」と「辵《ちゃく》（歩く・行くの意味）」とを組み合わせた字で、「首を手に持って行く」の意味となる。なぜか。「古い時代には、他の氏族のいる土地は、その氏族の霊や邪霊がいて災いをもたらすと考えられたので、異族の人の首を手に持ち、その呪力（呪いの力）で邪霊を祓い清めて進んだ」と解説されています（四九〇頁）。白川説に対して、その解釈は呪術的傾向が強すぎるという批判もありますが、日本語の「みち」の語源と共通する点を指摘できます。『広辞苑』（第三版、岩波書店）によると「道を意味する『ち』に接頭語『み』がついて出来た語」（二二九七頁）であり、『岩波古語辞典』（補訂版）では、「ち」には道・地・血・乳・霊（〔複合語として〕例：いかずち〔雷〕・おろち〔蛇〕・いのち〔命〕）の漢字があてられ、もとは「自然物の持つはげしい力・威力をあらわす語」（八三六頁）であったと説明されています。いずれにせよ土地と霊（力）との結びつきは強く、その霊がその土地（シマ）で暮らした祖先につながるのであるならば、外からの侵入者に対して目を見張っていてくれる、防いでくれる、といった解釈もできそうです。奄美ではなぜシマの入口に墓地があるのか、この問いに対する「道脇＝祖霊仮説」と呼んでおきましょう。

さらに奄美を歩きます。徳之島に行ったときのことです。目手久《めてく》から伊仙《いせん》に向かう途中、面縄《おもなわ》川の河口に架けられた橋を渡ると、右手に面縄小学校が見えてきます。小学校の西隣から校舎の裏側へと取り巻くようにお墓が整然と並んでいました。さらにその背後には石灰岩の段丘を覆うように鬱蒼とした奄美の森が広がっています。たしかこのあたりが、名に負う面縄貝塚のはずです。それを探すべく小学校の裏手から墓地のほうに引き寄せられるように進みました。現代的なしゃれた墓石や時代を感じさせる蔵骨器型の墓石を脇目に墓地の奥へ向かうと、段丘崖の裾野の一部を囲うようにした一段と古そうな墓にたどり着きました。さらに墓地内の小道は奥へと続き、鬱蒼とした緑に覆われた段丘崖の隙間へ入っていくと、そこはドーム状に開けた空間（ウバーレ）になっていました。もう墓石は見当たりません。崖の上のほうから、また太い樹幹の上方から、ガジュマルのものでしょうか、アコウでしょうか、数限りないその気根が縄のれんのように垂れ下がっています。それをかき分けて崖面に近づくと、岩陰になった下には人の頭骨や四肢骨が散乱し、割れた大甕が転がっていました。これは風葬によって白骨化した遺骨を蔵骨器に納めたり、積み上げたりした「トゥール墓」と呼ばれる岩陰の墓所です。奄美が薩摩藩の支配下にあった近世以降の、比較的新しいものでしょう。このほかにも奄美には、大島の北部（笠利周辺）に見られる「トフル」、喜界島の「ムヤ（喪屋）」などの崖に掘られた横穴や岩陰を利用した墓所、大島の南部（焼内《やけうち》湾周辺）では板状の珊瑚石を積み上げた石室「モーヤ」などが知られています。これらはみな、白骨化した遺体を納める墓形式であり、考古学の用語法では「再葬墓」と括ることができます。特に喜界島の「ムヤ」は、立派な墓石が立ち並ぶ現在の墓地の最奥部に位置しているものが大半です。面縄の「トゥール墓」の場合とよく似ています。

ここまで思いをめぐらせて、一つのひらめきがありました。先ほど、小学校の前の道路側から墓地の奥へ奥へと進んでいき、最後に岩陰の「トゥール墓」にたどり着いたが、これは墓の歴史を、時間を、さかのぼってきたようなものではないのか。では、時間的にさらにその先には何があるのか。「トゥール墓」は古い墓形式ですが、その原型となるようなものが「トゥール墓」の「下」にあるのではないか、という発想です。実際には「トゥール墓」の下は岩盤なので、そこには何も埋められていないでしょう。また、基本的には遺骨を露出させている墓形式ですから千年、二千年を超える年月の間には、後世の人たちによって古い遺骨から順次整理されてしまったのかもしれません。そこでは太古より「再葬」が繰り返し行われ、立石型の墓石の形式に変わったのはつい最近のことなのではないのか。この仮説は、墓地をシマの入口(出口)につくる「奄美の典型的な集落」についての先の問題に別の解答を用意してくれそうです。「三方を山に囲まれ、海に面する」集落形態では、墓地は「シマの入口(出口)にある」というよりも、シマの両側を画する尾根状の地形が崖となって岩陰をつくって平地に接する地点に位置する、と言えるでしょう。その岩陰は、古い時代には風葬が行われた再葬墓であり、墓形式が変わって立石型の墓石が建てられるようになった現代

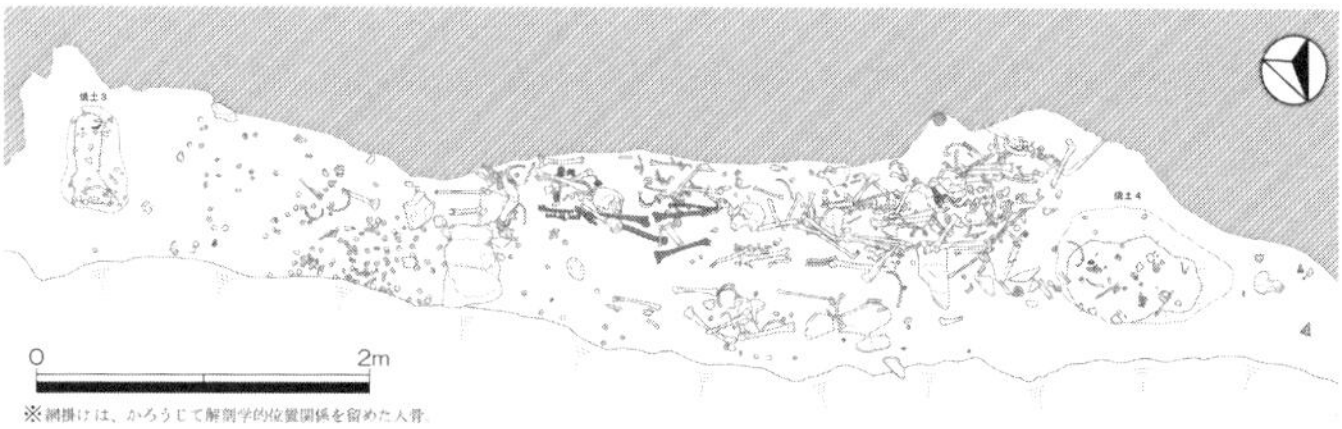

図 5-6　岩立遺跡（西区 5B 層）の崖葬墓

出所）中山晋編著『具志川遺跡群——保存・活用のための発掘調査報告』沖縄県立埋蔵文化財センター，2012 年，39 頁，一部改変

でも、その場所の周囲は墓地として引き継がれているのではないのか。「岩陰＝再葬仮説」の登場です。その当否を確かめるためには、縄文文化の時代にさかのぼるほどの昔において、「トゥール墓」や「ムヤ」の原型となるような岩陰の再葬墓が存在していたのかを確認しなければなりません。

ここで再び考古学の事例にあたってみましょう。その場所は奄美からやや南下した沖縄諸島になりますが、沖縄本島から洋上北西に離れること約三四キロ、伊是名《いぜな》島と伊平屋《いへや》島の中間に位置する無人島の具志川《ぐしかわ》島です。具志川島は周囲四キロほどの小島ですが、ほぼその全域に遺跡が散在しています。岩立遺跡などの三地点では、縄文文化の後期に当たる時期に「崖葬墓」の名前をつけられた墓地址が発掘され、全体で九〇体を超える人骨が発見されています（図 5-6）。その様子を発掘調査報告書から引用します。

「葬法は、基本的には遺体を岩陰に安置して白骨化させる風葬と考えられ、白骨化した骨を二次的に動かして再葬している。新しい死者がでると岩陰に風葬し、すでに白骨化している骨を順次まとめていったものと考えられる」（片桐千亜紀編著『具志川島遺跡群発掘調査概要報告書』沖縄県立埋蔵文化財センター、二〇一一年、二四頁）。これは現在見ることのできる「トゥール墓」や「ムヤ」などの岩陰や横穴を利用した再葬墓のまさに原型と言える姿ではないでしょうか。こうなると、がぜん「岩陰＝再葬仮説」の信ぴょう性が増してきたようにも思えます。

では、現代の奄美の典型的な集落（シマ）形態、そのうちでも墓地の配置の特徴を説明するのに、「道脇＝祖霊仮説」と「岩陰＝再葬仮説」、説得力があるのはどちらでしょうか。

ここに一九六四年に名瀬市大熊壮年団が発行した『大熊誌』という郷土誌があります（名瀬市大熊壮年団『大熊誌』非売品、一九六四年）。表紙と裏表紙との裏面に「大熊区画整理前の図」「同・後の図」といった二枚の地図が付いています（図５-７）。区画整理は昭和一〇年前後の頃に実施された「河川の変更、墓地の移転、下水溝設置」などとともに実施されました（一二頁）。両地図を見て最初に気づくのは、両脇に墓地があった道路、県道八一号が無いことです。シマから西へ向かう道は無く、海岸に突き出した尾根状の地形で遮られています。一九三七年、地元住民から鹿児島県知事に提出された請願書『墓地新設及旧墓地廃止願』の文中に「附近ニ国道、県道等ナク、墓地トシテ適当ナル場所ナリ」といった記述を見つけることができます。大熊に限るなら、この時点ですでに「道脇＝祖霊仮説」は成り立たないことになります。一方、区画整理では「墓地の移転」も行われました。区画整理前、シマの中央部の海岸寄りには広い面積の「里浜墓」があり、またシマへの入口となる東端には「番屋の長《おさ》家」の累代の墓もありました。区画整理後には里浜墓と長家累代墓は、「金久《かねく》の田畑を埋立て」て造営した「新墓地」に移転されます。こうなると、大熊では「岩陰＝再葬仮

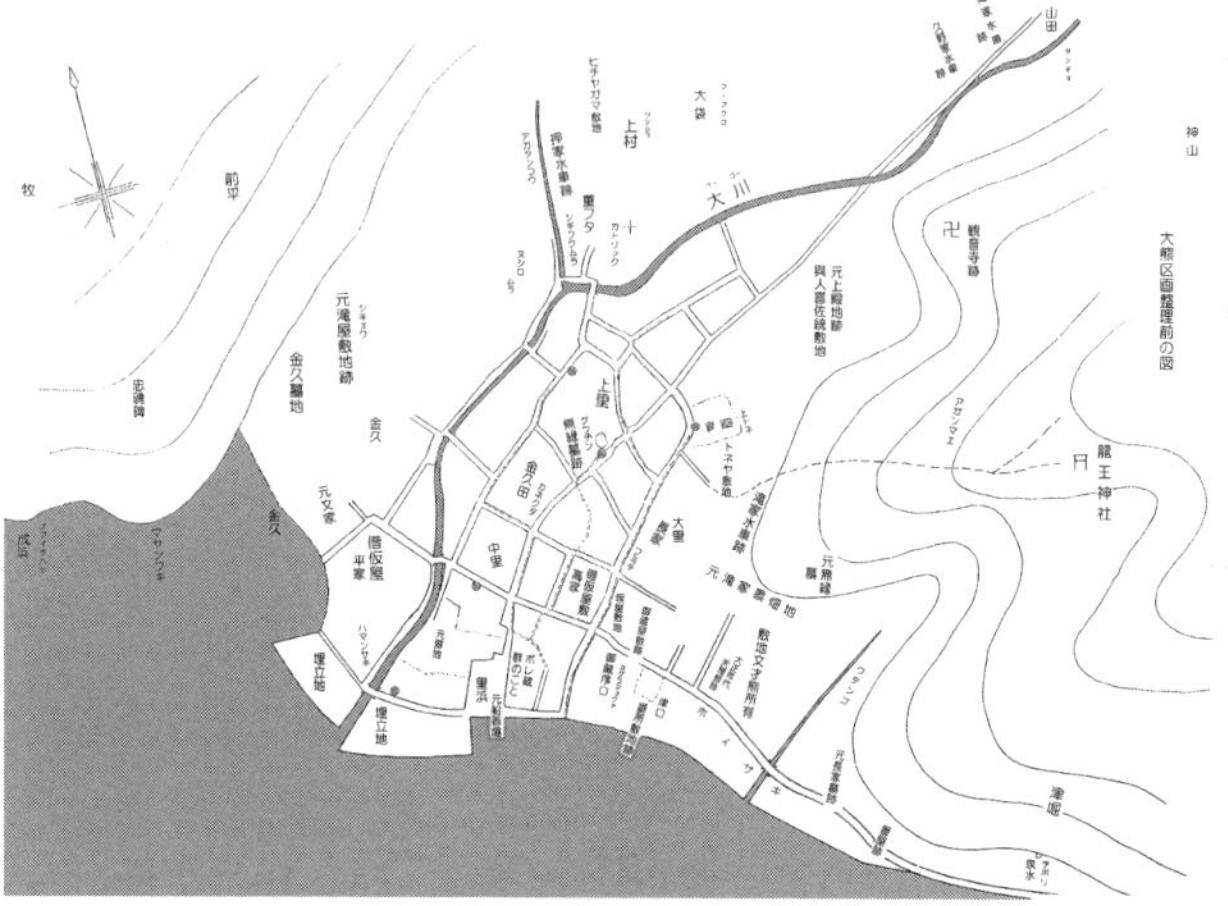

区画整理前

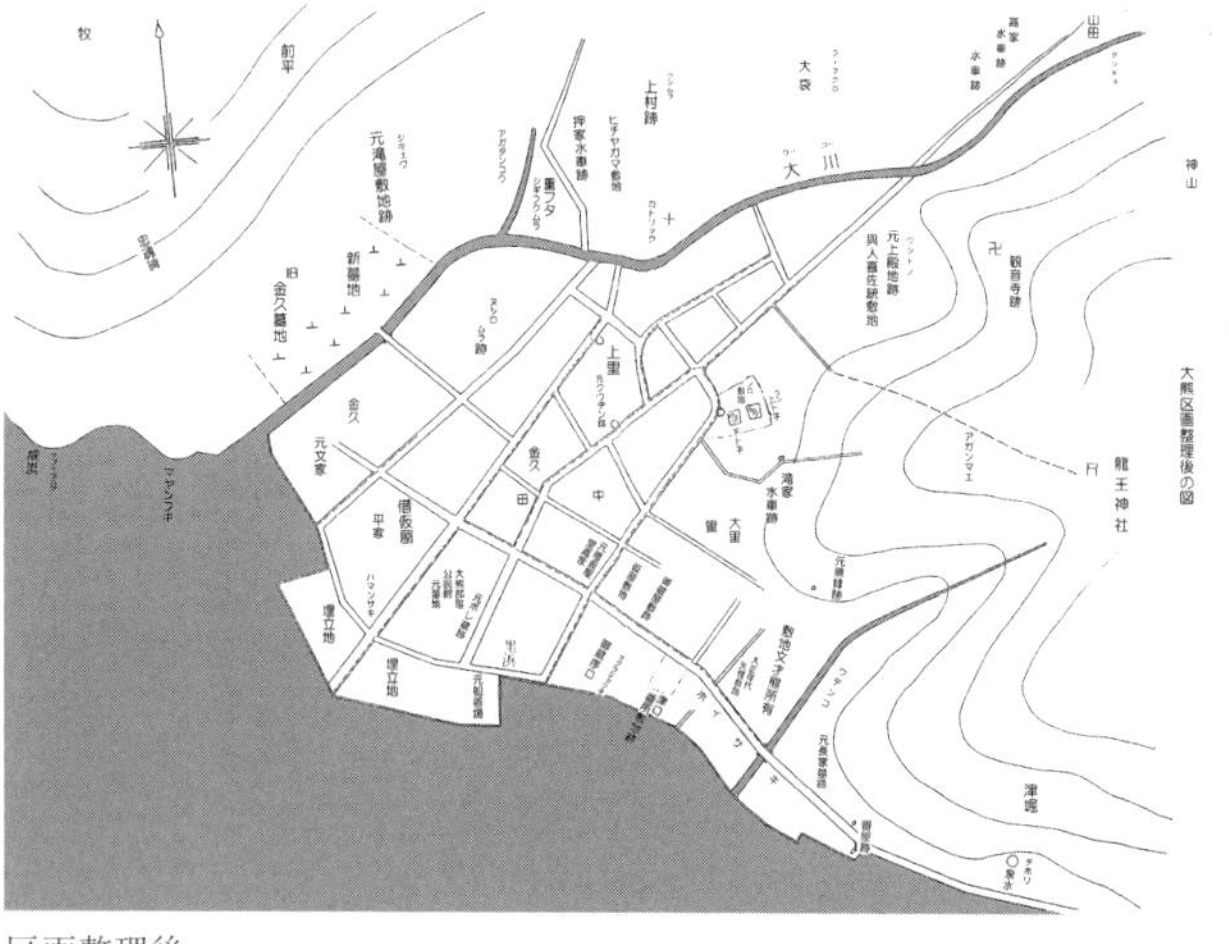

区画整理後

図 5-7 区画整理前と区画整理後の大熊

出所）名瀬市大熊壮年団『大熊誌』1964 年，表紙裏・裏表紙裏説」も成立しないのでしょうか。

そこで、『大熊誌』中に記述されていた「昔からの金久墓」という表現が気にかかります（三二二頁、傍点は筆者）。シマの西端の海岸寄りに、県道八一号を挟んで新墓地と「旧金久墓地」とが隣り合っています。前述の里浜墓には最も古いものの一つとして江戸後期、文化八年（一八一一年）に亡くなった「役人市来覚左衛門」の墓石がありました。近世後期から幕末にかけて、おそらくは薩摩などの本土から来た人物らの墓に始まり、明治になると風紀上の理由から伝統的な葬法であった「トゥール墓」や「ムヤ」のような岩陰を利用したシマの人たちの風葬は行われなくなり、砂地の里浜墓での土葬が行われるようになったようです。いったん「埋葬」された遺体は、三年後とか七年後といった一定の期間を経て白骨化した後に掘り出されて、改めてその場所に墓石を建ててその骨を「埋蔵」しました。つまり、改葬（洗骨）自体は引き継がれたのです。その後、近隣に火葬場が建設されると、しだいに土葬や改葬は行われなくなりました。このことから逆に、「昔からの金久墓」が「トゥール墓」や「ムヤ」のような岩陰を利用した風葬地から直接的に拡大化した墓地であった可能性が高いのではないかと想定できます。こうなると「岩陰＝再葬仮説」によって、奄美では縄文の世界観や他界観がまさに「現実の生活空間のなかに具現化」しているという瀬川説が補強されることになるのでしょうか。

ここで少し立ち止まり、奄美・沖縄での葬送の沿革を振り返ってみましょう。縄文文化の中期・後期から弥生文化にかけて並行する年代の沖縄や奄美には、崖葬墓のほかにも箱式石棺墓や土坑墓が存在していたことが判明しています。実は前出の面縄でも、「トゥール墓」があったドーム状に開けた空間（ウバーレ）の最奥部には洞穴（「面縄第一貝塚」の第一洞穴）があり、そこの発掘調査では縄文晩期～弥生前期に相当する時期の「石灰岩を長方形状に配した石棺墓」が発見されていて、そこからは仰臥伸展葬の人骨が見つかっているのです（新里亮人編著『面縄貝塚総括報告書』伊仙町教育委員会、二〇一六年、四九頁）。その後、一一世紀から一五世紀にかけての沖縄・奄美は「グスク時代」と呼ばれるようになりますが、当時は岩陰や洞窟へ葬る墓のほかに、土坑墓、石組墓などの多様な墓形式が採用されています。これまでの考古学の発掘調査の成果に従うならば、〈太古には崖葬墓があり、それがやがて「トゥール墓」や「ムヤ」のような再葬墓に発展し、その一部が現在にも残されているのだ〉といったような単線的、一系統的な墓や墓地の沿革を認めるわけにはいきません。古い時代に始められた葬法や墓形式が、後の世に断続的あるいは断片的に採用されることがあったとしても、また「岩陰＝再葬仮説」はなかなか魅力的な仮説ですが、それをもって縄文の世界観や他界観が現代の生活空間のなかに具現化している、などとたやすく言うことはできないのです。

今日における奄美の民俗について何か発言しようとする際には、少なくとも次の三ないし四つの歴史的な背景について、十分に考慮しなくてはなりません。一四六六年、奄美大島は琉球王に支配されます。ナハンユ（那覇世）の始まりです。実際には一三世紀以降には沖縄との結びつきは見られるようですが、遅くとも一六世紀の後半にはノロ制度は導入されており、政治・宗教の両面において沖縄との関連は強まります。次の歴史的な事件は、一六〇九年の薩摩（島津氏）による琉球侵攻です。沖縄、奄美ともにヤマトユ（大和世）に入ります。特に奄美では仏教の導入が顕著になります。明治を迎え、一八七二年には日本政府は琉球王国を琉球藩とし、さらに沖縄県にします。その前年、廃藩置県によって奄美は鹿児島県に組み込まれます。新たなヤマトユの始まりです。廃仏毀釈の荒波は特に鹿児島県下で著しく、奄美もそれに飲み込まれます。また、風紀・衛生上の理由から風葬は禁止され、土葬が一般化します。しかし、先に確認したように多くは改葬（洗骨）を前提とした一次葬にあたるものでした。一九六〇年代以降の火葬場の建設によって土葬から火葬への転換とともに改葬の風習もすたれてゆきました。墓は本来同時代に生きた当事者たちが後世（未来）に向けて残そうとしたゆえに、他の構築物よりも遺存しやすい傾向にあります。ゆえに、現在においても一時代前の改葬を伴う墓や墓地に、奄美を歩くと出会うことが多くあります。今日の私たちにとって、場合によっては異様に映ることもある「露出した人骨」の姿に大きな衝撃を受け、その由来をいきおい文献記録が残っていない太古にまでさかのぼらせてしまうこともあるので、要注意です。

三　弥生の再葬と縄文の再葬

冒頭で「間欠的類似現象」ということを紹介しました。再葬とはそのようなもので、時間的、空間的な隔たりにかかわらず、類似した行動がとられます。同一地域で間欠的類似現象が見られた場合、特に日本列島における人類史を取り扱う場合では、全域において住民がそっくり入れ替わってしまったような移住の記録が文献資料に残されていないために、あるいは逆にそのような全体的な移住が無かったこと（すなわち民族的な系統性）を論ずるために、間欠的類似現象を評価する傾向があります。本節では、日本列島の主に本州において展開された文字記録出現以前の事例を紹介しましょう。すなわち、弥生と縄文との事例です。

ここで再葬に関する用語を整理しておきましょう。葬法は基本的に「単葬」と「複葬」とに区分できます。一度だけの葬送（多くの場合は埋葬）で終了するものが単葬です。土に埋めたり（埋葬）、岩陰で野ざらしにしたり（風葬）、焼いたり（火葬）して、一度遺体を白骨化し、それを集めて改めて土に埋めたり（埋蔵）、特定の施設に納めたり（収蔵）するのが複葬です。そして複葬の前半が「一次葬」で、後半を「二次葬」と呼びます。奄美・沖縄の「改葬」や「洗骨」は二次葬に該当します。考古学では複葬の全体と二次葬とをともに「再葬」と呼んでいます。なお、偶然掘り出してしまった骨を改めて埋めた場合を考古学では「改葬」と呼んで、意図的に行われる再葬と区別して用いる場合があります。また、現象としては複数の遺体が一緒に発見された場合、同時に二体以上の遺体を葬った（埋葬した）ものを「合葬（墓）」と言い、新たに作った土坑墓が先に作られていた土坑墓と重なってしまった事例を「重葬」と呼んで、両者の違いを区別しています。

人類が定住生活を始めると、特定の同じ場所が埋葬地として利用されるようになります。そのような限られた範囲内での埋葬が何回か繰り返されるうちに、先に埋葬されて白骨化が進んだ遺体の骨を偶然掘り出してしまうことも起きます。掘り出された骨をそのまま放置すれば、骨はやがて風雨にさらされて分解され、消え失せてしまいますが、改めて埋め直されれば、遺存する確率は高まります。このような過程を想定し、考古学では改葬の用語を使用します。人類史的に見るならば、改葬の経験を経ることで、それを一つの取り決められた葬法として整えたものが再葬と言えるでしょう。このように考えると、再葬の発生は多元的であり、よって間欠的類似現象であることもある程度うなずけますが、はたしてこう考えるだけで再葬の問題はすべて解決できたのでしょうか。

次に、考古学的に再葬の問題に取り組んだ葛西励さん（『再葬土器棺墓の研究』「再葬土器棺墓の研究」刊行会、二〇〇二年）や設楽博己さん（『弥生再葬墓と社会』塙書房、二〇〇八年）の研究の成果を紹介しながら、その点を掘り下げてみましょう。

日本列島の先史文化で再葬が盛行した時期が二回あります。一回目は縄文中期末から後期前半にかけての時期です。房総地方で見られる事例は、大型の円形あるいは楕円形の土坑を掘り、その中に複数人分の再葬人骨を集積するものです。頭蓋骨を土坑の壁に沿わせて配列し、その内側に長管骨を束ねて積み上げる特徴がうかがえます。集落開設のすぐ後や、集落が隆盛する直前、墓地構成の大きな転換時などに形成されました。廃絶された竪穴住居を、かつてそこに住んでいた世帯の構成員全員の葬地とする「廃屋墓」に由来すると考えられ、四体以上の人骨、多い場合は数十体を超える人骨が再葬されることがあり、「多人数集骨葬」という名称がつけられています。茨木県取手市の中妻貝塚の事例では、一つの土坑に一〇〇体分以上の人骨が集積されていました。同じ頃東北北部では、再葬には専用に作られた大型の特殊な壺が使われました。また、再葬墓に近接して板石を組み合わせて作った「石棺墓」と呼ばれる墓が発見されることがありますが、そこで一次葬が行われ白骨化が進められたようです（青森県青森市山野峠遺跡など：図5-8）。青森県五戸町の薬師前遺跡では、一つの土坑に倒立した状態で三個の土器が埋められており、それぞれの土器の中には壮年男性（一号）、性別不明（二号）、壮年女性（三号）の骨が収められていました（図5-9）。二回目は、縄文晩期終末から弥生文化の中頃の時期、東北南部から三河・尾張に及ぶ地域においてです。特に東北南部の事例では、大型壺を二次葬の蔵骨器として使用します。一つの大型壺には一遺体分の骨を納め、それら複数個の土器を一つの穴（土坑）に埋めます（複数土器再葬墓：図5-10）。このような再葬墓は、「親―キョウダイ―子といった血縁を基軸にした家族を合葬したもの」（設楽二〇〇八：二九六頁）であると考えられています。以上の特徴をもった再葬墓を設楽さんは、ずばり「弥生再葬墓」の名称で呼ぶことを提唱しています。

これらのさまざまな事例を整理して、再葬が行われる工程を設楽さんは図5-11の「プロセスモデル」として提示しました。全体的な流れとして再葬は「死の判定」から始まり、骨化、選別・加工、そして埋蔵・収蔵・遺棄の順序で進行します。先に紹介した島尾ミホさんの『洗骨』の記述から、再葬の各プロセスの実際がどうであったのかを垣間見てみましょう。まず、プロセスモデルの③「土葬」に関連するのが場面一の（1）～（3）です。珊瑚礁石は山野峠遺跡の石棺墓の蓋だったのでしょう。プロセスモデルの⑧「骨上げ」には場面一の（5）～（7）が当たります。⑫「選骨」は場面二の（8）～（13）です。そこでは小川で骨が洗われています。⑩「焼骨」には、普通でない事例と

図 5-8　石棺墓での一次葬[推定復元模型・青森県立郷土館蔵]

出所）青森県埋蔵文化財調査センター編『青い森の縄文人とその社会』青森県文化財保護協会，1992 年，78 頁

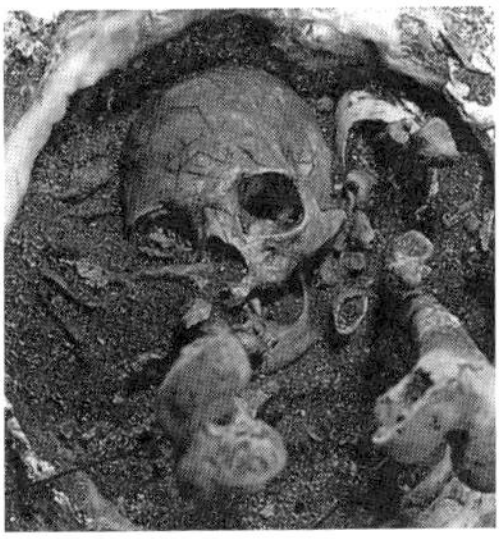

左：三号甕棺人骨

右：三号甕棺と二号甕棺

図 5-9　薬師前遺跡の蔵骨土器

出所）五戸町教育委員会提供

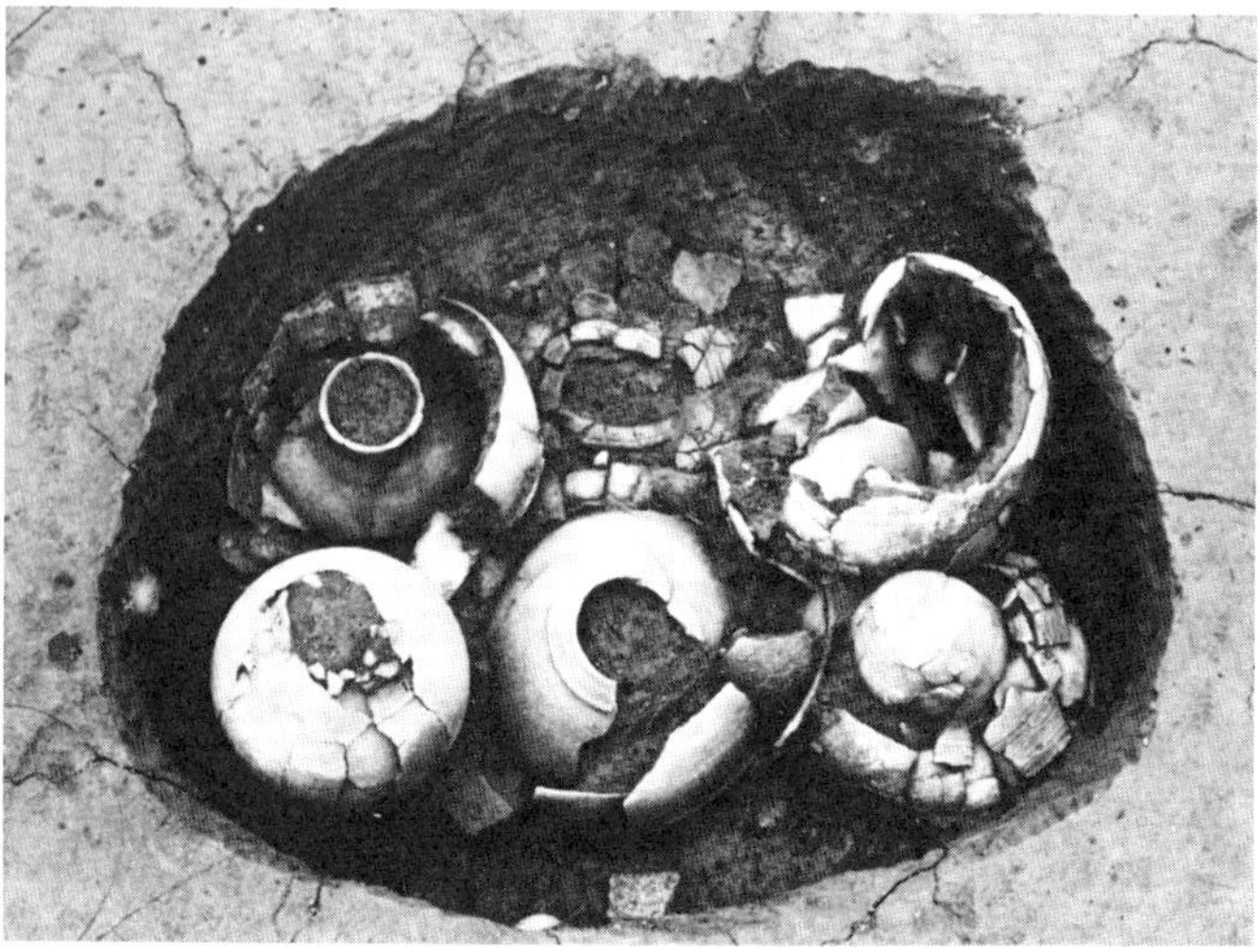

図 5-10　複数土器再葬墓［第 91 号土坑］

出所）関雅之ほか編著『村尻遺跡 I』新発田市教育委員会，1982 年，図版第 11 図

して場面三の（16）～（17）が関連しそうです。プロセスモデルの⑲「土器へ納骨」は場面二の（14）が該当します。一方、加計呂麻島の洗骨には見られなかった行動を考古資料のうちに見出すこともあります。それはプロセスモデルの⑤⑨「歯・指骨抽出」・⑥⑬「穿孔」・⑦⑭「装着」です。哀悼の意か惜別の思いか、その理由は定かではありませんが、「骨上げ」の際に歯や指骨の一部を取り出して、それに孔をあけて、再葬（二次葬）が行われるまでの間、装着する風習です。

では、ここからが本題です。日本列島において展開した人類史において、再葬はなぜ繰り返し行われたのでしょうか。再葬が盛行した上記の二時期の共通性を考慮して、設楽さんは再葬という「現

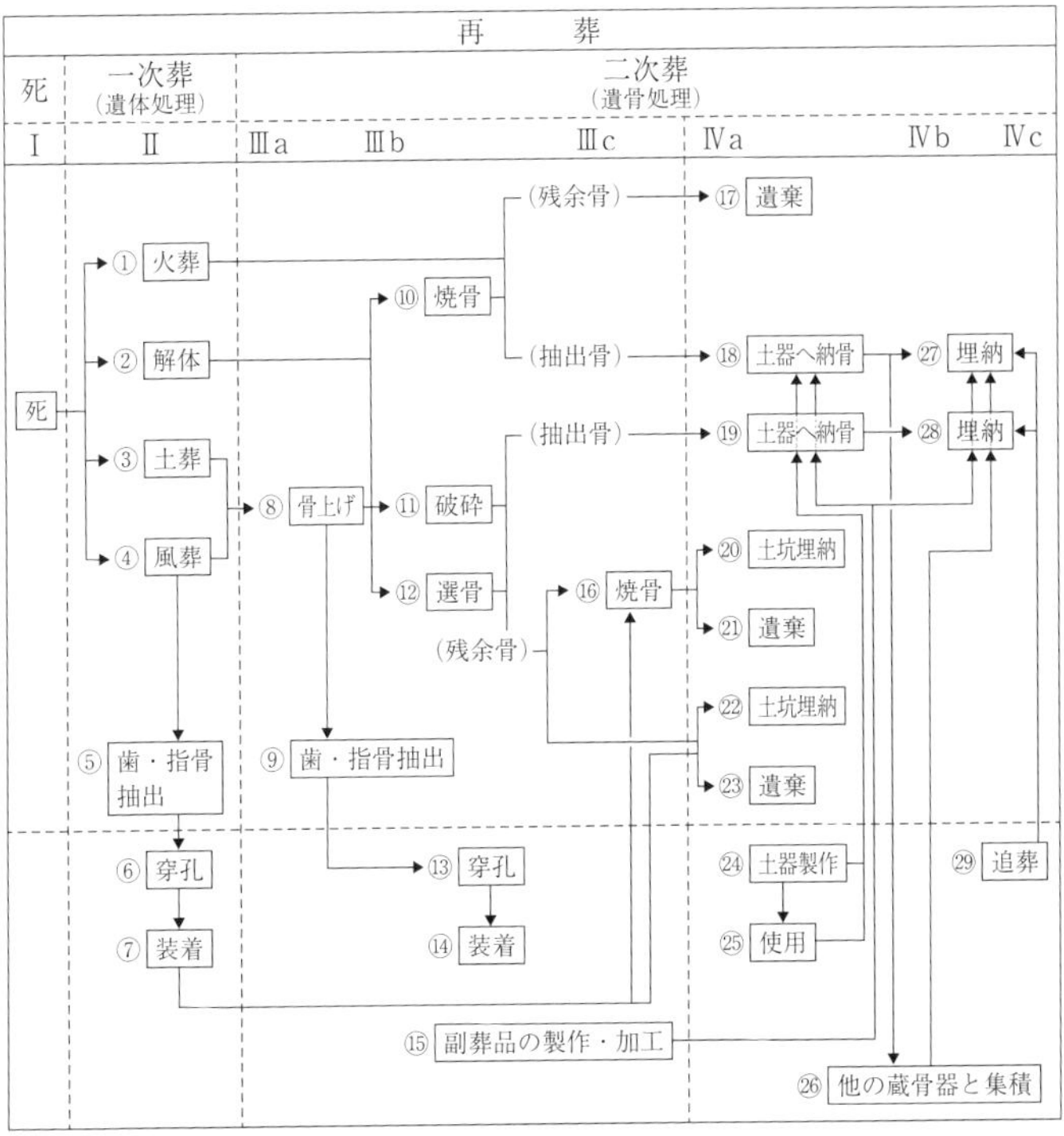

図 5-11　弥生再葬のプロセスモデル

出所）設楽博已『弥生再葬墓と社会』塙書房，2008 年，24 頁

象」が発生する社会的背景とそのメカニズムについて次のように考えました。まず両時期に共通しているのは気候の悪化（冷涼化）です。それによって、それまでのようにおおぜいの人たちが集住的に一ヶ所で通年居住することが難しくなり、分散居住するようになります。その結果として、集団の結びつきは弱まり、相互の関係性が薄れるといったリスクが発生します。それを回避する手段としてとられたのが、墓地を共有することによって、祖先を媒介にして集団の同族的な結合を再確認することでした。そのための文化的な装置として葬儀を複雑化したり、墓地を巨大化したりしますが、その核となるものが再葬、再葬墓であったわけです。また、集団の地域的な流動性が高まり、社会的な安定性が弱まる時期に再葬が盛行する点も見逃せません。縄文晩期終末から弥生文化の中頃の時期は、まさに日本列島において本格的な食糧生産が始められるときです。その大きな原動力となったのは朝鮮半島から水田稲作の技術をもった人たちのかなりの数の移住と、それに伴う列島内での移動、移住の活発化です。それに先立つ縄文中期末から後期前半にかけての時期にも、西日本から東日本に向けて社会的な流動性が高まったことが、縄文土器の研究から指摘されています。

ここで改めて、人類史において「死」とは何であるかを考えてみましょう。図5-12はかなりショッキングな映像です。亡くなった子どもの遺体を、母親のチンパンジーが背負っています。死後十数日を経過して、遺体はミイラ化しています。チンパンジーには「死」という認識が無いのでしょうか、母親チンパンジーは我が子の「死」を受け入れられないのでしょうか。では、人類は「死」という認識をいつ頃からもつようになったのか。なかなか難しい問題です。考古学的に有力

図5-12　死んだ子どもを背負う母チンパンジー
出所）撮影：ドラ・ビロ，提供：京都大学霊長類研究所・松沢哲郎　https://www.pri.kyoto-u.ac.jp

な根拠となる物的証拠とそれに伴う行為は「墓」や「埋葬」の出現です。シリアのデデリエ洞窟遺跡で発見されたネアンデルタール人の子どもの人骨（全身骨格）の例は、出土位置や姿勢、遺存状態などの点から、確実な埋葬事例であると判断されています。時代は下り、最新の氷期が終わる頃、今日の温暖な気候につながる暖かな時期すなわち後氷期が始まるおおよそ一万年前から、人類は地球上のあちこちで徐々に定住生活を始めます。それ以前の移動生活の時代には、仲間が死んだり、また生活残滓が溜まってきたりしたら、その場を離れることによって衛生上の問題は解決できました。しかし、定住生活ではそのようなわけにはいきません。暮らしのかたわらにゴミの山があり、死体のそばで生活しなければならなくなりました。人類の「死」への向き合い方は、このとき大きな転換をとげたと思われます。人の死、仲間の死に対して、次のような三つの局面への対応——物理的・社会的・個人的な対応——が迫られたはずです。物理的な対応とは死体の処理です。死体は腐敗し、そのかたわらで暮らす人たちにとって衛生上の問題が発生します。そのための処理方法は、土に埋める、焼却する、乾燥させる、離れたところに遺棄する、などです。社会的な対応は葬儀の執行です。ある人物の死は、その人が生前に荷っていた社会的な役割の欠如を意味します。新たな役割分担とその承認が必要になってきます。葬儀はそのための絶好の機会です。身近な者の死は、近親者に精神的に大きなダメージを与えます。精神的な危機状況と言っていいでしょう。その状態を早く抜け出して、元の安定した生活感情を回復するためには慟哭や悲嘆などの非日常的な感情の発露が必要です。これが個人的な対応です。これらのことが文化制度として整えられたものが「葬送行動」です。すなわち、死体の物理的な処理過程（「死体」への対応）の機会を利用して、それを執り行う人たちの役割と関係の再構築（「死者」への対応）を行い、同時に亡くなった人の近親者の心の平安を取り戻す（「亡き人」への対応）ための文化的な仕組み（文化制度）なのです。そしてこのような葬送行動を確実かつ効果的に実行するために発明されたものが「墓」という装置です。墓は死体の処理装置として機能します。墓標の規模や形態、他の墓との位置関係などで、それらの墓に関連する人たちの関係を目に見えるようにする（顕在化）のと同時に、それを確固なものとする（固定化）働きがあります。さらに世代を超えて何人もの死者がそこに葬られ（累積化）、また「亡き人」と関連する生者はそこを再訪・追慕する（墓参り行動）ことによって、「祖先」の観念が醸成されま

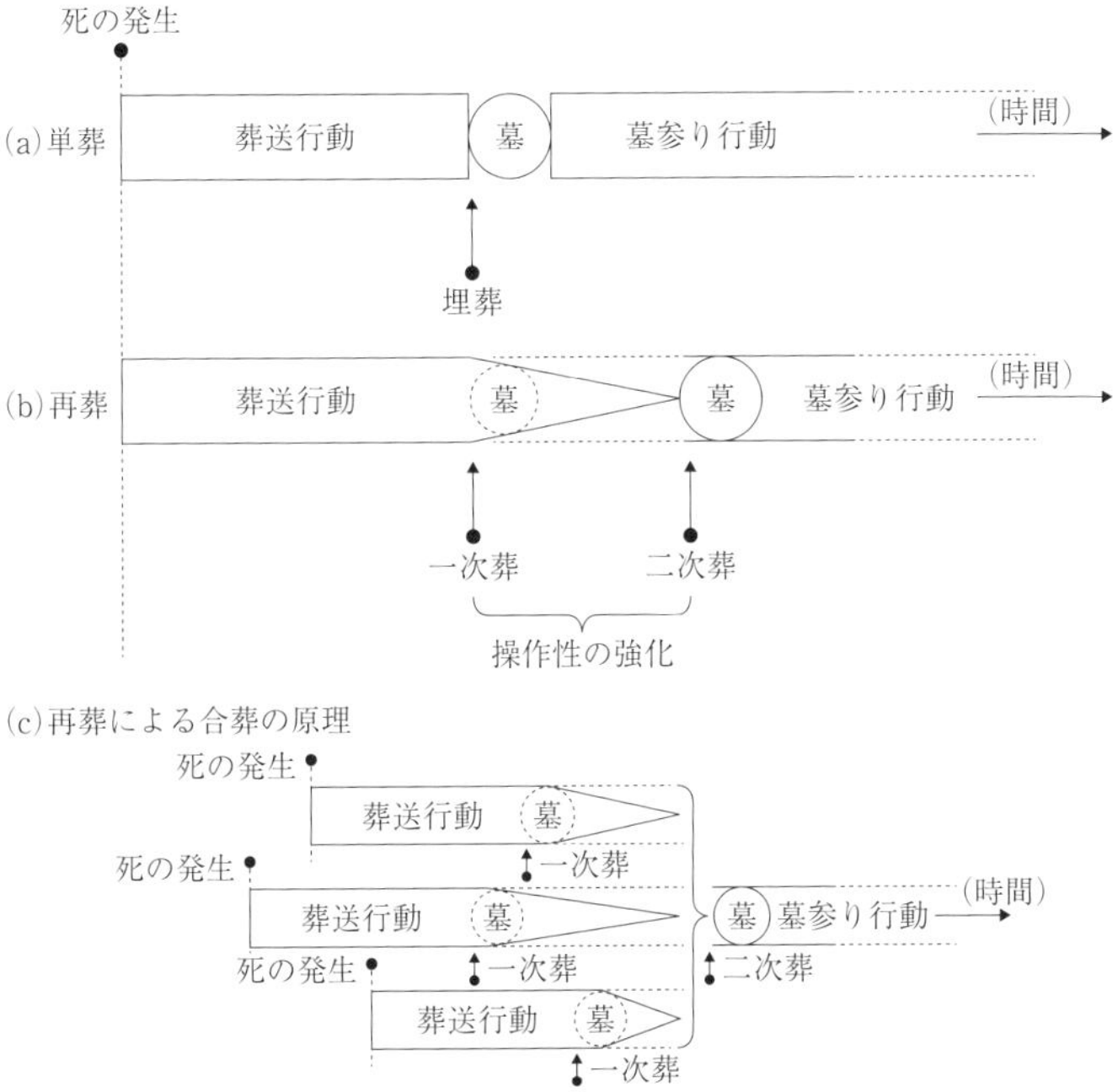

図5–13　葬墓祭制のプロセス

出所）小杉康「葬墓祭制と大規模記念物」『講座日本考古学4　縄文時代・下』青木書店，2014年，448頁，一部加筆

す（図5–13のa）。「死」をきっかけとして執り行われるこのような行動が複雑で、またそれに関連する決まりごとが多ければ多いほど、ここに示したような効果はより高まるのでしょう。恒久的な「墓」を建てるまでの行動である、奄美・沖縄の「洗骨（改葬）」や縄文・弥生の「再葬」は、複雑さの点においてその最たるものと言えます。この点についても島尾ミホさんのエッセイの中の洗骨を行う自らの心の機微の描写（【場面二】の（a）・（b）、【場面四】の

（c）は、なぜこれほどまでに手間のかかる再葬を行うのかの意味を考えるうえで示唆に富んでいます。

死体・死者・亡き人への対応は、このようになんとかうまく乗り越えられたとしても、「死」そのものには抗うことができず（不可抗的）、逆戻しすることもできません（不可逆的）。「死」がいつ訪れるかは、誰にもわかりません。そのような「死」に対して、あたう限りの抵抗が再葬という手続きではないでしょうか（不可抗的・不可逆的な「死」に対する操作性の強化：図5‐13のb）。つまり再葬とは「死の時」を、ある意味で操作することを可能にする葬法であると言えるでしょう（再葬の発現的構造）。たとえば、時を隔てて生じるいくつかの「死」を、再葬の手続きを経ることによって、時間的な調整が可能になり、恒久的な「墓」を建てる機会を一つの節目として、幾人かの死者（亡き人）のまとまりをつくる、つまりあたかも「（儀礼的に）同時に死なせる」のです（図5‐13のc）。そこにどのような意味を付すかは集団や状況によって異なります（再葬の状況的機能）。設楽さんが指摘したような、縄文と弥生の再葬について、気候の悪化に伴い不安定になった集団関係に対して「祖先を媒介にして集団の同族的な結合を再確認する」（設楽二〇〇八：二九五頁）といった理由も、再葬の状況的機能の一つなのでしょう。これが、再葬が「間欠的類似現象」であることの理由であると私は考えています。

おわりに――「民俗誌考古学」事始め

考古学研究における最も基本的な問いは三つあります。「いつ」のものか(編年論)、「何」なのか(機能論)、「誰」が残したものなのか(分布論)です。このうち、「何」なのか、すなわちそのものの機能や用途を解明するための手続きは、それを使用した際に生じたであろう微細な痕跡(使用痕)を見つけ出し、それが生じるような状態と状況とを想定し、あるいは実験的に再現し、はたまた共に出土した資料との関係を考えて、それを推定します。いずれも考古資料そのものの観察に基礎を置いています。これに対して、現在の民俗例や、民族誌、歴史的な文献資料に見られる類似したものの機能や用途に関する情報を利用する方法もあります。日本考古学における最初の概論書であると評される『通論考古学』(一九二二年刊)を著した浜田耕作さんは、その中で考古学における特徴的な研究方法の一つとして「土俗学的方法」について紹介しています。さらに年代的にさかのぼり、日本における近代的な考古学の礎を築いた坪井正五郎さんは、今日的な視点から縄文文化の最初の概説書であると評してもよいと私が考えている『コロボックル風俗考』(一八九五―一八九六年発表)の中で(当時は「縄文文化」という用語もなく「石器時代」として認識されていた段階でしたが)、三つの研究法あるいは研究対象を提示しています。「口碑」と「古物遺跡」、そして「未開人民の現状」です。「未開人民の現状」として、土器や石器の使い方・作り方、住居の使い方、さらには貝塚のでき方についても、その有効性を指摘しています。「貝塚のでき方」といった視点などは、一九六〇・七〇年代に北米の、そして世界の考古学界を席巻する「ニュー・アーケオロジー」(後に「プロセス考古学」と呼ばれます)におけるルイス・R・ビンフォードさんらによるエスノ・アーケオロジー（一般的に「民族考古学」と和訳されています）あるいはミドル・レンジ（中位）理論とも一脈通じます。遺跡で発見される考古資料は当事者の行動や行為をそのまま反映したものではなく、一定の変形の過程を経たものです。この両者の間（すなわち「中位」）をつなぐためのデータを得るために、民族誌や歴史的文献、そして条件設定された再現実験の結果などを利用する研究方法とそれを支える考え方です。

物質文化としての考古資料を取り扱う考古学では、伝統的な研究方法である型式学的研究法と理化学的分析を利用した方法との両方において、明らかにできることは一つ一つの「事実」にすぎません。ある考古資料は「炭化した稲籾」であるとか、「土掘り具」であるとか、「溝」であるとかいった内容です。それらの「事実」間の関係を検討し、つなぎ合わせることで、場合によってはそこに「水稲耕作」が行われたことを「推論」できるかもしれません。それが考古学的な過去についての「仮説」です。あるいはこれを「解釈」と呼ぶ研究者もいるでしょう。いずれにしても明確な根拠（「事実」）を提示して、明快な筋道を立てて考えて（論理的な思考）、「推論／仮説／解釈」を推し進めなければなりません。「事実」をいくら積み上げたとしても、それだけでは過去に何があったのかを知ることはできないのです。できるだけ多くの「事実」と「事実」とをつなげることによって「推論」「仮説」「解釈」が成り立ちます。そのための方法は二つあり、一つは遺跡における出土状態・状況（共存関係）の確認であり、他の一つは「類例からの類推」です。後者の「類推」の蓋然性を高めるための方法的な手続きこそが、浜田さんの「土俗学的方法」であり、坪井さんの

「未開人民の現状」であり、ビンフォードさんの「エスノ・アーケオロジー」なのでしょう。以上のような考古学的な解釈において、「自分は民俗例や民族誌を参照しない、援用しない」と主張する考古学者も多いでしょう。そのような場合でも、多くの例では、どこかで自らが生まれ育った文化における伝統的な考え方や常識を前提にしてしまっているのではないでしょうか。自らの考え方やその癖を相対化するためにこそ民俗例や民族誌の検討は大切であると考えられます。そのような解釈の方法論を確立したくて、私は「民俗誌考古学」事始めとして南島歩きを続けています。「再葬」をめぐる考古学の冒険は私にとってその最初の成果です。

読書案内

比嘉康雄『神々の古層⑪豊年を招き寄せる（ヒラセマンカイ・奄美大島）』（ニライ社、一九九三年）

奄美大島の秋名集落に伝わるショチョガマとヒラセマンカイ、大熊集落に伝わるアラホバナの貴重な映像記録です。

設楽博己『弥生再葬墓と社会』（塙書房、二〇〇八年）

縄文・弥生を中心とした再葬墓研究を集大成した専門書です。

青森県埋蔵文化財調査センター編『図解ふるさと青森の歴史シリーズ②青い森の縄文人とその社会　縄文時代中期・後期編』（青森県文化財保護協会、一九九二年）

長年にわたる緊急発掘調査で得られた縄文中期・後期遺跡の成果を、豊富なカラー図版とともに解説した普及書です。

第六章　レコンキスタ

——中世イベリア半島の「再」征服

佐藤健太郎

はじめに

七一一年、イベリア半島（現在のスペインとポルトガル）は、北アフリカから到来したイスラーム教徒の軍勢に征服されました。彼らはこの地をアラビア語でアンダルスと呼び、その拠点は、主に半島南部に置かれました。これに対して半島北部には、キリスト教徒の小国家がいくつか形成されます。やがて北方のキリスト教徒諸国はイスラーム教徒勢力と戦いながら半島を南下し、最終的には一四九二年にイスラーム教徒最後の拠点グラナダを征服しました。これによってアラブ・イスラーム的なアンダルスの歴史は終焉を迎え、イベリア半島は再びキリスト教徒が支配する地となったのです。この間、約八〇〇年間、日本でいえば奈良時代から戦国時代までに相当する時間が流れました。

中世イベリア半島史は、このようなキリスト教徒勢力の征服運動と関連づけて語られてきました。この過程をスペイン語でレコンキスタ Reconquista といいます。スペイン語で「征服」を意味する

conquista に、「再」を意味する接頭辞 re-をつけた語です。英語にも、recover（回復する）、return（戻る）のように、re-から始まって「再」というニュアンスを含む単語があることを想起していただくと、わかりやすいかもしれません。したがって、レコンキスタを日本語に直訳すると「再征服」となります。また、「奪われた自分たちの土地を再び取り戻した」というニュアンスが含まれているので、「国土回復運動」と訳されることもあります。

征服された土地を再び自分たちのもとに取り戻す、つまり国土を回復するというレコンキスタの理念は、一見すると至極まっとうで正当なもののように見えます。しかし、具体的には、誰が、誰から、何を、取り戻したというのでしょうか。この点を突き詰めて考えていくと、話はなかなか複雑になってきます。南下したキリスト教徒たちは、「再」征服を主張できるほどに、かつてのイベリア半島の正当な所有者であったのでしょうか。また、イスラーム教徒たちは、不当にイベリア半島に住み着いた「再」征服されても仕方のない存在だったのでしょうか。そもそも、イベリア半島は、ある特定の宗教や民族のものでなければならないのでしょうか。

また、我が国ではあまり注意を払われていないことですが、イスラーム教徒にとってのレコンキスタとは、アラブ・イスラーム的なアンダルスが奪われたということでもあります。したがって、この地を「再び」取り戻したいと考えるイスラーム教徒が現在でもいます。しかし、ここでも先に述べた中世のレコンキスタと同じように、いったい、誰が、誰から、取り戻すのかという問題が生じます。

本章では、「再び」取り戻すということにまつわる複雑で厄介な問題を、歴史的に考えていきたいと思います。

一　誰が？——北方キリスト教諸国の人々

まずは、いったい、どのような人々が「再」征服を行ったのかを見てみましょう。

一四九二年にアンダルス最後の拠点グラナダを征服したのは、イベリア半島中部に広がるカスティーリャ王国という国家でした。なお、現在のスペイン国家の直接の起源は、このカスティーリャ王国と地中海沿岸のアラゴン連合王国とが、一五世紀末から一六世紀にかけて徐々に統合を進めていったことにあります。さて、カスティーリャ王国はグラナダ征服に先立つ二世紀半前、一三世紀前半にもセビーリャやコルドバといったイスラーム教徒勢力の主要都市を征服しています。レコンキスタの主役というにふさわしい中世イベリア半島の大国といっていいでしょう。このカスティーリャ王国の淵源をたどっていくと、紆余曲折はあるのですが、最終的には八世紀にイベリア半島北部に成立したアストゥリアス王国という国家に行き着きます。

イベリア半島の北部にはカンタブリア山脈という険しい山岳地帯があります。その北側、山と海に挟まれた一帯がアストゥリアス地方です。アストゥリアス王国はこの地に生まれました。初代国王はペラーヨ(在位七一八—七三七年)という人物ですが、いささか伝説的な存在であまりはっきりし

図 6-1　10 世紀末のイベリア半島

たことはわかりません。彼についての情報の多くは、建国の百数十年後にアストゥリアス王国で編纂された後世の年代記、いわゆる『アルフォンソ三世年代記』に依拠するしかないのです。その年代記によれば、彼はイスラーム教徒到来以前にイベリア半島に君臨していた西ゴート王国の王に仕えていた貴族でした。西ゴート王国がイスラーム教徒の征服により滅亡するとペラーヨはカンタブリアの山岳地帯に移り、そしてその地の住民たちの支持を得て王位につきます。さらに、七二二年

図6-2　13世紀前半のイベリア半島

のコバドンガの戦いでイスラーム教徒軍を破り、アンダルスのイスラーム教徒から自立したアストゥリアス王国の礎を築きました。

この話に従うと、ペラーヨはイスラーム教徒に滅ぼされた西ゴート王国の遺臣だということになります。だとすれば、ペラーヨが失われた王国と国土を取り戻そうとするのは、当然ということになるでしょう。実際、コバドンガの戦いにあたってペラーヨは、神の助力によりヒスパニアの救済とゴート軍の再興が実現されるであろうと演説して、

図 6-3　15 世紀末のイベリア半島

自軍の兵士を鼓舞したといいます。ヒスパニアとはイベリア半島を表すラテン語名で、英語の「スペイン」(スペイン語では「エスパーニャ」)もこの語が語源です。つまり、アストゥリアス王国は、イスラーム教徒によって失われた西ゴートの王権とイベリア半島の国土とをキリスト教信仰により つつ再び取り戻すことを標榜して、建国されたというわけです。

しかし、このようなペラーヨ像を伝える『アルフォンソ三世年代記』は、先にも述べたように同時代史料ではなく、後世の叙述です。そして、この年代記の編纂の背後には、九世紀後半から一〇世紀初めにかけてのアストゥリアス王国宮廷における自意識の変化、すなわち、この頃になって初めて自らこそが西ゴート王国の後継者であることを意識し始めた、ということが想定されています。年代記が伝えるのは、現実のペラーヨとその王国の姿ではなく、後世のアストゥリアス王国が掲げる理念を過去に投影したものにすぎないのです。

また、仮にペラーヨが西ゴート王国の亡命貴族であり、彼個人がイスラーム勢力に奪われた何かを取り戻そうとしていたことを認めるとしても、彼が統治するアストゥリアス地方の住民はまた別です。アストゥリアス王国の領域は、その大部分がカンタブリアの山岳地帯です。この険しい山は、イスラーム教徒の征服を阻む天然の障壁となりました。しかし、それはイスラーム教徒勢力だけでなく、イベリア半島を支配した歴史上のどの勢力にも当てはまることです。一般に山岳地帯は交通が困難で、中央政府の支配が行き通らないことがしばしばあります。イベリア半島においても、事情は同じです。ローマ帝国も西ゴート王国も、カンタブリア山脈やその東に続くピレネー山脈の住民を完全に服従させ統治することはできませんでした。現在、ピレネー山脈西部にはバスク人と呼ばれる民族が暮らしていますが、彼らと似たような言語・文化をもつ人々が、かつてはカンタブリア山脈にも居住していたと考えられています。また、キリスト教の浸透も限定的だったようです。アストゥリアス地方は、イスラーム教徒に征服された半島中南部とは大きく異なる政治的・文化的・宗教的特徴を有する地域なのです。したがって、ここに暮らす多くの人にとってイスラーム教徒との戦いとは、奪われた何かを再び取り戻す「再」征服ではなかったということになります。むしろそれは、自分たちの生活圏を拡大するための運動、「再」という文字のつかない単なる征服と考えたほうがいいように思われます。

一方、地中海に面したイベリア半島東部でもレコンキスタは展開されました。この地域のレコンキスタを推進したのが、アラゴン連合王国です。「連合」とあるように、海岸部のバルセローナ伯が内陸部のアラゴン王位を得たことで一二世紀に成立した国家です。名前はアラゴンですが、この国家の中心は海岸部のカタルーニャ地方、とりわけ大都市バルセローナでした。では、そのバルセローナ伯国はどういった経緯で成立したのでしょう。

発端は、ピレネー山脈の向こう側、現在のフランスからドイツにまたがる広大な地域を支配したフランク王国のカール大帝(シャルルマーニュ)によるイベリア半島遠征でした。カタルーニャ地方は、山で隔絶されたアストゥリアス地方と異なり、いったんはイスラーム教徒によって征服されていました。そのイスラーム教徒勢力からカタルーニャ地方を奪取したのが、フランク王国です。バルセローナは八〇一年にフランク王国に占領され、約九〇年間のイスラーム支配に終止符が打たれました。フランク王国は、新たに占領したこの地域に伯という役人を任命し統治を委ねます。これらの伯はやがて自立化していきますが、そのなかで最も強大だったのがバルセローナ伯でした。このようにバルセローナ伯国は半島外の勢力の侵入を契機として成立したのであり、イベリア半島を「再び」取り戻す主体とは言い難いように思います。実際、バルセローナ伯国やその後継国家アラゴン連合王国では、キリスト教信仰に基づいてイスラーム教徒との戦いを掲げることはありましたが、西ゴート王国とその国土の復興を主張するようなことはありませんでした。

このようなカスティーリャ王国やアラゴン連合王国が、イベリア半島を「再び」取り戻したといえるとすれば、その前提としてイベリア半島は本来ラテン・キリスト教的な土地でなければならない、という観念があるように思われます。それを前提とすれば、両王国は西ゴート王国と同様にラテン・キリスト教的な特徴をもっていますから、イベリア半島をアラブ・イスラーム的なアンダルスという異常な状態から本来あるべき状態に回復したといえるでしょう。そしてそれは、一九世紀以降の近代における国民国家スペインの自己像とも共鳴します。しかし、半島のラテン化もキリスト教化も長い歴史のある段階で生じた現象にすぎません。イベリア半島は本来……な土地ということはできないのです。

もし、イベリア半島を「再び」取り戻す主体となりうる人々がいるとすれば、それは外来のイスラーム教徒征服者の支配下に暮らしていた半島中南部のキリスト教徒先住民たちでしょう。彼らが八世紀半ばに書き残したといわれる著者不明のラテン語年代記が残されています。アンダルス初期の先住民キリスト教徒の生の声を伝える貴重な史料です。この中では、イスラーム教徒の征服によって西ゴート王国が崩壊しヒスパニアが失われたことに対する嘆きが、書き連ねられています。彼らこそが、失われた自分たちの社会を「再び」取り戻すべき人々といえるでしょう。実際、彼ら征服されたキリスト教徒先住民のなかには、後に北方のアストゥリアス王国に亡命して先に述べたような西ゴート王国復興の理念形成に関与した人々もいたようです。しかし、現実には彼ら先住民の多くはアンダルスに残らざるをえませんでした。そしてその末裔は、次節で述べるように、「再」征服する側ではなく、逆にされる側となっていくのです。

二　誰から？——アンダルスの人々

次に、「再」征服された側、すなわちキリスト教徒によってアンダルスを奪われたイスラーム教徒たちについて、見てみましょう。

一四九二年のグラナダ陥落の際、あるいはそれに先立つ一三世紀前半のコルドバ、セビーリャ、バレンシアといったアンダルス主要都市の陥落の際、カスティーリャ王国やアラゴン連合王国に「再」征服されたアンダルス住民の大多数は、イスラームの信仰をもち、アラビア語を話していました。キリスト教徒たちの残した史料を見る限り、彼らが「再」征服した地は全くのアラブ・イスラーム的な社会でした。一方、七一一年のイスラーム教徒の征服の際には、半島住民のほとんどはキリスト教徒で、おそらくはロマンス系の諸言語（ラテン語が口語化・地域化していった言語で現在のスペイン語・ポルトガル語・カタルーニャ語の祖）を話していたと思われます。つまり、八百年弱の間にイベリア半島住民の文化的・宗教的特徴ががらっと変わってしまったということになります。どのようにしてこのような変化が生じたのでしょう。言い換えれば、「再」征服されたアンダルスのアラブ・ムスリム住民はいったい、どこから来たのでしょう。

まず思いつくのは、征服者として半島に侵入してきたイスラーム教徒とその子孫です。たしかに征服活動に従事したイスラーム教徒将兵の多くは、出身地に帰還することなくそのままイベリア半島に入植しました。その多くは、北アフリカのベルベル系、次いでエジプトやシリア等の中東出身の人々です。イスラーム発祥の地はアラビア半島ですが、ここにルーツをもつ人々はごくわずかだったと思われます。七世紀にイスラームが成立すると、まもなくその信徒はアラビア半島から出て、エジプト・シリア・イラク・イランなど古代文明揺籃の地である中東諸地域を征服、さらに東西に征服地を広げていきました。その過程で、徐々に新征服地の住民からもイスラームに改宗して、次の征服活動に参入していく人々が出てきます。エジプトやシリア出身の人々はそうした改宗者のなかでも古参の人々、北アフリカ出身の人々は新参の人々でした。便宜的にアラブ・イスラーム的と呼んでおきますが、必ずしもアラビア半島出身の生粋のアラブ人ということではなくアラビア語などのアラブ文化を身につけている、という程度に考えてください。このようにイスラーム教徒征服者のルーツはさまざまでしたが、いずれにせよ、征服されたイベリア半島の住民から見れば外来のよそ者であることには変わりありません。その点では、「再」征服されてしまっても、文句の言えない人々のように見えます。

ただし、注意しなければならないのは、実際に「再」征服が行われたのは征服から何百年も後だということです。当然、外来の征服者本人はもうこの世にはおらず、世代交代を経て、アンダルスで生まれ育った人たちばかりになっています。彼らにとってイベリア半島は、もはや故郷にほかなりません。先祖代々、コルドバやグラナダで暮らしてきた彼らにとって「再」征服とは、受け入れ難いことだったはずです。もちろん、祖先の行為の責任を子孫が負うという論理はありうるでしょう。たとえば、征服者と先住民の区別が厳然として残り、征服者の子孫が先住民たちを虐げるという構図が継続しているのであれば、やはり「再」征服の対象になりうるのかもしれません。しかし、アンダルス社会の構図は、必ずしもそうではありませんでした。

実は、アンダルスのアラブ・ムスリム住民のうち、外来の征服者の子孫は少数派でした。いくつかのアラビア語年代記史料は、八世紀初頭のムスリム征服軍の兵数についてさまざまな数字を残していますが、数次にわたって到来した彼らの人数を合計しても数万人といったところです。満員の札幌ドームくらいの人数でしょうか。数百万人と考えられている当時のイベリア半島の人口から比べると、圧倒的な少数です。もとより、当時の史料に現れる数字の信憑性はあまり高くありませんし、人口も大ざっぱな推計にすぎません。それにしても、「再」征服時点のアンダルス社会の住民が皆、外来の征服者の子孫と考えるのは無理があると言わざるをえないでしょう。だとすると、アンダルス住民の多くは、実は、八世紀にイスラーム勢力に征服されたキリスト教徒先住民の子孫だということになります。彼らは征服された後、どこかの段階でアラビア語を用いるようになり、イスラームに改宗していったのです。

このような変化は、何百年もかけて徐々に進行していきました。特に、イスラーム勢力の征服から数えて百年あまりが過ぎた九世紀頃が顕著な変化の時代でした。この時代、中東地域では、バグダードに都を置くアッバース朝のもとでアラブ・イスラーム文化の繁栄が見られました。書き言葉としてのアラビア語が洗練されていくに伴い、イスラームの宗教諸学が本格的に書物として書き残されていくようになります。また、非宗教的な学問においても、ギリシア語や他の古代諸語で書かれた書物がアラビア語に翻訳され、古代文明を受け継ぎ、さらに発展させた科学者や哲学者が何人も輩出します。古代からの製法にさらに磨きをかけた透明度の高いガラスや、中国から伝来した紙など、魅力的な物質文化も発展します。いうまでもなく中東地域は古代文明揺籃の地であり、西ヨーロッパやイベリア半島、北アフリカといった西方地域から見れば、はるか昔から魅力的な文物をもたらす地でした。古来、流行の発信源は東にあったわけです。その中東地域で、アラブ・イスラーム的な装いをまとった新たな文化が花開いたのが九世紀です。

当時、アンダルスは政治的にはアッバース朝と敵対する後ウマイヤ朝の支配下にありましたが、文化の伝播にはそうした事情はあまり関係なかったようです。学者や商人たちが東方からもたらした新しい文物にアンダルスの人々も飛びつきました。それは、イスラーム教徒征服者の子孫に限った話ではありません。キリスト教徒先住民たちも、東方文化に魅力を感じていたのです。

この頃、後ウマイヤ朝の都コルドバに暮らしていたアルバルスという名の人物がラテン語で書き残した文献に次のような一節があります。

今日、聖書を学ぶ際に学者がラテン語で書いた書物を参考にするだけの理解力と熱意のある者が、我らの俗人信徒の中に誰かいるでしょうか。熱情をもって福音書記者や預言者や使徒の書物を読む者が、誰かいるでしょうか。ひょっとすると、我らが目にすることができるのは、活気に満ち弁舌さわやかで、しかしその一方で異教徒の学知に通じアラビア語に堪能なキリスト教徒の若者たちが、愚かにもカルデア人たちの書物の池へと走り込んでいく様子だけではないでしょうか。(中略)なんと嘆かわしいことでしょう。キリスト教徒たちは自分たちの法に見向きもせず、自分たち自身の言葉であるラテン語を忘れてしまっているのです。そんな状況ゆえに、同胞に対して心のこもった手紙をきちんと書けるのは、すべてのキリスト教徒のうち千人に一人いるかどうかです。反対に、学識をひけらかしてカルデア人の言葉で華やかに記すことができる者は数え切れないほどです。

ここには、九世紀のコルドバのキリスト教徒、とりわけ若者たちが、伝統的な書き言葉であるラテン語には見向きもせず、新しい言語であるアラビア語で書かれた書物やその文化にすっかり魅了されている様子が生々しく描かれています。「カルデア」というのは、旧約聖書などではバビロニア一帯、つまりバグダードのあるイラクを指して用いられる語です。東方のバグダードで花開いたアラビア語文化が、はるか西方のイベリア半島のキリスト教徒にとっても輝かしい魅力に満ちたものとうつっていたのです。たしかにそれは、「異教徒」すなわちイスラーム教徒の学知でしたし、何よりも百数十年前に自分たちを征服した者たちの文化でしたが、そこは彼らにとって問題ではなかったようです。第二次世界大戦に敗れた日本人がそれでもアメリカ文化に憧れたように、九世紀のイベリア半島のキリスト教徒たちは東方のアラブ文化に引きつけられていったのです。もちろん、当時のキリスト教徒すべてがこうした流行に肯定的だったわけではありません。この文献の著者アルバルスは、明らかにこの現状に憤っています。「最近の若者は自分たちの伝統を大事にしない、けしからん」といった心持ちだったのでしょうか。しかし、ラテン語の伝統に愛着を抱いているアルバルスですら認めざるをえないほどに、当時のコルドバのキリスト教徒の間では急速にアラビア語が普及しつつあったのです。

同じ頃、キリスト教からイスラームへの改宗も進行していきました。その背景はさまざまに考えられます。まずはイスラームへの改宗によって、税負担の軽減や社会的な地位の上昇が見込まれたという点が挙げられます。よく知られているように、イスラーム教徒の征服活動は、キリスト教やユダヤ教といった既存の一神教の信徒に従来の信仰の保持を許すものでしたが、同時に彼らに対するイスラーム教徒の優位を前提とするものでもありました。その一環として、彼らには特別な租税負担が課されました。先住民キリスト教徒にとって、そうした現状を解決しうる一つの方策がイスラームへの改宗でした。非常に世俗的な動機ですが、生身の人間にとっては切実な問題でもあります。また、上で述べたような東方由来の文化への憧れもイスラームへの改宗を促した可能性があります。当時の世相のなかでは、アラビア語や豊かな物質文化と同様に、イスラーム信仰にも東方の

表 6-1　アンダルスにおけるイスラーム知識人の出自（8～10 世紀）

史料	アラブ	ベルベル	マウラー	出自なし	その他	合計
al-Khushanī（d. 971）著	159 人	8 人	46 人	249 人	65 人	527 人
	30%	2%	9%	47%	12%	
Ibn al-Faraḍī（d. 1013）著	520 人	23 人	123 人	850 人	133 人	1,649 人
	32%	1%	7%	52%	8%	

出所）María Isabel Fierro Bello, "Árabes, beréberes, muladíes y mawālī. Algunas reflexiones sobre los datos de los diccionarios biográficos andalusíes," *Estudios Onomástico-Biográficos de al-Andalus* VII, Madrid: CSIC, 1995, pp. 41-54 をもとに作成

輝かしい魅力を見て取った人々がいたと思われます。

こうして、九世紀頃を境にして、先住民出自ながらもアラビア語とイスラーム信仰を身につけた新世代が増えていきます。そして彼らはアンダルス社会の欠かすことのできない一員になっていくのです。そのことを示すのが、当時のイスラーム知識人の出自に関する表6–1です。イスラーム世界には、大量の知識人の伝記情報をまとめた人名辞典ともいうべきジャンルの著作が数多く編纂されています。そのうち一〇世紀に編纂された人名辞典を情報源として初期アンダルスの知識人の出自をまとめた研究から作成したのが表6–1です。アラビア語の人名表記は、姓・名から成る日本の人名表記とは大きく異なっています。姓の代わりに系譜を重視するもので、本人の名前、父親の名前、祖父の名前とどんどん世代をさかのぼって祖先の名前が記されていきます。時には十数世代にまでさかのぼることもあります。これに加えて、出身部族名などが記されることもあります。これらを手がかりにすると、ある程度、出自がわかるというわけです。

この表の中で、アラブはアラビア半島由来の祖先や部族名をもつ場合、ベルベルは北アフリカ由来の場合です。いずれも、イベリア半島

の外にルーツをもつ人々で、当時の知識人の約三分の一を占めていることがわかります。一方、マウラーとは、耳慣れない言葉かもしれませんが、ある個人や部族の従属民となった人々です。たとえば、奴隷身分から解放された後も引き続き旧主人のもとで世話になるような人がこう呼ばれます。アラブの何々部族のマウラーというような言い方をしますが、実際には中東各地やイベリア半島で征服者に従属した先住民出自と考えていいでしょう。全体の一割弱に当たります。そして、最も多いのが出自に関する情報が全く得られない人々で、約半数を占めています。この種の人々の多くは、本人の名前と父親の名前、さかのぼっても、せいぜい祖父の名前までしか記されません。もちろん部族名もありません。つまり特に誇るべきルーツをもたないということです。アラブやベルベルの人々が系譜や部族への帰属意識を強固にもっていることや、エジプト・シリアなど中東出身の人々はアラブのマウラーとして征服者の仲間入りをしたことを考えると、出自不明の人々の大部分はイベリア半島の先住民出自とみなして差し支えないでしょう。

このような先住民出自のイスラーム知識人の例として、ムハンマド・イブン・ハーリド・イブン・マルティニール（七六九年頃―八三九年頃）という人を紹介しましょう。イスラームの二大聖地メッカ・メディナやエジプトに留学し、帰国後はコルドバで警察長官も務めたという、なかなかの大物です。彼の一族にはほかにもイスラーム諸学を修めた知識人がいますので、知識人家系といっていいでしょう。さて、彼の名前の中に現れる「イブン」とは息子という意味なので、この人の名前は「マルティニールの息子ハーリドの息子ムハンマド」ということになります。本人の名前ムハンマドと父親の名前ハーリドはいたって普通のアラビア語の人名ですが、祖父の名前マルティニールは到底アラビア語には見えません。おそらくはラテン語の人名マルティヌス（現代スペイン語風にいえばマルティン）が変化した形でしょう。このマルティニールは、元は奴隷身分でしたが後ウマイヤ朝の初代君主アブドゥッラフマーン一世（在位七五六―七八八年）によって解放されて王家のマウラーとなり、庭師として仕えていたといいます。マルティニールという人名と奴隷身分だったという経歴から考えると、この人は先住民キリスト教徒出身でイスラーム教徒の征服によって戦争捕虜となった人物か、あるいはその子どもだったのだと思われます。マルティニールが改宗していたかはわかりませんが、少なくとも次の世代のハーリドは名前から判断するにイスラーム教徒になっていたでしょう。つまり、八世紀後半の段階では元奴隷の庭師だった先住民の家系が、数十年のうちにアラビア語の名前を名乗るとともにイスラームに改宗し、孫世代には早くもイスラーム学問で名を挙げ要職に就く人物が輩出するに至ったのです。

このマルティニールの一族は、王家とのつながりがあるという点で特殊な例であるのは確かです。マルティニールというアラビア語らしからぬ名前が伝わっているのも王家との縁があればこそでしょう。ですが、表6-1の「出自なし」の人たちのように、マウラーとしてアラブ征服者の庇護を受けていない、そして父親くらいまでしか名前の伝わっていない無名の家系からも、数多くのイスラーム知識人が輩出しています。その割合は約半数に及びます。語るほどの出自をもたない先住民出自の人たちもまた、征服者出自の人たちと並んでアンダルスのイスラーム諸学問を支えていたのです。

先住民出自の人々がアンダルス社会の一員として活躍していたのは、学問の分野ばかりではありません。当時、首都コルドバから離れた地域には地方有力者が勢力を張っていて、王権が強力なときにはおとなしく税を払ったり従軍の義務を果たしたりしていましたが、そうでないときには好き勝手に振る舞ったりしていました。そうした地方有力者家系のなかに、アンダルス東北部、エブロ川中流域のカスィー家という一族がいます。彼らもまた先住民出自でした。カスィーというのは、彼らの祖先で、八世紀初頭のイスラーム教徒の侵入に際して征服者に服属しイスラームに改宗した西ゴート貴族の名です。ラテン語の人名カッシウスが変化した形だと考えられています。おそらく、西ゴート王国時代からこの地域に一定の勢力を張っていて、いち早くイスラームに改宗することで、新時代における生き残りに成功した一族なのでしょう。彼らの勢力は九世紀に最盛期を迎え、アストゥリアス王国の年代記によれば、後ウマイヤ朝、アストゥリアス王国と並ぶ「ヒスパニアにおける第三の王」を自称したといいます。

彼らは、隣接するナバーラ王国とも姻戚関係を築いていました。ナバーラ王国とは、カスィー家の勢威が強まったのとほぼ同時期、九世紀初頭にバスク系のキリスト教徒がエブロ川上流域に築いた王国です。我が国ではあまり知られてはいませんが、一一世紀まではアンダルスと境を接するレコンキスタの立役者の一つでした。ただ、九世紀段階ではカスィー家と同規模の地方勢力と見るべきでしょう。両者は、あるときには姻戚として協力し合って半島中南部の強大な後ウマイヤ朝と対抗する一方、またあるときには地域の主導権をめぐって互いに争い合ったりしていました。いずれも、イスラーム教徒の征服以前からエブロ川流域を共通の活動空間とする先住民出自の家系と考えていいでしょう。そのような似たもの同士の両者が、一方はキリスト教徒であるがゆえに「再」征服する側で、もう一方はイスラーム教徒であるがゆえに「再」征服される側であるという理解は、当時の現実からは乖離しているのではないでしょうか。

当初、彼ら先住民出自の人々は、イスラームに改宗しても、アラビア語を使いこなせるようになっても、征服者出自の人々からアラブ・イスラーム的な社会の新参者として侮りを受けることがありました。この結果生じた両者の感情的対立を背景として、後ウマイヤ朝政権の統治能力が一時的に弱まった九世紀後半には、暴力的な紛争がアンダルス各地で頻発したりもします。しかし、一〇世紀に入ると王権の安定や経済的繁栄もあって社会は安定に向かい、両者の対立は収束していきました。それとともに、出自の違いはこの社会ではあまり意味をもたなくなっていきます。征服者の子孫であろうと、先住民の子孫であろうと、あるいはその両方の血を引いていようと、ひとしくアラブ・イスラーム的な住民から構成されるアンダルス社会が成立したのです。その社会は、たしかに西ゴート期のラテン・キリスト教的な社会とは大きく異なっています。その点では、ラテン・キリスト教的な社会は失われてしまったといっていいでしょう。しかし、その失われた社会は必ず回復されなければならないのでしょうか。アンダルス社会は、外来の征服者とイベリア半島の先住民とが何世代もかけて、時に対立し合いながらも、共に作り上げていった社会です。このような社会に暮らす人々にとっては、自分たちが誰かよその人々によって「再」征服されても仕方のない存在だとは、到底思えなかったに違いありません。

三　「再々」征服？

前節では、八世紀から一〇世紀までの約三百年の間にアンダルス社会がどのように形成されていったのか、そしてそこに暮らす人にとってはアラブ・イスラーム的なこの社会こそが自分たちの故郷であることを見てきました。しかし、彼らの土地は、キリスト教徒勢力の「再」征服によって失われます。では、「再」征服されたアンダルスの人々は、その後どうなったのでしょうか。彼らのことはスペイン関連の書籍でもよほど詳しいものでないと触れられていないので、まずは「再」征服後のアンダルス住民について概観しておきましょう。

キリスト教徒勢力によるアンダルス各地の「再」征服は一一世紀から一五世紀まで数百年かけて進行していきますが、ほとんどの場合、降伏協定が結ばれてイスラーム教徒たちの旧来の信仰生活や社会生活の保持が約束されます。異教徒の支配をきらう人々のなかには、北アフリカやさらに遠く中東方面へと移住する人々もいましたが、おおむね八世紀のイスラーム教徒の征服のときと同じような構図が、立場を変えて出現したといっていいでしょう。一四九二年に行われたイスラーム教徒最後の拠点グラナダの征服の際にも、まずは同じように降伏協定が結ばれました。ところが、一六世紀に入ると旧アンダルスの住民の境遇は一変します。スペイン国内でのイスラーム信仰が禁止され、キリスト教に改宗するか、さもなくば国外に移住するかの二者択一が迫られたのです。国外に知人や縁者がいるなど移住後の生活再建が見込めるような人々はイベリア半島から出ていきましたが、そうでない大多数の人々はキリスト教に改宗して残留することを余儀なくされました。また、イスラーム信仰につながりかねないとしてアラビア語書物の保持が禁止され、時には母語であるアラビア語での会話すら制限を加えられることがありました。スペイン王権は彼ら旧アンダルスの人々に対して同化政策を強いますが、一方でスペイン社会のなかには新参のキリスト教徒である彼らに対する根強い差別感情が残ります。結局、スペイン王権は彼らの同化を断念し、一七世紀初頭に国外への追放を決断します。この追放政策によって故郷を追われ、北アフリカなどに移住した人々は約三〇万人にものぼったと見積もられています。

彼ら、かつてのアンダルスの住民は、当然のことながら失われたアラブ・イスラーム的な故郷への思いを抱き続けます。たとえば、追放政策によってチュニスへ移り住んだ一七世紀前半の人物にイブン・アブドゥッラフィーウという人がいます。彼は移住先のチュニスでイスラームの開祖ムハンマド一族の系譜に関する一書を著すのですが、その後書きで自分自身の生い立ちに触れています。それによれば彼は、イスラーム信仰が禁止された後のスペインにおいていわば隠れイスラーム教徒として父親から育てられたようです。長じて彼はスペイン各地の隠れイスラーム教徒同胞のもとを訪ねて、イスラームの学問修業をします。彼はその様子を以下のように記しています。

私は優れたイスラーム教徒に会うために、イブン・マーリク（一三世紀の文法学者）の町ハエンから、グラナダ、コルドバ、セビーリャ、トレードその他「緑の島」のさまざまな町～至高の神よ、かの地をイスラームのもとに戻し給え（aʿāda-hā Allāh taʿālā lil-Islām）～へと何度も旅をした。

「緑の島」というのは、アンダルスを表すアラビア語の雅称です。そしてアンダルスが誇る著名なアラビア語文法学者の名前や、グラナダ、コルドバといったアンダルスを代表する主要都市の名前を挙げつつ、自分がかつてこの地に存在していたアラブ・イスラーム文化の継承者であることを強調するのです。そして、注目したいのが、失われたアンダルスのさまざまな町の名を列挙した後に付された「至高の神よ、かの地をイスラームのもとに戻し給え」という祈願文です。実は、この祈願文はアンダルスや北アフリカで書かれた前近代のアラビア語文献を読んでいると何度もお目にかかる表現です。文中でコルドバやグラナダとあれば「かの地を戻し給え」、もちろんアンダルスとあっても「かの地を戻し給え」。キリスト教徒によって奪われた地名に言及するときには、必ずといっていいほど、その地が再びイスラームの地に戻って欲しいという願いを記すのです。かつてキリスト教徒がこの地を「再び」取り戻したいと願ったのと同じように、今度はイスラーム教徒がアンダルスを「再び」取り戻したいと願うわけです。いわば「再々」征服の願望です。

もちろん、歴史が示すように「再々」征服が実現したことはありませんでした。しかし、グラナダ陥落後まもない一六世紀から一七世紀の人々にとっては、それは十分ありうる事態とうつっていたようです。当時のスペインは、現在のトルコを中心とするオスマン帝国と地中海世界の覇権をめぐって激しく争っていました。また、すぐ南の現在のモロッコに位置するサアド朝もまた、侮ることのできない存在でした。これら国外のイスラーム教徒国家が、国内に大量に残留する旧アンダルス住民を扇動したり、あるいは北アフリカ各地に散ったアンダルスからの移民を動員したりすれば、それはスペインにとってきわめて危険な事態にほかなりません。現に、一五六八年にグラナダ地方の山岳地帯で旧アンダルス住民が大規模な反乱を起こすと、これを支援するためにアルジェからオスマン帝国の艦隊が派遣されています。このときは、オスマン帝国がチュニスやキプロスの攻略を優先したために本格的な介入に至らず、まもなく反乱は鎮圧されますが、スペイン王権にとっては「再々」征服の脅威を痛感する出来事だったに違いありません。

「再々」征服に介入する可能性があったのはオスマン帝国だけではありませんでした。そのなかには、イスラーム勢力だけではなく、スペインからの独立戦争を戦っていたオランダも含まれます。

一六一三年、モロッコのサアド朝から派遣された外交使節ハジャリーがオランダ総督マウリッツと会見します。そのときの様子をハジャリーは、自らの旅行記の中で次のように記しています。

彼（オランダ総督マウリッツ）は私に言った。「もしも、アンダルスの民の指導者の合意を得て、彼らを乗せる大型船を我らの兵士とともに派遣すれば、スペインを手に入れられるのではないか」

私は言った。「追放先の現住地のスルタンたちの許可がなければ、アンダルスの民にそれは不可能です」

彼は言った。「もしも、マラケシュのスルタン（サアド朝君主）の合意を得て、さらに大君主たるイスラームと信仰の大スルタン（オスマン帝国君主）にも使者を送って、皆でスペインの支配者に対抗する合意がとれれば、勝利を得てあの地を手に入れられるのではないか」

私は彼に言った。「もしも、実現すればとても素晴らしいことですが、実現性は疑わしいように思います。それでも、このような合意ができれば、アンダルスの地を手に入れられるでしょう。神よ、かの地をイスラームのもとに戻し給え（aʿāda-hā Allāh ilā al-Islām）」

この外交使節ハジャリーは、実はスペインで隠れムスリムとして生まれ育った旧アンダルス住民の末裔で、モロッコに亡命してサアド朝に仕えた人物です。この外交交渉のなかでは、オランダ総督マウリッツがスペインに対抗するためにアンダルス系移民やサアド朝を利用しようとしているのに対して、ハジャリーは外交使節らしく終始慎重な態度を崩しません。しかし、最後に彼はアンダルス回復を願う「かの地を戻し給え」という祈願文を口にしています。ハジャリーのような旧アンダルスの住民にとっては、実際に可能かはともかく、やはり「再々」征服は実現させたい念願だったのです。

おわりに

征服と「再」征服、そして実現はしませんでしたが「再々」征服は、どれもはるか昔の出来事です。しかし、二一世紀の現在においてもこの問題は重い意味をもっています。二〇世紀の半ばから後半にかけてスペインを支配したフランコ独裁体制は、カトリック的なスペインの一体性・不可分性を強調しました。そのなかでは、レコンキスタは本来あるべきスペインを回復するための聖なる戦いとされ、歴史教育の教科書もそうしたレコンキスタ理念を称揚します。一九七五年に独裁者フランコが没してスペインの民主化が進むと、このような一方的なレコンキスタ理念は影をひそめますが、全く消え去ったわけではありません。むしろ近年のスペインでは、イスラーム教徒を自分たちとは相容れない不倶戴天の敵とする考え方が先鋭化しているような印象すらあります。

その潮流を残念ながら後押ししているのが、二〇世紀末から世界的に耳目を集めるようになったアル＝カーイダをはじめとするイスラームを標榜する過激派の活動です。彼らは、時に「アンダルス」という地名に言及します。異教徒に蹂躙されたり、その影響で堕落してしまったりしたイスラーム世界を再生するのだというのが彼らの主張ですが、その際、アンダルスもまたイスラーム世界の欠かすことのできない一部として捉えられているのです。そうした文脈のなかでは、「かの地を戻し給え」という例の祈願文も使われます。彼らがしばしば引き起こすテロ事件、そして彼らが抱いているアンダルス回復の望みは、当然、現代スペインに暮らす人々にとって脅威とうつります。実際、二〇〇四年三月一一日には首都マドリードの鉄道で大規模な爆破テロがあり、二百名近い人が亡くなりました。背後関係は不透明なのですが、実行犯たちはアル＝カーイダの考え方に共鳴していたようです。こうした過激派に刺激されるかのように、スペインの人々のなかからも、自分たちはレコンキスタの時代から現在に至るまで常にイスラーム教徒との最前線に立ってきたのだという主張が、目立つようになってきたのです。アンダルス回復を企てる暴力的な試みはもちろん、それに乗じてイスラーム教徒全般への敵意や偏見を煽るような言動もまた、受け入れることができないのは言うまでもありません。

逆に、スペインとイスラームとの間の歴史的な交流や融和を説く主張も、いまだスペインでは大きな力をもっています。むしろ、数としてはこちらのほうが多いかもしれません。ただそのなかには、勢い余って、実は八世紀のイスラームの軍事的征服は存在しなかったのだ、という主張があります。西ゴート期のイベリア半島の先住民が平和的な状況のなかでイスラームに改宗したのがアンダルス社会なのだというわけです。たしかに改宗先住民とその子孫はアンダルス社会の重要な構成要素ですし、こうした主張の背後には、眼前の宗教対立につながりかねない状況をなんとか解決に導きたいという善意の動機もあるのでしょう。しかし、征服の存在を否定するのは、やはり過去を自分たちに都合の良いように歪めて理解する主張と言わざるをえません。

無数の多種多様な事実と向き合ってきた歴史家の立場からすれば、イベリア半島のキリスト教徒とイスラーム教徒とが、宿命の対立関係にあったとも言えませんし、逆に牧歌的な共存関係にあったとも言えません。仲の悪いこともあれば、仲の良いこともあった、としか言えないのです。重要なのは、どういった状況で対立が生じ、どういった状況で対立が解消するのかを一つ一つ解きほぐしていくことで、現状を考えるヒントとすることでしょう。

また、「再び」取り戻すということに立ち返れば、歴史家の立場からは、イベリア半島の本来あるべき姿がキリスト教的であるとも、イスラーム的であるとも言うことはできません。そのどちらも歴史のなかで現実に存在したイベリア半島の姿であり、それは時とともに変化するのです。本来あるべき姿がないのですから、「再び」取り戻すという主張も力を失います。もちろん、七一一年や一四九二年に故郷を奪われた人たちは確かにいます。彼ら当人が「再び」というのはもっともなことでしょう。その子孫たちであっても、祖先の故郷喪失ゆえに現在でも痛みを抱えているのであれば、それは解消されなければなりません。しかし、レコンキスタやアル＝カーイダの試みのように何百年も後の人々が、かすかな過去とのつながりを根拠に「再び」というのは、自分にとって都合の良い過去のみを取り上げて利用しているだけのように思われます。そしてそれは、不毛な「再」の連鎖を生むだけではないでしょうか。

最後に、蛇足ながら、私の個人的な体験を二つお話したいと思います。これをどうお考えになるかは、読者の皆さんに委ねましょう。

かつてのアンダルスの都コルドバには、今でもメスキータという名の後ウマイヤ朝期の八〜一〇世紀に建造された昔のモスク建造物が残っています。もちろん、一三世紀の「再」征服以降はイスラームの礼拝は行われず、現在ではカトリックの教会として用いられています。一六世紀になってから、この教会には、中央部の屋根をぶち破るかのような形で巨大な聖堂が増築されました。今では世界遺産にも指定されているイスラーム建築の傑作を半ば破壊するかのような増築ですので、実にアンバランスで異様なものです。私が初めてこのメスキータを訪れたのは二〇年以上前の大学院生のときでしたが、実際に訪れる前には、その場に立ったらきっと憤りを感じるんだろうなと予想していました。アラビア語を学びアンダルス史を志していた私は、イスラーム期の建築のほうに肩入れしていたのだと思います。ところが、実際にその空間に立ったときに心に浮かんだのは、「この異様な建物も五百年間、ここに建っているんだな」という感想でした。歴史の重みというのでしょうか、五百年間、ここで礼拝を捧げてきたコルドバのキリスト教徒たちの営みは無視できないと感じたのです。実は、メスキータに対しては「再び」ここでイスラームの礼拝をしたいという主張をする人がいます。しかし、歴史の重みを無視していたずらに「再」を唱えることは、やはり不毛な「再」の連鎖につながると思うのです。

もう一つは、やはり二〇年以上前、私がモロッコに留学していたときにモロッコ人の友人から教えてもらった他愛ない小話です。ジブラルタル海峡のアフリカ側にはセウタという港町があります。アフリカ側ですからモロッコとは陸続きですが、実は何百年も前からスペイン領になっています。モロッコ政府からすれば占領地ですので、返還要求をしています。小話というのは、そのセウタの町を、モロッコのとある偉いイスラーム知識人（小話なので、雰囲気を出すために「お坊さん」としておきましょう）が仕事で訪問したところから始まります。セウタを訪れたそのお坊さん、実は相当な「生臭坊主」だったようです。スペイン料理はおいしいし、ワインも絶品だし、町を歩くのは美人ばかりだし、滞在中、実に楽しく過ごしてしまいました。モロッコに戻ってくると、弟子たちから「占領地セウタはどんな様子でしたか」と尋ねられました。するとお坊さんは言いました。「Lā aʿāda-hā Allāh」。つまり例の祈願文なのですが、Lā というアラビア語の否定辞がついています。「神よ、彼の地を戻し給うな」というわけです。

不毛な「再」の連鎖に陥りそうなときは、笑い話に興じながら、「本来、あそこは……で」という堅苦しい主張から距離をとってみるのもいいかもしれません。そうすれば、誰が、誰から、ということも冷静に考え直すことができるのではないでしょうか。それが、今生きている人々にとって最も望ましい解決策に至る道のように思います。

読書案内

阿部俊大『レコンキスタと国家形成――アラゴン連合王国における王権と教会』（九州大学出版会、二〇一六年）

専門的な研究書ですが、地中海沿岸のアラゴン連合王国におけるレコンキスタと、その後に形成された社会を描き出します。

黒田祐我『レコンキスタの実像――中世後期カスティーリャ・グラナダ間における戦争と平和』（刀水書房、二〇一六年）

こちらも専門的な研究書ですが、豊富な実例に基づいてレコンキスタの理念と軍事・政治・社会の実態との関係に迫ります。

芝修身『真説レコンキスタ――〈イスラームvsキリスト教〉史観をこえて』（書肆心水、二〇〇七年）

二〇世紀末以降のレコンキスタ像の転換を十分にふまえたうえで、中世イベリア半島におけるキリスト教徒とイスラーム教徒との関係を生き生きと描きます。

関哲行・立石博高・中塚次郎編『世界歴史大系　スペイン史』全二巻（山川出版社、二〇〇八年）

現時点で最も詳細なスペインの通史です。私が書いた章なので手前味噌ですが、アンダルスに関する記述も豊富です。

立石博高『スペイン歴史散歩――多文化多言語社会の明日に向けて』（行路社、二〇〇四年）

現代スペイン社会と歴史の関係についてわかりやすく語るエッセイ集。レコンキスタそのものを扱うわけではありませんが、スペインの歴史と社会に精通した著者ならではの鋭い視点が光ります。

第七章　〈再〉遊記の大冒険

――あのひとたちはその後……

武田雅哉

一　〈小説〉とは何か？

ちっぽけなはなし〈小説〉

今回の講座では、中国の有名な小説『西遊記』が、不断に再生されていく様子を見ていきたいと思います。今「中国の有名な小説」と、サラリと言ってしまいましたが、そもそも「小説」とはなんなんでしょう？

こんなことを言えば、「今さら何を！」と、椅子を蹴って出ていかれる方もおられるかもしれませんが、冷静になって考えてみてください。みなさんは小説を読んで楽しんでおられると思いますが、一つの作品が単行本まるまる一冊の量である場合には、ふつう、これを「長編小説」と呼んでいるでしょう。また、十巻や、数十巻にも及ぶ大作となると、「大河小説」などという言い方もあります。よく考えてみると、これはなかなかヘンテコなことばだと思いませんか？「小さな説」

と書いて「小説」なのに、どうしてそんなに大きな作品まで「小説」と呼ばれるのでしょう？　それは「大説」ではないのか？

「小説」ということばは、もともと中国人の発明品です。その古い用例として、漢代の文芸について記述した『漢書』の「芸文志《げいもんし》」に、以下のような文言《もんごん》があります。

小説家というものは、おそらく稗官《はいかん》に起源している。街談巷語《がいだんこうご》、道聴塗説《どうちょうとせつ》する者が作ったのであろう。

後半に見える八文字は、中国の文芸の起源を模索するうえで、非常に重要なことばでしょう。「街談巷語《がいだんこうご》」とは、街《まち》でのおしゃべり、巷《ちまた》でのうわさ話のこと、「道聴塗説《どうちょうとせつ》」は、道で聴いた話を、塗《みち》（＝途）で説《はな》すといった意味ですが、どうやら古代中国には、街角で語られる人々のおしゃべりを記録する「稗官《はいかん》」つまり下っぱの役人がいたようです。その目的は、民情の把握であったかもしれません。政府への不平不満を恐れてのことかもしれません。そんな道ばたのおしゃべりというのは、高度に政治的な話ばかりとは限りません。たあいもない、くだらぬ話も、山ほどあったことでしょう。そのなかには、おもしろい話もあったと思われます。たとえば怪談奇談の類いです。そんな、取るに足らない、だけどおもしろい「小さな説《はなし》」、すなわち「小説」を記録し、綴った人々のことを「小説家」といったわけです。ここでいう「小説」も「小説家」も、現代人の使う意味とは、かなり違いますね。

六朝（魏晋南北朝）時代には、「志怪《しかい》小説」や「志人《しじん》小説」というジャンルが生まれました。「志」というのは「しるす」くらいの意味ですから、志怪とは、怪異を記したもので、いわば怪談の類いです。とはいえ、あくまでも事実の記録として綴られているので、それほど紆余曲折に富んではいません。総じて短く、なかには、「どこそこに六本足のブタが生まれた。おわり」といった、あっさりしたものもあります。それだけに、現代人の我々は、かえってゾッとするかもしれません。代表的なものに『捜神記《そうしんき》』などがあります。「志人小説」は、度量の大きい人からけちん坊まで、美男子から女色で身を滅ぼした人まで、良くも悪くも、何かについて極端であった人たちの記録です。代表的なものに『世説新語《せせつしんご》』があります。「志怪」や「志人」のスタイルは、その後も書き続けられ、現代においても踏襲されているといえるでしょう。ただ、やはり「小説」は「小説」であり、長いお話ではありません。

唐代になると、「伝奇《でんき》小説」が盛んに書かれます。「奇を伝える」のですから、おもしろい話であることが第一です。六朝の小説に比べると、ストーリーも起伏に富み、分量も長くなり、「創作」への意識がうかがわれます。芥川龍之介の「杜子春」が基づいた「杜子春伝」も唐代の伝奇です。

語り物の〈小説〉――おもしろければウソでもいい

宋代には、都市の演芸が発展します。北宋の首都である東京《とうけい》（現在の河南省開封）、南宋の首都、臨安《りんあん》（現在の浙江省杭州）などには、盛り場が設けられました。そのような盛り場は〈瓦舎《がしゃ》〉〈瓦子《がし》〉〈勾欄《こうらん》〉などと呼ばれました。南宋・呉自牧の『夢粱録《むりょうろく》』には、これを説明して、次のように書いています。

瓦舎とは、来るときは瓦《かわら》が合うように来て、去るときは瓦がこわれるように去るという意味である。人々が容易に集まり、容易に去っていくのである。いつの頃から始まったかはわからない。近頃の京師《けいし》では、士庶の放蕩不羈《ほうとうふき》の場所、また、子弟の流連破壊《りゅうれんはかい》の門であること甚だしい。（巻19）

このような盛り場には演芸場が設けられ、そこでは多種多様な演芸が披露されました。その重要なジャンルの一つであった語り物演芸は〈説話《シュオホア》〉と呼ばれました。南宋の耐得翁『都城紀勝』は、こんな記録を残しています。

〈説話《シュオホア》〉には四家がある。その一つは〈小説《しょうせつ》〉で、〈銀字児《ぎんじじ》〉ともいう。〈煙粉〉〈霊怪〉〈伝奇〉など。〈説公案〉は、いずれも格闘、チャンバラ、棒術のことを語り、〈説鉄騎児〉は兵馬、戦鼓のことを語る。〈説経〉は仏書を講釈するもの。〈説参請〉は主客、参禅、悟道等のことを説く。〈講史書〉は歴代の史書、興廃争戦のことを語る。彼らは最も〈小説〉人を怖れる。〈小説〉は、一朝一代の物語を、あっというまに言い尽くしてしまうからだろう。

これまでとはまた異なった意味をもつ「小説」が、ここには登場しています。つまり、語り物の一種です。引用した文は、いろいろな解釈がなされているものなのですが、語り物にもいろいろあるなかで、〈講史書〉は、歴史を忠実に語ろうとしたようです。一方、〈小説〉は、おもしろければ、歴史の捏造もよしとしたのでしょう。人というものは、正しい、それゆえに退屈な「歴史」より、ウソでもいいからよりおもしろい物語に魅せられるものです。それゆえ〈講史書〉の語り手は、〈小説〉語りに、客を奪われたのかもしれません。憎むべき商売敵《がたき》を、彼らは「最も恐れ」たのでした。

その頃の記録によれば、三国志の物語を専門に語る人を謂う〈説三分《せつさんぶ》〉ということばが、すでにあったようです。三国志といえば、のちにつくられる小説では、蜀の劉備が善玉で、魏の曹操が悪玉になっていますが、これについては、宋代の詩人である蘇軾《そしょく》（蘇東坡《そとうば》）がその『東坡志林《とうばしりん》』に、おもしろいことを書いています。

ちまたのガキは聞き分けがない。もてあました親は、小銭を与えて寄席に行かせ、講釈を聞かせにやる。三国のお話になり、劉玄徳（劉備）が負けたと聞くや、顔をくしゃくしゃにし、鼻水たらして泣くガキがいる。そして、曹操が負けたと聞くや、おおよろこびで「いいぞ、いいぞ！」と叫ぶのだ。

このような聴衆の反応を見た語り手は、どうするでしょうか？　私などは、その年の講義で、Aというネタを話したら学生の反応が良く、Bというネタは反応がいまいちであったとなると、翌年からは、Aを増やし、Bを減らすという修正をするでしょう。当時の語り手も、同じようなことを考えたのかもしれません。善玉の劉備と悪玉の曹操を、それぞれ強調すれば、ガキとはいえ、神様たるお客様が喜んでくださるのですから、それはおのずと稼《かせ》ぎにも反映するでしょう。

口語体で書かれた長い〈小説〉へ

当時は、語り手のことを〈説話人〉と言いました。彼らは〈雄弁社〉という同業者のギルドをつくっていたようです。語り手が使うテキストを〈話本《わほん》〉と言いました。それを書く専門の人がいて、〈才人〉や〈書会先生〉と呼ばれました。〈話本〉は語り手が使うものですが、そんなテキストを読みたい人々も現れます。やがて、そのような購買層のために、〈話本〉を模した本が売り出されもしました。このあたりを、小説本の萌芽としてもよいかもしれません。わりと短かめのテキストは、やがて尾ひれがついて、だんだん長いものになっていきます。宋から元にかけて、私たちもよく知っている明代の長編小説の萌芽というべき作品が綴られ、印刷され、一部は今でも残っています。次のリストの下にあるのは明代の長編小説のタイトルで、上はその前身となったものです。

『大唐三蔵取経詩話《だいとうさんぞうしゅきょうしわ》』　↓　『西遊記』
『大宋宣和遺事《だいそうせんないじ》』　↓　『水滸伝』
『至治新刊全相平話三国志《しじしんかんぜんそうへいわさんごくし》』　↓　『三国演義』
『新刊全相平話武王伐紂書《しんかんぜんそうへいわぶおうばっちゅうしょ》』　↓　『封神演義』

うしろの二作はやたら長いタイトルですが、その本の「売り」を謳《うた》った宣伝文句とお考えください。「至治《しじ》」は刊行された元朝の年号。「全相《ぜんそう》」というのは全ページ挿絵入りという意味です。「平《へい》話《わ》」とは、講釈師が歴史物語を語る際に「評《ひょう》（＝平）」を入れたことに由来することばで、わかりやすくリライトした、といった意味合いでしょう。

ここに挙げた四つの「小説」は、いずれも邦訳があるので、お読みになった方もあるでしょう。第一回から第百回以上に及ぶ大長編で、そのために「章回小説《しょうかいしょうせつ》」とも呼ばれますが、いずれも白話（話しことばに近い文）を用いているということも特徴の一つです。

『西遊記』ができるまで

さて、『西遊記』ですが、その成立について、ごく簡単に触れておきましょう。ことの発端は、玄奘三蔵《げんじょうさんぞう》のインドへの取経の旅です（六二九―六四五年）。帰国した玄奘の口述をもとに、弟子の弁《べん》機《き》が記録して成ったのが、その旅行記『大唐西域記《だいとうさいいきき》』（六四六年）です。また慧立《えりゅう》らによって『大唐大慈恩寺三蔵法師伝』（六八八年）も書かれました。これらは、現代的には「ノンフィクション」に属するのでしょうが、すでにさまざまな不思議な話が盛り込まれていて、荒唐無稽な『西遊記』世界は、早くもここに種を蒔かれているといえるでしょう。

宋代には、先ほど触れた『大唐三蔵取経詩話』（図7-1）などの語り物のテキストが現れました。これは、現存する最初期の『西遊記』物語ですが、三蔵法師の弟子は、「猴行者《こうぎょうじゃ》」というサルのみです。

元代には、長編の『西遊記』が刊行されていたようですが、まわりの断片的な情報からそのことが知られるだけで、現物は残っていません。ただ、伝えられているあらすじから類推するに、次に紹介する明代の『西遊記』――すなわち、今我々が読むことのできる『西遊記』のストーリーを、ほぼ備えていたもののようです。

そして、明代の万暦年間、現存する最古にして最長の『西遊記』（一五八二年）が刊行されました。さらに清代になると、さまざまなダイジェスト版が刊行されました。最長のヴァージョンの『西遊記』の邦訳は、岩波文庫に収められているものです。訳者は、かつて北海道大学で中国文学を講じておられた中野美代子先生です。そして、清代において最もよく読まれたダイジェスト版の邦訳は、平凡社の中国古典文学大系などに収められているものです。前者が完成するまで、日本人は長いあいだ、後者のダイジェスト版を享受してきたのでした。ストーリーのおおよそは同じなのですが、

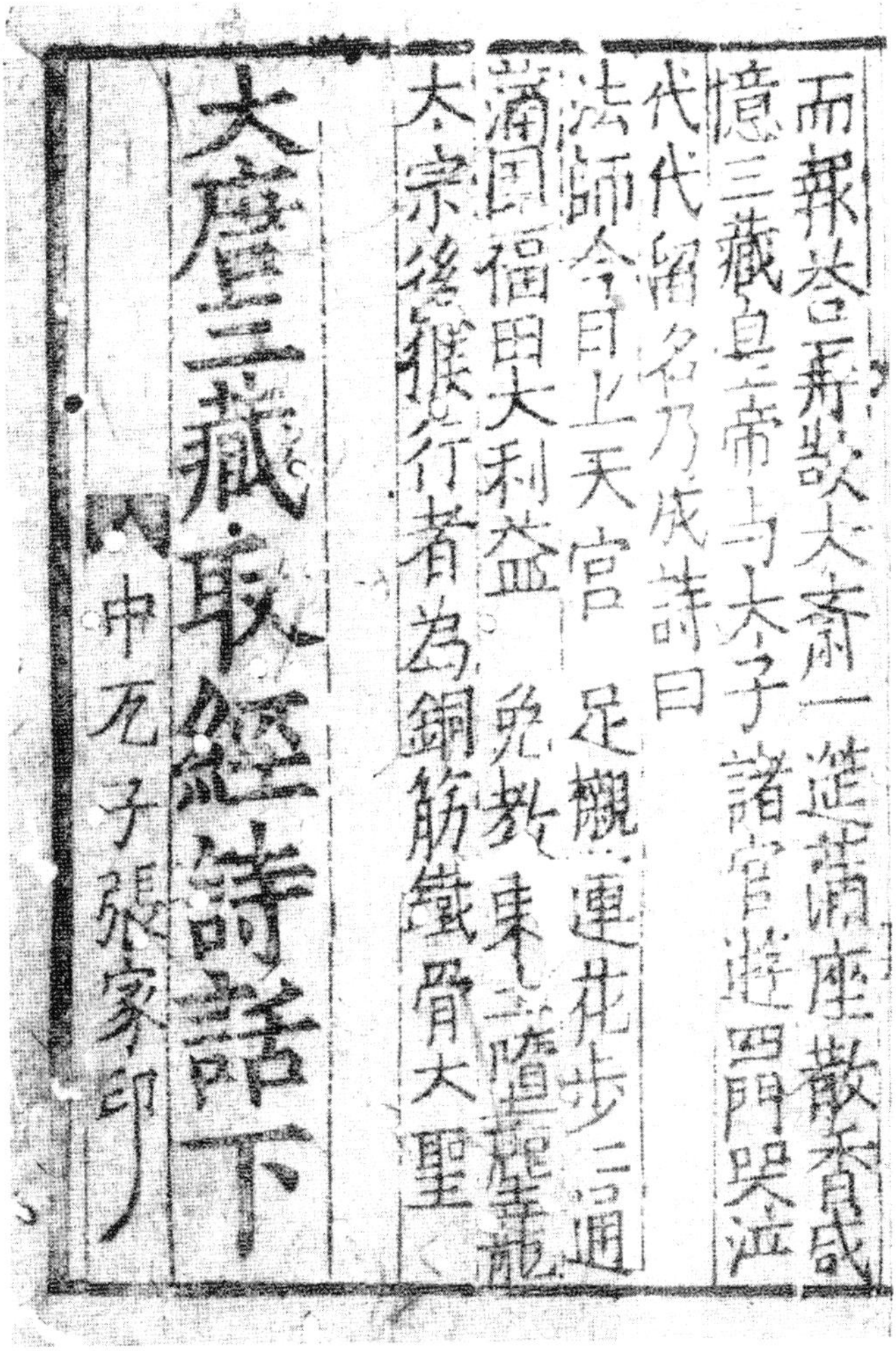

而報答再壽設大齋一遭請座撒香感
憶三藏皇帝与太子諸官遊四門哭泣
代代留名乃成詩曰
法師今日上天宮　足躡蓮花步步通
滿國福田大利益　免教東土墮塵籠
太宗後做行者為銅筋鐵骨大聖

大唐三藏取經詩話下

中瓦子張家印

図 7-1　『大唐三藏取経詩話』より

出所）太田辰夫訳・磯部彰解題『大倉文化財団蔵　宋版　大唐三蔵取経詩話』（汲古書院，1997 年）

猥雑な表現が削除されています。これから『西遊記』を読もうという方には、前者をお勧めします。
以上は今回のお話の前ふりなわけですが、この段階ですでに、「〈再〉遊記」の具体例に入ってしまったようですね。ダイジェスト版をつくるという営為そのものが、物語の再生産にほかならないからです。

二　終わらせたくない症候群

述べて作らず

中国には「述《の》べて作《つく》らず」ということばがあります。『論語』の「述而《じゅつじ》」にあるものです。

子曰《いわ》く、述《の》べて作《つく》らず、信じて古《いにしえ》を好む。竊《ひそ》かに我を老彭《ろうほう》に比す。

「述」というのは、過去の賢者のことばをそのまま祖述することで、「作」とは創作のような意味合いです。先賢を尊敬するのであれば、古人の思想や文章には、勝手に手を加えることなく、そのまま祖述して伝えるべきであるという考えが見えています。
また、何かの拠り所となっている故事などをいう「典故」や、それらの出所となっている「出典」ということばは、日本でもよく使います、中国の伝統的な文学観には、しかるべき「典故」を、新たに、たくみにアレンジするテクニックが重視されるようなところがあります。だから、我々が中国の文学を研究するときに、まず行うべきは「典故調べ」です。詩であろうと小説であろうと、何かしらの典故を踏まえた表現ばかりなので、まずはこれを明らかにしなければ、作品を理解したことにはなりません。先行する作品や表現の、それらへの敬意を伴った〈再〉利用こそが、文学創作の一つの重要な作業だったのです。

ちなみに、今「国書を出典とする新元号」なる漢字二文字の組み合わせがまかり通っていますが、その「出典」が「国書」などではなく中国の古典であることは、すでに多くの識者が主張している通りです。浮かれたムードのなか、それらの声は半ば黙殺されているようですが、考えてみれば、近年の、なりふりかまわず事実をねじまげ、異論を黙殺する風潮が顕著になってきた欺瞞の時代には、まさにピッタリの元号であるといえるのかもしれません。

物語は終わらせない

古典小説について、いまひとつの〈再〉を考えてみたいと思います。それは、たいていの名の知られた明清の白話小説には、必ず続編やサイドストーリーが書かれているということです。中国では、これらを「続書」と呼んでいますが、明清の長編小説の代表作である五作品について、続書のタイトルのみリストアップしてみると、次のようになります。

『三国志演義』
『三国志後伝』『後三国志演義』『後三国石珠演義』『新三国志』『新三国』……
『水滸伝』
『水滸後伝』『後水滸伝』『結水滸全伝』……
『西遊記』
『続西遊記』『後西遊記』『西遊補』『新封神伝』『新西遊記』『也是西遊記』『四大妖精』……
『金瓶梅』
『玉嬌李』『続金瓶梅』『隔簾花影』『三続金瓶梅』『新金瓶梅』……
『紅楼夢』
『後紅楼夢』『綺楼重夢』『紅楼圓夢』『続紅楼夢』『紅楼幻夢』『紅楼夢補』……

このように、中国人は、本来の作品のタイトルに「続」やら「後」やら「新」やらをくっつけて、増殖させていくのが大好きなようです。

『金瓶梅』という作品については、ひとことコメントしておきましょう。なぜなら、『金瓶梅』そのものが、実は『水滸伝』から発生したものだからです。『水滸伝』は英雄豪傑たちの大活躍を男中心に描いたものですが、英雄の一人に、素手で虎退治をしたことで有名な武松《ぶしょう》という男がいます。彼には武大という兄がいました。武大は弟とは似ても似つかない、ちんちくりんの醜男で、蒸し餅を売って生計を立てていましたが、武大のもとにむりやり嫁にやられたのが、女中あがりの潘金蓮という絶世の美女でした。もとより浮気ものの金蓮は、兄を訪ねてきた武松を見て色目を使いますが、全く相手にされず、逆ギレしてしまいます。やがて彼女に目をつけた薬屋の西門慶と浮気をし、あげくの果てには共謀して武大を毒殺し、西門家の女になります。のちにこのことを知った武松は、潘金蓮と西門慶を殺して兄の仇を討ち、その後もいろいろあって、梁山泊に入るわけです。

『金瓶梅』では、こういった武大毒殺のエピソードが、ほぼそのままの文章で書かれているのですが、ある時点から『水滸伝』とは袂《たもと》を分かち、いまひとつのパラレルワールドに入っていきます。そちらの世界では、武松は兄の敵討ちに失敗します。西門慶は賄賂と人脈を駆使して裁判官をも味方につけ、とうとう武松を辺境の地に送りこみ、第五夫人となった潘金蓮とともに淫楽を極めた生活をエンジョイするのです。もっとも、小説の最後では、西門慶は病死し、金蓮は、戻ってきた武松に殺されますが、そのあたりは、取ってつけたようなものでしょう。『水滸伝』物語の「歴史」に、「もしも武松が仇討ちに失敗していたら……」という仮定を投げつけ、男中心の世界観から女中心の世界観に転回しつつ、さらにおもしろい人間のリアルを追究することに成功したのが、『金瓶梅』という小説なのでした。

『西遊記』の続書

先ほど列挙した『西遊記』の続書のいくつかを、ざっと見てみることにしましょう。

明代末期から清代初期にかけて書かれたと思われるものに、作者不詳の『続西遊記』があります。これは、天竺で経を授けられた一行が、唐に帰るまでの物語です。三人の弟子たち、特に悟空には、いまだ機心（小賢しい心）が消えていないというので、如来はそれぞれの武器を没収し、帰路につかせるとともに、比丘僧と霊虚子らに命じて、ひそかに守護させるのでした。

やはり明末清初に書かれた作者不詳の『後西遊記』は、まさに『西遊記』の続編となっています。三蔵法師が、せっかく真経を取ってきたものの、唐の憲宗（九世紀）の御代になると、経典の真解、つまり正しい注釈がないために、仏学は乱れ、坊主どもは金銭と名声の亡者となり、人々を騙すようになってしまいました。このことを憂えた如来は、天竺に真解を取りに来るよう、新たなるミッションを企画します。これに参加するのが、半偈《はんげ》という僧侶。その弟子には、孫履真《りしん》（法号は孫小聖）、猪守拙《しゅせつ》（法号は一戒）、沙彌（法号は沙致和）の三人が選ばれます。『西遊記』のネクスト・ジェネレーションの物語です。

清代初期の董説《とうえつ》が書いたと思われる『西遊補』は、『西遊記』の火焔山の事件のあとに挿入されるべきエピソードとして書かれたサイドストーリーですが、孫悟空の心の内面を幻想的に描いた異色作といえるでしょう。

悟空は、その身をさまざまな人物に変えながら、六種類の夢幻境と、過去、現在、未来の三つの世界を経めぐることになります。時空を超えた多元世界は、さながら無数のテレビモニターのような鏡面の中に幻視されるのでした。最後に、すべては鯖魚《せいぎょ》の妖怪に惑わされた幻覚であったと判明します。作者は、「『西遊補』は情の妖怪である。情の妖怪とは鯖魚《チンユイ》の精である」と言っていますが、『西遊記』の冒険のつかのまに、悟空の〈情欲《チンユイ》〉が、彼に幻視させたヴィジョンであったということなのでした。作者の董説は、自らが見た夢の記録を書き綴っていた人ですが、そんな作者ならではの夢文学の傑作といえるでしょう。

清末の新しい〈小説〉

清朝の末期、西暦でいうと二〇世紀の最初の一〇年は、またしても「小説」をめぐる新たな議論が巻きおこった時期です。それは、小説によって民衆を教育しようという、きわめて功利主義的な小説観の台頭でした。この時期には、日本をはじめとする、外国の小説も数多く紹介されました。そんななかで、『西遊記』の設定を借りた小説もたくさん書かれました。いや、『西遊記』だけではありません。名の知られた古典小説であれば、その設定や登場人物をそのまま「現代」――つまり清末期にもってきて、彼らに新たなる物語を体験させるものが、いくつも書かれたのです。

オリジナルのタイトルに「新」の一字をつけていたことから「標新小説」などとも呼ばれている、これらの小説群は、たいしておもしろいものではありませんが、古代の人気キャラクターたちが「現代」にタイムスリップするという設定なので、中国におけるSF小説の萌芽的なものであるといってもいいでしょう。実際、彼らがタイムスリップする時代は、清末だけではなく、当時の人々にとっての「未来」でもありました。

たとえば『新石頭記』という小説があります。『石頭記』というのは『紅楼夢』のことで、その新版ということです。『紅楼夢』の主人公たる賈宝玉《かほうぎょく》は、清末という「現代」にやってきますが、さらには、当時の人々が想い描いた「未来」の理想的な中国に、タイムスリップするのでした。そこでは人力車のかわりに空飛ぶ車がタクシーのように飛び回り、潜水艇が海中を進んでいます。賈宝玉は、これらの科学技術を体験するのでした。

清末の〈再〉遊記

そんな風潮にあって書かれた『西遊記』の続書を、拾い読みしてみましょう。

『新封神伝』(一九〇六年)という短篇があります。『封神伝』というのは明代の小説『封神演義』のことですが、その内容は、清朝末期にやって来た猪八戒が、魯迅に典型的なような当時の知識青年のひそみに倣い、日本の法政大学に留学するといったはなしです。

『新西遊記』(陳景韓、一九〇九年?)では、あの『西遊記』の時代から一三〇〇年後、四人の師弟たちが、再び如来の命を受けて、現在の東土の様子を視察しにいきます。「現代」すなわち清末の上海に行くと、そこはすべてが電化された世界。また、猫も杓子も「規則」を唱えています。悟空は「教師は生徒を殴ってはいけない」という規則があることを知って、これを適用し、三蔵法師に頭の輪っかを締められぬよう画策します。八戒は「生徒はアヘンを吸い、麻雀をやり、芸者遊びをする権利がある」との規則をつくります。果ては三蔵も含めて、みんながアヘン中毒になってしまうという、しようもない展開の小説です。作者は「『西遊記』はすべて虚構だが、『新西遊記』はすべて事実である」と主張しているのですが。

これと同名の『新西遊記』（李小白、一九〇九年）は、八戒が上海とおぼしい近代都市に降臨し、朱蘭という少女に変身して、この時代に誕生した女学校に潜入するなどといったバカばなしです。『也是西遊記』（奚冕周《けいめんしゅう》・陸士諤《りくしがく》、一九一四年？）では、取経のメンバーそれぞれが転生した、小唐僧、小行者、小八戒、小沙僧の四人が、上海での布教の旅に出るというおはなし。小行者は、悟空と鉄《てつ》扇公主《せんこうしゅ》のあいだに生まれたことになっています。原作では、悟空が公主の腹の中に入ってあばれたことがあるのですが、その際に「電子力の作用」によって陰陽の気が結合し、公主を妊娠させてしまったよし。小唐僧は何者かに誘拐されますが、小行者は、菩薩から無線電信機などのハイテク機器を授かって、小唐僧の捜索に奔走するのでした。文中には、「天演淘汰《てんえんとうた》」「優勝劣敗」「専制」「自由」「運動」「連合」「方針」など、新時代の語彙が飛びかっていますが、これは清末小説の特徴の一つであるといえるでしょう。

民国時期に書かれたとおぼしい『四大妖精』は、「孫行者」「猪八戒」「白娘娘」「紅孩児」の四部から構成され、それぞれの神仙譚をコンパクトにリライトしたものですが、「猪八戒」は、原著『西遊記』では詳しくは書かれていなかった、八戒が三蔵法師に弟子入りするまでのエピソードを克明に描いたものです。

天界で罪を得てブタに転生した天蓬元帥《てんぽうげんすい》は、美青年に変身し、ある美しい寡婦と所帯を持って仲良く暮らしていたのですが、一年後、「色欲過度」により女のほうが死んでしまいます。パートナーの死に、八戒はひと月のあいだ泣き暮らしました。やがて彼は、高大公という人の畑仕事を手伝ったことから、大公に気に入られ、その三女翠蘭のもとに婿入りします。

原作では、やがて八戒が妖怪だということが知れると、八戒は娘を軟禁します。とはいえ、娘には指一本触れることなく、女の気持ちが自分のほうに向いてくれるのをひたすら待ち続けるのでした。そんなときに三蔵と悟空が通りかかり、八戒を退治して、仲間に入れることとあいなります。

『四大妖精』のほうでは、婿が妖怪だと知った大公と姉夫婦たちは、財産を少しでも多く手に入れようと、八戒の追い出しにかかります。妻の翠蘭は、あくまでも八戒を信じ、父たちに反抗します。八戒は八戒で、このままでは彼女を苦しめることになると、離婚を提案するのですが、翠蘭はきっぱりこれを拒否。二人はそんな家族たちを避け、山中の洞窟に引っ越してなかよく日を送ります。そこに三蔵たちがやってきて、八戒は弟子入りすることになりますが、取経の旅に出た八戒を見送ってまもなく、翠蘭は夫への思いがつのって病気になり、死んでしまいます。翠蘭の霊魂は八戒の夢に現れ、自らの死を告げます。男泣きに泣いた八戒は、三蔵から「般若心経」を授けられて悟り、妻への未練も断ち切って、改めて西天取経の意志をかためるのでした。

私は八戒が大好きで、人生の師としてお慕い申しあげているのですが、こんなエピソードを書いてくれた人がいたことには、快哉を叫ばざるをえません。

図7-2　アニメーション『鉄扇公主』(1941年)より

アニメと絵本

『西遊記』が、絵本やアニメや映画の、恰好の題材になっていることは、現代も、二〇世紀の前半も変わりません。一九四一年につくられたアジア初の長編アニメーション『鉄扇公主』は、万籟鳴《ばんらいめい》をはじめとする中国アニメーション草創期の万氏三兄弟が監督を務めました。このアニメは、火焔山と牛魔王のエピソードをふくらませたもので、悟空らが、土地の人々と一致団結して牛魔王をやっつけるおはなしです。実はこの牛魔王は、日本という侵略者を投影したものでした（図7-2）。『鉄扇公主』は日本でも好評を得、手塚治虫が激賞したというエピソードは、よく知られています。

張光宇《ちょうこうう》（一九〇〇―一九六八年）が描いたカラー絵本『西遊漫記』は、『西遊記』のメンバーを借りて、当時の世界情勢を諷刺するというテーマのものです。一九四五年に、重慶をはじめ、各地で原画の展覧会

図 7-3　張光宇『西遊漫記』(1945 年)より

出所）張光宇『西遊漫記』(人民美術出版社，1957 年)

が開催されたものの、本として形を成したのは、一九五九年になってからでした。そもそも「第一集」のみで未完成となった作品なので、ストーリーといってもなかなか説明しがたいものがあるのですが、特にファシストたちの姿は、日本をはじめとして、妖怪のように描かれています(図7-3)。

この時代の『西遊記』の特徴の一つは、当時の敵であった「日本」が、妖怪のイメージで造形されていることです。この点だけは忘れてはならないでしょう。

三　社会主義のもとに再生される『西遊記』

一九四九年、中華人民共和国が誕生します。言うまでもなくこれは、中国共産党によって支配される、社会主義を標榜した国家でした。特に建国の初期には、社会主義社会をもろ手をあげて祝福するようなテーマの御用文学が、山ほど書かれていました。そんな世界では、サルやブタがしゃべくる『西遊記』みたいな小説には出る幕などないであろうと思いきや、いやいや、そうでもなかったのです。そのことをお話する前に、ここでまず「孫悟空、三たび白骨精《はっこつせい》を打つ」という『西遊記』の「有名な」エピソードを紹介しておきましょう。

白骨夫人（白骨精）は、三蔵一行が近づいているのを知るや、三蔵の肉を食べるべく、老婆、老人、娘に化け、三度にわたって三蔵に接近し、捕えようとしますが、悟空の目はごまかせません。正体を見破った悟空は、三度ともに人に化けた白骨精を金箍棒《きんこぼう》で叩きつぶしますが、妖怪は人の形の死骸を残して逃げ去ります。妖怪を見抜く力をもたない三蔵は、悟空が罪もない人を三人も殺したと信じて疑わず、怒って悟空を破門してしまいます。悟空は泣く泣く花果山に帰っていきました。悟空の不在をいいことに、妖怪は三蔵を簡単に捕まえてしまいます。困った八戒は花果山に飛び、悟空をたきつけて呼び戻し、最後には白骨精を退治します。三蔵の誤解も解けて、悟空は再び三蔵を守護する旅を続けるのでした。

このエピソードは、おそらく中国人のほとんどが知っているに相違ありません。ところが原作では、「白骨夫人」の物語は、あっけないほど単純で短いものなのです。先のエピソードは、原作の短いエピソードに、ほかのエピソードのモチーフを取り入れながら、演劇、アニメ、連環画（絵物語）、映画などのジャンルで、複雑で長めのストーリーに改編されていったものなのでした。その起源は清代までさかのぼることができるようですが、特に新中国において流行したきっかけは、一九六一年の一〇月、同名の紹劇《しょうげき》（浙江省の紹興に伝わる地方演劇）が、共産党の指導者たちを招いて上演され、好評を得たことによります（図7―4）。当時の中国科学院院長、郭沫若《かくまつじゃく》は、これを観劇して、こんな詩を発表しました。

人妖顛倒是非淆
對敵慈悲對友刁
咒念金箍聞萬遍
精逃白骨累三遭
千刀當剮唐僧肉
一拔何虧大聖毛
教育及時堪讃賞
豬猶智慧勝愚曹

人と妖との分別もなく　是と非とを見あやまる
敵には慈悲を給《たま》わって　友には逆にあだをなす
禁箍《きんこ》の呪文を念じる声　なん万遍と聞いたやら
お陰で妖怪逃げ去って　白骨の災いも三度まで
千《ち》たび刀を振りあげて　唐僧の肉をえぐるべし
それには大聖《たいせい》の毛一本《けいっぽん》　抜く必要もあるまいて
いまときを得た教訓は　賞賛するにあたいせん
八戒ですらその智慧は　愚かな朋輩《やから》に勝るもの

図 7-4 紹劇『孫悟空，三たび白骨精を打つ』(1961年)より

この詩は、芝居に対する純粋に芸術的な感想ではありません。一九六一年当時の政治状況を如実に言い表したものなのです。建国以来「兄貴」のように慕ってきた社会主義国家の先輩たるソビエト連邦と袂を分かち、中国はソ連のことを「修正主義者」と呼んで激しく非難していました。悟空が信頼していた三蔵が、世界を正しく見極める力をもたないがために、悟空と袂を分かつというストーリーにおいては、悟空が中国、唐僧(三蔵法師)がソ連修正主義者——具体的にはフルシチョフ——と

なるわけです。郭沫若は怒りを込め、「唐僧の肉をえぐるべし」と激しく非難しつつ、その術を使うためには、わざわざ斉天大聖《せいてんたいせい》（孫悟空のこと）の「毛《け》」を抜くほどのこともないとしています。これには、大聖人である「毛《もう》」沢東《たくとう》のお手をわずらわせるほどのことでもないでしょう、という裏の意味があるわけです。要するに、帝王に対するおべんちゃらですが、この詩を読んだ毛沢東は、「郭沫若同志に和す」と題する詩をひねり出して返しました。

一従大地起風雷　ひとたび大地に風起《おこ》り　ドンと雷鳴とどろけば
便有精生白骨堆　妖怪この世に現われて　白骨の堆《やま》がここかしこ
僧是愚氓猶可訓　僧は愚かなものなれば　まだしも教え諭《さと》せるが
妖爲鬼蜮必成災　妖は魔物で始末が悪い　かならず人に悪さする
金猴奮起千鈞棒　怒れる金猴《きんこう》千鈞《きん》の棒を　奮い起して打据《うちす》えりゃ
玉宇澄清萬里埃　玉宇《ぎょくう》に積《つも》る万里の埃《ちり》も　払い清めるいきおいか
今日歡呼孫大聖　こんにち誰もが孫大聖　歓声もって呼ばわるは
只緣妖霧又重來　またも我らを襲わんと　迫る妖霧のゆえならん

毛沢東はさらに、「唐僧の肉をえぐる」必要はなく、統一戦線の政策をとればよろしい、とコメントしました。この詩に見える「妖怪」は「アメリカ帝国主義」を指しているでしょう。つまり

「悟空と三蔵は、ともに妖怪と戦うべきなのに、三蔵の愚かさゆえに、悟空を正しく理解できないのだ」というメッセージが込められています。

さらにこの演劇は、当時の中国人民に、ある教訓をもたらすのに最適なものでした。今、内外を問わず、「人」の姿に化けている「妖怪」どもが、たくさん跋扈《ばっこ》している。正義の中国人民は、悟空のような眼力をもって、「人」と「妖怪」とをしっかりと見きわめよう！　というわけです。

〈文化大革命〉と『西遊記』

建国後一七年を経た一九六六年、のちに「十年の動乱」と呼ばれることになる「文化大革命」が発動されます。文化大革命がなんであったのかは、今もってわからないことが多いのですが、この時代には、批判、打倒されるべき人々は〈牛鬼蛇神《ぎゅうきじゃしん》〉と呼ばれました。これは禍々《まがまが》しき悪鬼妖怪のことで、もともと毛沢東が建国初期から使っている語彙ですが、一九六六年五月に『人民日報』社説として発表された陳伯達《ちんはくたつ》の「いっさいの牛鬼蛇神を打ち負かそう」では、「思想文化の陣地に盤踞《ばんきょ》する大量の〈牛鬼蛇神〉を打ち負かそう」「いわゆる資産階級の〈専門家〉〈学者〉〈権威〉〈開祖〉を徹底的に打倒して、彼らの威風を皆無にしよう」「数千年来の、搾取階級が人民に害毒をもたらした、あらゆる旧文化、旧風俗、旧習慣を徹底的に打破しよう」などのスローガンが叫ばれ、文革が始まります。

このポスター（図7-5）は、「劉鄧（劉少奇《りゅうしょうき》と鄧小平《とうしょうへい》）の反動路線を粉みじんに打ち砕こう」（一九

図 7-5　ポスター『劉鄧の反動路線を粉みじんに打ち砕こう』(1967 年)

六七年）と題されたものですが、孫悟空が、その頃批判されていた劉少奇と鄧小平を金箍棒で打ちすえているというデザインです。この時期には、右派、資産階級、地主階級、反動派、走資派、裏切り者、スパイなど、あらゆる「敵」を指す語彙として〈牛鬼蛇神〉が流行語となりました。〈牛鬼蛇神〉をやっつける側は、おのずと孫悟空のような正義感あふれるヒーローとなります。こういう単純化された社会の流れのなかで、またしても「孫悟空が妖怪を叩きつぶす」という、わかりやすい構図が重宝されたのでした。

文革も後半に入った一九七四年には「批林批孔《ひりんひこう》」（林彪《りんぴょう》批判・孔子批判）運動が展開します。その年の児童雑誌『紅小兵（江蘇版）』（総三五期、一九七四年三月）には、南京の小学生からの投稿として「われらは現代の孫悟空になろう」と題する詩が掲載されていますが、それは次のようなものです。

小さな鉛筆、この手に握りゃ、千鈞《きん》の棒を握ったよう。
孫悟空は、妖怪退治、現代の悟空はぼくらがなろう。
妖魔を識別、目玉がキラリ、批林批孔の猛将たらん。
漫画を描いて、文章つづり、林彪孔子を歴史のゴミ箱にかたづけん。

子どもたちは、孫悟空を自任しています。大人たちから、敵は林彪と孔子だと教えられますが、たとえその理由がよくわかっていなくとも、彼らは妖怪なのだと理解すれば、孫悟空はその「千鈞棒」（金箍棒）で、いくら打ち据えてもいいわけです。「漫画」とは、政治諷刺漫画のこと。ちなみに文革当時には、文革の推進や、さまざまな闘争を煽るための新聞、パンフレット、リーフレットの類いが、紅衛兵の手によって大量に印刷されていましたが、それらの中には『千鈞棒』というタイトルのものがいくつもありました。「孫悟空の金箍棒」が、そのまま文革推進のシンボルであったというわけです。

図 7-6　江青（1914-1991 年）

毛沢東が死去し、一九七六年一〇月、文革をリードしてきた、いわゆる「四人組」（江青《こうせい》、張《ちょう》春橋《しゅんきょう》、姚文元《ようぶんげん》、王洪文《おうこうぶん》）が逮捕され、文革は終熄し、華国鋒《かこくほう》体制が始まりました。新体制になるや、中国全土は掌を返したように、四人組批判一色に染まりました。次なる政治の舞台では、妖怪役は四人組にキャスティングされましたが、とりわけ「白骨夫人」は、毛沢東の妻であった江青女史（図7-6）のはまり役となり、彼女を白骨精に見立てた諷刺漫画がたくさん描かれました（図7-7）。文革終了後、あの「孫悟空、三たび白骨精を打つ」が、再びさまざまな形で造形されたのですが、その理由は理解いただけるでしょう。一九七七年に書かれた連環画「孫悟空、三たび白骨精を打つ」には、編者がこんなことを書き添えています。

白骨精は多くのニセものをつくりだし、あの手この手で人の心を迷わせて、食べてしまおうと狙っている。（中略）しかし、ものを見抜く目を持っている孫大聖の前では、白骨精は、その正体を露見させ、徹底的に打ち滅ぼされるという末路が待っていた。「四人組」もまた、いつもこのような方法を弄する白骨精のやからなのであり、マルクス・レーニン主義と毛沢東思想に

（4）叛徒——江青

図 7-7 白骨夫人として戯画化された江青

出所）済南警備区政治部・山東省展覧工作室・山東省五七芸校絵画，山東文芸編輯部・済南部隊装甲兵政治部配詩『砸爛「四人幇」漫画集』（山東人民出版社，1977 年）

よって武装した億万の革命的人民は、こんにちの〝孫大聖〟だ。「四人組」という白骨精どもは、華主席をリーダーとする党中央の指導下にある革命的人民の前で、やはり同様の恥ずべき末路に陥ったのであった。（芸夫改編、鄧柯画「孫悟空三打白骨精」（『連環画報』一九七七年第三期））

一九八五年に作られた長編アニメーション『金猴降妖』（邦題『孫悟空 白骨精の巻』）も、そのような流れで作られたものでした（図7-8）。このアニメの最も切実なテーマは、文革への批判、反省にほかならず、三蔵法師にののしられ、追放され、

図 7-8　アニメーション『金猴降妖』(1985 年)の白骨夫人

それでも最後には再び帰ってきた孫悟空には、文革時期に迫害された知識人の悲哀が影を落としているのです。とはいえ、そんな政治的背景を知らなくても楽しめる作品に作られていたので、日本でも人気を得たようです。

二〇世紀になってから、絶えることのない政治的混乱にあった中国でしたが、それゆえ為政者は「敵」とみなすべきものを「妖怪」になぞらえ、人民はこれを打倒する正義の味方「孫悟空」なのだと教え込んできたのでした。

外は日本侵略者、ソ連修正主義、アメリカ帝国主義、内は劉少奇、鄧小平、林彪、そして四人組、江青……これら孫悟空の金箍棒が叩きつぶしてきた妖怪たちは、『西遊記』の政治的活用の陰に、死屍累々たる光景をさらしているのです。

〈文革〉から〈六四〉へ

筆者は一九八〇年代の初頭、中国にいたことがあります。それは大学の四年生の頃でした。当時、中国の現代文学には全く関心はなかったのですが、少しずつ書かれ始めていたＳＦふうの小説には興味がありました。そうして、何人かの作家や編集者と文通などをしていたのですが、そのなかの一人に、四川大学の考古学者でSF作家の童恩正《どうおんせい》氏がいました。一九八〇年、訪問研究員としてアメリカのロサンゼルスを訪れた童氏は、その体験をもとにして、一九八五年には『西遊新記』という傑作を書きます。

ここは天界。人類がロケットやらスペースシャトルやらを頻繁に飛ばしてくるので、やたら騒がしくなってきたのに辟易した如来仏は、悟空、八戒、悟浄の三人組に下界を偵察してくるようにとのミッションを課します。三人はアメリカ合衆国に降下し、最初は宇宙人にまちがえられるのですが、唐代の中国語を話すことがわかり、彼らも英語を覚えると、それぞれマサチューセッツ州立大学で学びながら、アメリカの社会を見聞するのでした。あれやこれやのエピソードのあと、悟空は理論物理学の研究で、八戒は「アメリカ農業の発展について」という論文で、そして悟浄は「唐僧取経史」と題する論文で、それぞれ博士号を獲得します（図7-9）。

童恩正は、その「後記」で、こんなことを書いています。

これは「ユーモア小説」である。（中略）十年の動乱（文革のこと）このかた、ユーモアの内容は、演芸や芝居の中だけに残留していて、小説にはさほど見られなくなった。（中略）改革を阻害するあらゆる因子、あらゆる官僚主義、旧習への固執、思考停止と無能、視野狭窄、才能への嫉妬などの悪習に対しては、すべてユーモアの形を用いて、暴露と批判をすることができるのだ。

図 7-9　三人なかよく卒業だ。

出所）童恩正『西遊新記』(新蕾出版社，1985 年)

　童恩正は、文革以前に書いた短編ＳＦ『古《こ》峡《きょう》迷《めい》霧《む》』が曲解され、共産党を愚弄とするものとして批判された経験をもっています。そのために、文革中の童氏は、知識人であるとして筆を断たれていました。童氏は、一九八九年の民主化運動を支持。同年六月四日の「天安門事件」ののちは、中国大陸を出てアメリカに渡り、アメリカ各地の大学で教鞭をとりながら、一九九七年四月、コネチカット州のミドルタウンで六一年の生涯を閉じました。

〈再〉遊記は永遠に

図7-10 連環画『孫悟空，重ねて白骨精を打つ』(1990年)より

出所）何厚礎編文，劉世徳・趙錫祥・李秀英絵画『孫悟空重打白骨精』(孫悟空與阿童木叢書3，新世紀出版社，1990年)

『西遊記』という物語は、小説だけでなく、演劇、マンガ、映画、アニメーションなど、ありとあらゆるメディアに移され、その内容を自在に変えながら、時には享受者の好みに合わせて、時には為政者の意図に則して、新たな物語として作りかえられてきました。このような『西遊記』再生産の作業は、これからもとどまることなく続けられることでしょう。

社会主義中国が、人民に「敵」を認識させるうえで便利このうえないエピソードとして利用しきったのが白骨夫人のエピソードでしたが、一九九〇年に刊行された連環画『孫悟空、重ねて白骨精を打つ』では、近未来に復活した白骨精が、先端科学を駆使した秘密兵器で悟空への復讐を画策するというストーリーになっています。この手ごわい相手に対して、日本からも鉄腕アトムが応援に駆けつけるしまつ（図7-10）。また、二〇一六年の香港映画『西遊記之孫悟空三打白骨精』（邦題『西遊記 孫悟空 vs 白骨夫人』）では、鞏俐《コンリー》演じる白骨夫人を悟空たちが救済するという、新たな解釈がなされています。

ひるがえって我が日本を見ても、『西遊記』に構想を得た作品は汗牛《かんぎゅう》充棟《じゅうとう》でしょう。沙悟浄を、我が国の河の妖怪「河童」と解釈しつつ受容してきたり、テレビドラマでは三蔵法師を女優が演じるという伝統をひたすら固持してきた日本ですが、昨今の大学生の大多数が、「沙悟浄は河童である」「三蔵法師は女である」と信じて疑わないという、笑うに笑えない現状も、『西遊記』という魅力的な作品を、アジアの東端に浮かぶ島国なりに再生産してきた営為のたまものなのでしょう。

読書案内

武田雅哉『西遊記――妖怪たちのカーニヴァル』（慶應義塾大学出版会、二〇一九年）

今回のお話は、この本に書いた内容の一部をもとにしています。さらに詳しくは、こちらをお読みください。

『西遊記』全10冊（中野美代子訳、岩波書店（岩波文庫））

いちばん長い『西遊記』の全訳です。ホンモノはこの版でお読みください。

『鏡の国の孫悟空　西遊補』（荒井健・大平桂一訳、東洋文庫、二〇〇二年）

第八章　くりかえす世界の／と物語
――『SSSS.GRIDMAN』から考える

金沢英之

一　『SSSS.GRIDMAN』

『SSSS.GRIDMAN』（ちなみに「SSSS」の部分は発音しません）は、二〇一八年一〇月から一二月にかけて放映された、巨大ヒーローもののアニメーション作品です（図8-1）。『ウルトラマン』等の実写特撮作品で有名な円谷プロダクション（以下、円谷プロ）が監修し、アニメーション制作を、『キルラキル』『リトルウィッチアカデミア』などを手がけたTRIGGERが行うという、一風変わった体制で作られました。というのも、『SSSS.GRIDMAN』は、もともと一九九三年に放映された特撮ヒーロー番組『電光超人グリッドマン』（円谷プロ制作、図8-2）の世界観や設定を再構築して、アニメーションとして生まれ変わらせた作品であったからです。監督を務めたTIRGGERの雨宮哲《あめみやあきら》は、すでに二〇一五年の時点で、「日本アニメ（ーター）見本市」（『新世紀エヴァンゲリオン』『シン・ゴジラ』等の監督として知られる庵野秀明の設立したアニメ制作会社カラーとドワンゴとの共同企画。二〇一四年から二〇一八

図 8-1　『SSSS.GRIDMAN』のヒーロー・グリッドマンと登場人物たち

図8-2　『電光超人グリッドマン』のヒーロー・グリッドマン

年まで、さまざまなアニメ監督によるオリジナルの短編アニメをウェブサイト上で配信した）に参加した際、『電光超人グリッドマン』のテレビ本編終了後の世界を舞台とした新作、『電光超人グリッドマン boys invent great hero』を発表していました。雨宮はそれ以前より『ウルトラマン』シリーズのアニメ化を円谷プロに打診していましたが、ウルトラシリーズは無理だが『電光超人グリッドマン』もしくは『アンドロメロス』（一九八一年より小学館の児童向け雑誌上でグラビア展開され、一九八三年にテレビ放映された円谷プロ制作のヒーロー作品）であれば可能との回答を得て、後の『電光超人グリッドマン　boys invent great hero』や『SSSS.GRIDMAN』の実現に至ったものです（雨宮哲インタビュー『宇宙船』Vol.162、ホビージャパン、二〇一八年）。

『SSSS.GRIDMAN』は、平成の初めに生み出された一九九三年の特撮作品を、平成の終わりの二〇一八年にアニメ作品として蘇らせたという点でも、また、作中で登場人物たちの暮らす世界（「ツツジ台」と呼ばれる街）が、たびたび怪獣の襲来によって破壊されながら、一夜のうちに住民の記憶ごとリセットされ元通りの日常を繰り返すという内容面でも、「再――くりかえす世界」というこの講座のテーマにふさわしい作品でした。ただし、そうした繰り返す世界「の」物語としての側面のほかに、この作品には、繰り返す世界「と」物語との関係について考えさせる要素がちりばめられています。この章のタイトルを「くりかえす世界の／と物語」としたゆえんです。

はじめに断っておきますと、ここでは、いわゆるネタバレを含むような、『SSSS.GRIDMAN』という作品のストーリー本筋の分析の類いは、基本的に行いません（その手のあらすじ紹介や考察の類いは、ウェブ上で多く語られています。『SSSS.GRIDMAN』は、視聴者の考察を惹起するような仕掛けがふんだんにちりばめられた作品であり、放映当初から、ウェブ上ではさまざまな考察が百出しました。優れたものも数多くあります。この章の論考も、そうしたウェブ上の考察に示唆を与えられた部分を含みます）。その代わりに、作中に仕掛けられた「遊び」の部分から見えてくる、物語と世界との関係に注目することで、筆者の専門分野である古典文学の世界に話をつなげ、そこからさらに、現代の私たちとフィクションやファンタジーとの関係について、考えをめぐらせてゆきたいと思います。

二　『電光超人グリッドマン』『トランスフォーマー』『勇者』をつなぐもの

『SSSS.GRIDMAN』の特徴の一つに、画面や登場人物たちのセリフに織り込まれた情報量の膨大さが挙げられます。特に、さまざまな過去の特撮やアニメ作品へのオマージュは、登場人物のセリフや小道具といった明示的なものから、画面の構図や映像の演出のレベルに至るまで、多岐にわたって見出されます。元作品である一九九三年の『電光超人グリッドマン』や、その制作会社である円谷プロの『ウルトラ』シリーズ等については当然ですが、そのほかに目立つのが、制作の主体となるTRIGGERや円谷プロから見れば他社の作品となる、『トランスフォーマー』シリーズおよび『勇者』シリーズという二つのシリーズ作品への参照です。このうち、『トランスフォーマー』シリーズは、車が変形するロボットたちを主役にしたメディアミックス作品で、アメリカの玩具会社ハズブロが制作し、マーベルコミック（一九八四―一九九一年）、ドリームウェーブ（二〇〇二―二〇〇四年）、ＩＤＷパブリッシング（二〇〇五年―）より発行されているコミック作品や、一九八五年以降、日米のアニメ制作会社により断続的に作られ続けているアニメ作品、さらに、二〇〇七年よりパラ

図 8-3 ヒロインに渡されるパスケース

注）留め具のデザインが図 8-4 のマトリクスの形になっている。写真はグッズとして実際に発売されたもの。

マウント映画より配給が開始された実写（CG）映画のシリーズなど、複数の分野にわたる作品群からなっています。また、『勇者』シリーズは、サンライズがアニメーション制作を手掛け、一九九〇年から一九九八年まで放映されたロボットアニメ作品です。

たとえば、これは放映開始直後からウェブ上で指摘され話題になっていたことですが、主要な登場人物たちの服装やイメージカラーのモチーフは、『トランスフォーマー』シリーズのなかでも、アメリカでのみ展開された『シャッタード・グラス』（Shattered Glass）と呼ばれる、本編のパラレルワールドを舞台とした作品群に登場するロボットたちから採られています（版権の都合で画像は挙げませんが、「SSSS.GRIDMAN　シャッタード・グラス」で検索してみればすぐに見つかるはずです）。また、『SSSS.GRIDMAN』には二人のヒロインが登場する

図 8-4　オートボットのリーダー，オプティマス・プライム
注）胸の開いた部分の中にマトリクスが見える。写真は玩具(アクションフィギュア)として発売されたもの。

のですが、片方のヒロインからもう一人のヒロインへと送られるパスケース(図8-3)が、物語展開の鍵となる重要なアイテムとして用いられます。このパスケースの留め具のデザインは、『トランスフォーマー』シリーズで正義のロボット(オートボット)のリーダーに受け継がれる、マトリクスと呼ばれる一種のエンブレム(図8-4)をもとにしたものです。これらは単にデザイン上のモチーフとなっているだけでなく、元ネタを知っていると物語の流れがより深く理解できるような重要な仕掛けにもなっています。

一方、主役のグリッドマンは、異次元からやってきた巨大ヒーローという設定ですが、そのほかにアシストウェポンと呼ばれる戦車や戦闘機状のメカが複数存在し、これらと合体・変形してさまざまな形態になるという、巨大ロボットもの的な要素をもつことが特徴になっています。その合体シーンや、必殺技の決めポーズに、一九九〇年代に人気を博した『勇者』シリーズへのオマージュがこれでもかとばかりにちりばめられていることも、放映当時大きな話題になりました（これも画像は「SSSS.GRIDMAN 勇者」で検索してみてください）。雨宮監督自身、『宇宙船別冊 SSSS.GRIDMAN』（ホビージャパン、二〇一九年）のインタビューで、「結局この作品は、エヴァと勇者シリーズが一緒になったようなアニメなんですね」と語っています。「エヴァ」はいうまでもなく、雨宮監督が TRIGGER 設立以前に所属したアニメ制作会社ガイナックスの代表作、『新世紀エヴァンゲリオン』のことです。

『SSSS.GRIDMAN』の作品中に込められた数多くの過去作品への参照のなかでも、とりわけこの『トランスフォーマー』と『勇者』シリーズという二つの作品への傾倒は際立っています。ではなぜこれらの作品なのでしょうか。『SSSS.GRIDMAN』のもととなった『電光超人グリッドマン』は、実写で制作された変身ヒーロー作品でした。それに対し、『勇者』シリーズはロボット物のアニメーション、『トランスフォーマー』もロボット物ですがこちらはアニメや実写映画、コミック等で展開され、制作も日本とアメリカの両国で行われています。このように、ジャンルも表現手段も制作国もまちまちな三つの作品ですが、実は一つの共通点があります。それは、番組を企画したスポンサーが、いずれも同じ玩具メーカーだということです。

具体的に見ましょう。一九九三年の『電光超人グリッドマン』は、玩具メーカーのタカラ（現タカラトミー）が企画を主導し、制作を円谷プロに依頼するかたちで生み出された作品でした。この手のジャンルの作品には珍しいことではありませんが、まず子ども向けの玩具の企画が先行し、それを売るためのプロモーションとして作品が制作されるという過程を経ているわけです。また、一九八〇年代の半ばに始まった『トランスフォーマー』シリーズは、もともと日本のタカラが販売していた変形ロボットの玩具を、アメリカの玩具メーカーであるハズブロが提携するかたちで海外で売り出したものですが、その際に背景となる設定として作られた物語が、『トランスフォーマー』シリーズの始まりでした。そして、この『トランスフォーマー』のヒットを受けて、同じく乗り物が変形するロボットという設定を用いて日本で新たに制作されたのが一九九〇年代の『勇者』シリーズであり、スポンサーはこれも同じくタカラです（なお、この乗り物が変形するロボットという設定は、二〇一八年から二〇一九年の一年半にわたって放映され、人気を博したテレビアニメ『新幹線変形ロボ　シンカリオン　THE ANIMATION』にも引き継がれています。原作としてクレジットされる「プロジェクトシンカリオン」は、ジェイアール東日本企画・小学館集英社プロダクション・タカラトミーの三者による合同企画です）。『勇者』シリーズに登場するロボットには、一部アメリカでトランスフォーマーの玩具として売り出されたものが流用されているケースもあります。

アニメの『SSSS.GRIDMAN』は、こうした特撮・アニメ作品と玩具との関わりを強く意識して制作されているわけです。この手の作品では、玩具の発売スケジュールが先にあって、物語の内容がそのスケジュールに合わせて展開するというのが約束事としてあるのですが、アニメ『SSSS.

GRIDMAN』の場合、玩具の発売が決まる前から、架空の玩具展開を想定して、それに合わせてストーリーを考えていったというこだわりを、監督自身が語っています（雨宮哲×野中剛対談「新世紀なアシストウェポンができるまで!?」『フィギュア王』No.251、ワールドフォトプレス、二〇一九年）。

三　中世の物語へ

さて、このような『SSSS.GRIDMAN』という作品が示し出しているのは、ある種の物語と経済行為との密接な関わり合いという問題です。もともと、ヒーロー特撮やロボットアニメといったジャンルのテレビ番組は、本編が玩具を売るための長いCMであるといわれます。そうしたかたちの物語と経済行為との構造的な関係は、玩具の販売が巨大な市場となった現代の世界に限られたもののように思われるかもしれません。しかし、実際にはそうではなく、歴史的にも先例のある現象なのです。

このあたりから、話の方向を転じて、古典文学の世界に入ってゆきましょう。

物語というものは、古代の神話に始まって、それぞれの時代に応じたさまざまなかたちで生み出されてきました。なかでも、とりわけ多くの作品が、文学や芸能の分野で生み出され、消費された時代があります。それは、平安時代終わりの院政期から鎌倉、室町・戦国にかけての時代、いわゆる中世と呼ばれる時代です。

我々の生きる現代もまた、あらゆるメディアを通じて、日々新たな物語が生まれ氾濫する時代ですが、中世もそのような時代でした。この時代を代表する文芸のジャンルに御伽草子と呼ばれる短編の物語がありますが(よく知られたものとして、「一寸法師」、「浦島太郎」などが挙げられます)、こうした作品は現在伝わって残っているものだけでも数百種、実際にはこれよりはるかに多くの物語がこの時代に語られていたはずです。ではそうした多くの物語は、どうやって生まれてきたのでしょうか。それを考えるためには、一つさかのぼった古代の状況から見てゆく必要があります。

古代の七世紀後半から八世紀初頭にかけて成立した国家(これを、日本で初めて律令を制定して運営された国家という意味で律令国家と呼びます)では、土地は原則国有とされ、これを人民に貸し与えた見返りに得る税収を経済的基盤としていました。ところが、荘園と呼ばれる私有地の増加により、こうした体制が破綻してしまったことが大きな原因となり、古代の国家が衰退していったことはご存じの通りです。一〇世紀頃にはすでに古代国家の経営破綻は眼に見える状態となって現れてきます。たとえば、九〇二年には最初の荘園整理令が出されますが、これは墾田の私有制を背景にした荘園の増大を食い止めることを目的としたものです。しかし、朝廷の弱体化は明らかであり、九三六年から九四一年にかけて東西で起こった平将門・藤原純友による承平・天慶の乱は、そこへさらなる追い打ちをかけるものでした。七二〇年の『日本書紀』以来続けられてきた公的な国史編纂の事業も、九〇一年の『文徳天皇実録』を最後に、終わりを迎えることになります。

このような状況は、日本各地の寺院や神社にも影響を及ぼしました。一〇世紀に律令国家の経済的破綻が明らかとなると、古代には国家の保護を受けていた大寺院や神社は、自らの存続のために、経済的に自立する必要に直面させられます。そうした状況のなかで、人々の信仰を寺や神社にひきつけ、収益を上げるための勧進活動が、続く一一世紀頃から始まり、一二世紀以降活発化します（中ノ堂一信「中世的「勧進」の形成過程」『中世の権力と民衆』創元社、一九七〇年）。そのとき、寺の本尊とする仏や、神社の祀る神の起こした奇跡を語り、信心・信仰の利益を説く物語が、お布施や賽銭を集め、お札などの物品を購入させることを通じて、寺社の経済を支える収入を得るために大きな役割を果たしたのです（徳田和夫「勧進聖と社寺縁起」『お伽草子研究』三弥井書店、一九八八年）。経済と物語とが密接に結びつく状況がここから生まれてきます。

ここで一つそのような物語の例を見てみましょう。京都の北、鞍馬山の西隣にある貴船神社にまつわる「貴船の本地」と呼ばれる種類の物語のあらすじを紹介します。ここでは現存最古の写本とされる（横山重・松本隆信編『室町時代物語大成』第四巻解説）慶應義塾図書館蔵『貴船の物語』によって見ましょう。

寛平法皇（第五九代宇多天皇。八九七年譲位後法皇となる）の頃の人、本三位の中将さだひらは、法皇の寵愛を受け、都中の女性の中から誰でも気に入った相手を選び取ってよいとの宣旨を賜るが、三年経ってもさだひらの意に適う相手はみつからない。ある日、法王の御前で扇比べの会が行われ、もっとも優れた扇を法皇から下賜されたさだひらは、その扇に描かれた女房の絵姿をひと目見て恋に落ちてしまう。叶わぬ恋にやつれ果てたさだひらが、扇の元の持ち主である叔父の大臣を訪ねると、すぐにさだひらの恋の病を見抜いた叔父は、見ぬ恋、聞く恋、偲ぶ恋、親の許しの無き恋もあるが、絵師の心から生まれた女性が恋しいとは、お前はなんという愚か者よ、と一喝する。とはいえ、甥のため、眉目《みめ》よい女房の話をして、恋路の苦しさを忘れさせてやろうと、叔父の大臣は語り出した。

鞍馬山の毘沙門堂から南へ細い道をたどった先、僧正ヶ谷に大きな池がある。この池の丑寅に岩屋があり、その奥は鬼の国につながっている。鬼国の王を「らんばさうわう」と言い、「十郎ごぜ」「こんつ女」という姉妹の娘を持っている。妹の「こんつ女」は一三歳、唐土にも本朝にも並ぶ者のない美女である。毘沙門天の妹である吉祥天女にも劣らぬ容顔は、この扇の絵女房にはるかに優るものである。

これを聞いたさだひらが、どうすればそのような女性に会うことができるでしょう、と尋ねると、仏神に祈って夢にでも見よとのつれない返事であった。せめて言われたとおり夢にだけでも会いたいとさだひらは祈念したが、いっこうにそのしるしは顕れない。三年の間諸寺社に祈誓を凝らしてまわり、長谷寺観音に七日間の参籠をした満願の夜、暁に童子が現れ、その願いならば鞍馬の毘沙門天に申すべしと告げた。急ぎ鞍馬へ参り、二一日間の参籠の後、毘沙門天の示現を被った。毘沙門天の言うには、この奥に鬼国がある。鬼の背丈は一六丈、八面の顔に一六本の角、眉毛は大とうれん、小とうれんという剣のように鋭い。身のうちより雲霞のごとき気を噴き出し、音声は雷鳴の轟くようだ。その鬼の娘を恋しいと言うのか。さだひら答えて、この絵女房の如くであれば恋しく思います。毘沙門天はこれを聞き、それならば、今その娘は正面の坊に参籠している、扉を開けてこれを取れ、と告げた。驚いたさだひらが正面の坊を開いてみると、まことに天人が天降ったかと思わせる美女が現れた。さだひらはたちまち絵女房のことも忘れ、ここに到った胸の内を娘に明かし、鬼の国までも共に参ろうと決意を述べる。ふたたび生きて帰れるところではありません、と断る娘をかき口説き、ふたりはついに鬼国へ赴くこととなった。

　僧正ヶ谷の岩間を伝い、丑寅の岩屋のうちに入り、日月の光もない暗闇を五〇里ばかりも進んだかと思うほどに、大きな国にたどり着いた。鉄の築地に囲まれた鬼王の城の惣門をくぐり、娘の宮の御所に入った。邸を囲む四方四季の庭の見事さにみとれていると、突然娘の顔色が変わった。物陰に隠れて見れば、雷をひらめかせ地を揺るがして使いの鬼が来たり、大王が姫宮をお召しと知らせる。間もなく参りますと答えて追い返すが、帰り際、人の匂いに気づいた鬼が、日本の凡夫がいるならば、大王に供御として差しだすよう勧める。鞍馬参りから帰ったばかりで、そのような匂いがするのでしょうと取り繕うと、鬼は首をひねりつつ帰って行った。娘が大王のもとへ出向いている間どうすればよいか、とさだひらが問うと、娘の宮は、留守になればたちまち鬼どもが襲いに来るでしょう、もはやなすすべはありません、と涙ながらに答える。さだひらも、恋い焦がれた相手に出会ったとたん、たちまち死に別れねばならない定めを悲しみ泣いた。その時、娘の宮がふと思いつき、取り出した「しゅくわんぢゃう」の杖でさだひらをなでると、たちまち三寸の背丈に縮んだ。これを守り袋に入れて肌身につけ、娘の宮は大王のもとに出向いた。

大王の御前では酒宴の準備が進められており、肴として俎に載せられてきたのは、さだひらの従弟で「花見の少将」と呼ばれる風流者だった。守り袋の口からのぞき見るさだひらの眼前で、少将は嘆き叫びながらなますにされ、大王に喰われてしまった。つづいて大王は娘に向かい、日本から男を連れてきたらしいが、味見をしてやるから差しだせと迫る。娘の宮が顔を赤らめながらもしらを切ると、立腹した大王は、それならば探してやると、娘の髪をつかんで床に引き倒し、懐に手を入れまさぐった。気も失わんばかりの娘を眼前にして、母親の「びらんば女」が大王の腰に取りすがり、この場だけは許してやるよう懇願する。大王もようやく気を取り直し、明日の午の刻まで男と別れを惜しむ猶予を与えてやる、その後は男を差しだすか、さもなくばお前を喰らうか、ふたつにひとつだと宣告した。

娘の宮の御所へ帰り、ふたたび「しゅくわんぢゃう」の杖で元の姿に戻ったさだひらは、自分が命を捨てると申し出るが、娘に、鬼の国は無仏世界ゆえ死後の供養もできません、また鬼である自分が生き残れば、鬼の寿命の四万歳をさだひらは来世で待たねばなりません、と説得され、泣く泣くひとりで京へ帰ることとなる。別れ際、娘は、明日の午の刻に自分が父の手にかかり臨終を迎えたことを知るには、半挿《はんぞう》(水を注ぐ器具)に水を入れて見てください、その水が紅の血に変わるでしょう、と告げ、形見に縹《はなだ》色の帯を半分に切って渡した。

大王はこれを知ると、八人の「らんば」どもに命じて娘を捕らえさせ、十二単を剝ぎ取って、俎《まないた》に載せ切り刻み、一六年のあいだ手を掛け育てただけあって良い味よと笑いながら喰べてしまった。

さだひらは都へ帰還した翌日、娘の言葉どおり半挿に水を入れると、耳に届く悲鳴とともに水は紅の血の色に変わり、娘の死を告げた。これを見たさだひらも涙にむせんだのだった。

この後、鬼の娘はさだひらの従妹に生まれ変わるが、左手を開かぬゆえ蓮台野《れんだいの》(京都の北の葬送地)に捨てられ、娘の宮の後世の弔いに出たさだひらに拾われる。一三年後、亡き娘の宮の面影そっくりに成長した姫君は、自分が娘の宮の生まれ変わりであり、さだひらの供養のおかげで成仏し、梵天、帝釈天の許しを得てさだひらの叔母の胎内に宿ったのだと打ち明ける。そうして一度も開くことのなかった左手の指を開くと、そこには縹の帯の切れはしが握られていた。さだひらは嬉し涙を流しつつも、同族の者と生まれ、ふたたびの契りのかなわぬことを歎いたが、ことの由を聞いた法皇が、過去の形見のある以上は差し支えないとの宣旨を下し、ふたりは晴れて夫婦となった。

これを知った鬼国の大王は、今度はふたりともに餌食にしてやろうと、八人の「らんば」を先立て日本へ渡ろうとした。この時、鞍馬の毘沙門天がこれを察知し、告げを受けた別当から法皇に奏聞された。法皇は、鬼は節分の夜に渡って来るに違いない、七人の博士に僧正ヶ谷の岩屋を塞がせ、三石五斗の豆を煎り鬼の眼を撃てと命じる。また、五節句に様々のものを鬼の身体に見立てて飲み食いすることを始めた。大王もこれを見て恐れをなし、以後日本へ渡る事はなかった。

さだひら、姫君は一二〇年の齢を保ち、姫君は貴船の大明神に、さだひらはまろうど神に示現した。恋する人は仏神の御心にも適わずと言うが、貴船のまろうど神は、恋する者の祈りを聞き届け、一切衆生を導くのである。恋はまことの道のはじめ、恋は人のなすべきわざである。恋ゆえ神と現れた貴船の明神を信ずべし。

この中世の物語を、現代の変身ヒーローやロボットの登場する特撮・アニメ作品と比べてみてください。そうした作品の最大の特徴はなんでしょうか。それは、スポンサーの売る商品そのものが、本編の物語の中に登場する点です。たとえば『仮面ライダー』であれば、スポンサーである玩具メーカーの主力商品は、劇中でヒーローが変身するために用いられるベルトです。このベルトを売るために、ドラマの中で仮面ライダーの変身シーンとその後の活躍が描かれるわけです。ロボットアニメであれば、ロボットのフィギュアやプラモデルを売るために、劇中でのロボットの戦闘描写や合体シーンがあるのです。これを、寺や神社が祀る仏や神自身が、物語の中で活躍する縁起譚と比べてみれば、その類似がよくわかることと思います。『貴船の物語』で、さだひらと鬼の姫の恋物語やその奇跡的な結末が語られるのは、鬼の姫の生まれ変わった貴船の明神、および、さだひらの生まれ変わったまろうど神への信仰へと人々を導き、それによって明神のお札を売ったり、賽銭を得るなどの利益を上げるためです（ついでにお隣の鞍馬寺の毘沙門天の御利益を説く話にもなっていますね）。つまり、中世の縁起譚の類いにおける神や仏は、現代の特撮・アニメ作品におけるヒーローやロボットと同じ位置を占めていることがわかります。ここでは恋の神なので物語はラブストーリー仕立てになっていますが、これが動乱の時代に信仰を集めた軍神の縁起などであれば、それこそ現代のヒーローものも顔負けの戦いが、巨大な鬼や海の向こうから渡ってくる敵などを相手に繰りひろげられることになります。

四　現代の世界と物語

さて、ここまでは『SSSS.GRIDMAN』をきっかけに、現代の物語を取り巻く状況が、中世の物語が置かれていた状況の反復、まさに「くりかえす世界」であったことを見てきたわけですが、ここから先は、反対に中世と現代と、この二つの時代の物語のあり方の違いを見ることで、今、私たちの生きる現代という時代の特質について考えてみたいと思います。

すぐにわかる違いは、何のためにそうした物語が求められていたかということではないでしょうか。中世には、物語を聴き、お布施やお賽銭、守り札の購入などを通じてお金を払っていた人々は、その見返りとして、神仏による病や災厄からの守護、あるいは死後の救いを求めていました。要するに、信仰や宗教活動の一端として物語が存在していたわけです。それに対して、現代の物語にはそうした要素は希薄です。物語が求められる理由は、第一に子どもの娯楽としてです。今では、(筆者のように)年を食った大人までがこうした物語を趣味として楽しんでいて、そこにサブカルチャーと呼ばれる領域も成立するのですが、それがまず子どものためのものとして生まれてきたことは動かせません。

物語に語られるような、空想的で、非現実的な要素、それは近代という時代には、空想と現実の区別がまだ完全にできていない子どもの世界の中でだけ、存在を許されるものとして扱われてきました。しかし、前節に見たように、かつてはそれは社会を構成する人々によって広く受け入れられ、信仰の基盤ともなっていたものでした。それが、子ども向けのもの、悪く言えば子どもだましのものとみなされるに至ったのには、近代の始まりとともに、〈子ども〉という概念に大きな変化が生じたこと、ある意味で我々の考える〈子ども〉というものがそこで誕生したことと関わります。

そのことについて論じたものとして、柄谷行人『日本文学の起源　原本』(講談社文芸文庫、二〇〇九年)第五章「児童の発見」から、いくつかの文章を以下に掲げます。

ヴァン・デン・ベルクは、たとえばパスカルの父親が息子に与えた教育について述べているが、それは今日からみれば驚くべきほどの早期教育である。もっとのちのゲーテも、八歳までにドイツ語、フランス語、ギリシャ語、ラテン語を書くことができた。つまり彼らは「子供として扱われなかった」のである。むろん、彼らは、現在も高名な人々だからといって、とくに例外的だったわけではない。また、それはとくに西欧に特徴的なことでもない。日本でも漢学の早期教育は当然とされており、江戸時代の儒学者のなかには、十代で昌平黌《しょうへいこう》で講義をした者もいる。才能が結果的に問題になるとしても、子供は子供としてでなく小さな大人として教育されたことに変りはない。むろん、そのような教育は、いわば学者の家でだけありえたわけだが、そうでない家庭においても結局同じことがいえる。今日でも歌舞伎役者の家では、子供は早くから役者として育てられている。

彼らがいかに早熟だからといって、たとえばパスカルを「天才」とよぶべきではない。「天才」はロマン派によって考えられた観念であるし、また「天才」はそれ以後にしかあらわれないのである。ルネッサンスの短い期間にフィレンツェに輩出したいわゆる天才たちについて、エリック・ホッファーは、彼らが「職人や工芸家のもとで徒弟時代をすごした」ことを指摘している。つまり、彼らはわれわれが考えるような「児童」の時期をもたなかったし、そのように扱われもしなかったのである。注目すべきことは、そのような天才たちには、たとえのちにそのように彩られるようになったとしても、ロマン派的天才がもったような青年期(youth)、したがって成熟(maturation)の問題がみられないということである。

このことは、青年期の出現が「子供と大人」を分割したということであり、逆にいえばその分割において青年期が不可避的に出現するということでもある。心理学者が「発達」や「成熟」を自明のものとみなすとき、彼らはこの「分割」が歴史的所産であることをみないのだ。子供としての子供はある時期まで存在しなかったし、子供のためにとくにつくられた遊びも文学もありはしなかった。（一六五―一六七頁）

人間社会に一般的にみられる「通過儀礼」（成人式・元服式）は、「成熟」とはまったく異質である。たとえば、われわれは新井白石の自伝『折たく柴の記』に、青春期という問題をみることはできないし、みるべきでもない。通過儀礼において、子供が大人になるのは、いわば仮面をぬぎかえることであって、文化によって異なるが、髪型、服装、名前などを変え、刺青、化粧、割礼《かつれい》などをほどこすのである。しかし、そのような仮面の底に、充実した「自己」がひそんでいるわけではない。

通過儀礼において、子供と大人はまったく区別されている。しかし、それは子供と大人の「分割」とは異質である。べつの観点からみれば、この「分割」は、逆に子供から大人への連続性をもたらすのである。そこには通過儀礼におけるような〝変身〟のかわりに、徐々に発展し成熟して行く「自己」がある。したがって、逆説的だが、子供と大人の「分割」こそが子供と大人の絶対的区別をとりはらうのである。（一七五頁）

くりかえしていえば、昔話は子供のために語られたのではない。《狐や狸の化けた騙《だま》したと

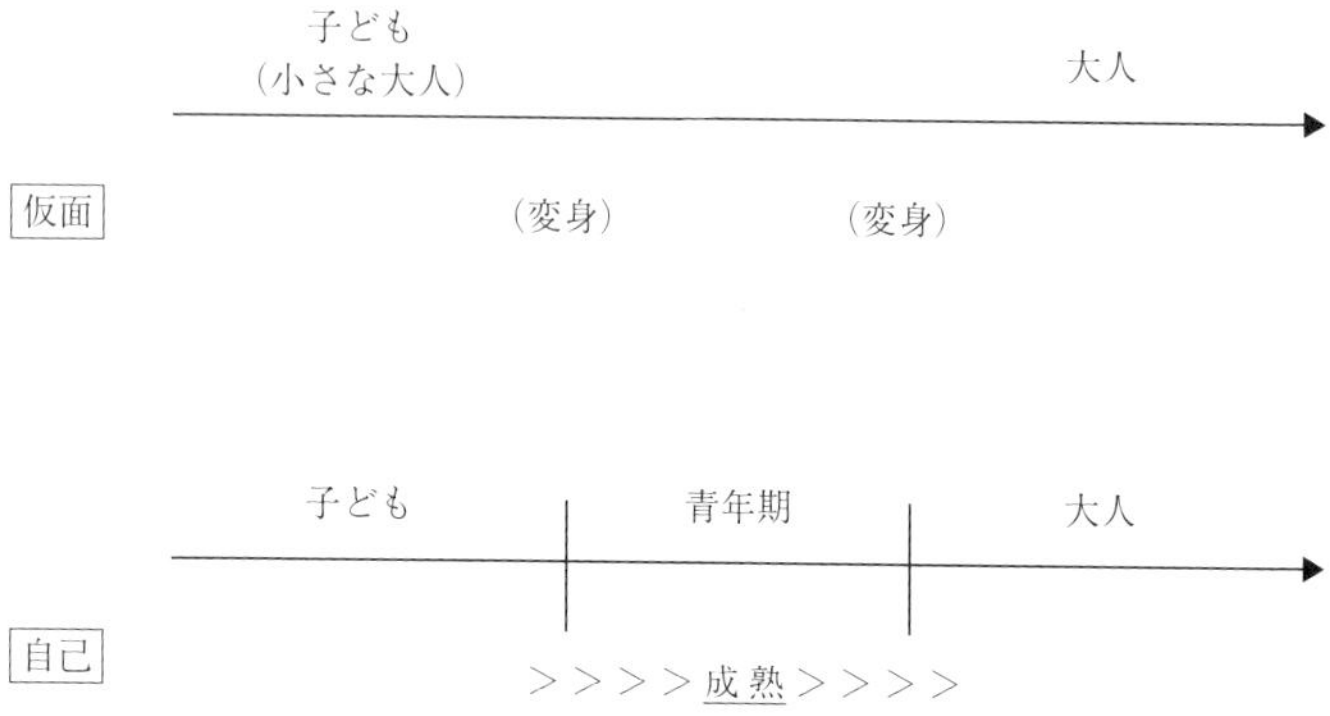

図 8-5　上：近代以前の子どもと大人の関係
下：近代以降の子どもと大人の関係

いふ話の如きは、如何に無頓着な昔の親たちでも、之を最初から子供にして聴かせる話として発明して置かう筈が無い。殊に自分等が早くからさう思つて居たのは、五代昔噺《むかしばなし》の一つとして有名なカチカチ山、婆を汁の実にして爺に食はせるだの、流しの下の骨を見ろだのといふが如き話が、小児の趣味に似つかはしからうなどゝは、誰だつて想像し得ないことである》（柳田国男「昔話覚書」）。
（一七七頁）

図式化して示せばこういうことになります（図8－5）。上段は近代以前の子どもと大人の関係になります。かつては、大人と子どもは連続した内実をもつ一連の存在だった。もちろん、近代以前の社会にも、大人と子どもの区別はあります。成人式・元服といった、子どもから社会的な義務や権利を認められた大人になるための通過儀礼の存在がそのことを示しています。しかしそれは、ひとつながりの存在が、その都度必要に応じて仮面を脱ぎすて新たな仮面をかぶるように、社会的役割を変えてゆくというものだった。それに対して、私たちの生きる近代の社会では、下段に示したように、青年期（成熟・成長の期間）の存在によって、子どもが大人とは異なる未成熟な存在として、大人の世界から分離されてゆく。逆に言えば、子どもではない成熟した自己をもった存在としての大人が、そのとき誕生したということでもあります。

そして、近代という時代は、こうして〈人間〉という全体から分割された〈子ども〉の領域に、空想的なもの、非合理なもの、ファンタジーを閉じこめることで、現実的で、合理的な〈大人〉の世界をつくりあげてきました。それによって、子どもから大人への成熟というテーマが成り立つことにもなったのです。このような変化に伴い、ファンタジーを語る物語の位置づけも変化しました。

これは、筆者が普段専門に研究している古典文学の中の神話についても全く同じことが言えます。かつて、近代以前の社会では、神話は本当に起こったことを語る物語として信じられ、世界のあり方や、世界と人間との関係を説明する真実の話として受けとめられてきました。ところが、現代では、「神話」の語は、客観的な根拠を欠いた作り話というような意味で用いられます。たとえば『日本国語大辞典　第二版』（小学館、二〇〇一年）の「神話」の項を引くと、「①原始人・古代人・未開社会人などによって、口伝や筆記体で伝えられた、多少とも神聖さを帯びた物語で、宇宙の起源、超自然の存在の系譜、民族の太古の歴史物語を含むもの。（中略）たとえば、ギリシア神話や、日本の「古事記」にある神話のたぐい」という説明とともに、「②一般的には絶対的なものと考えられているが、実は根拠のない考え方や事柄」という意味が示されています。実際、現代の人間は、神話をフィクションとして楽しむことはあっても、それを本当にあったことと思って読む人はいないでしょう。それを信じるような人間は、未成熟な〈子ども〉だということになるのでしょう。

けれども、そうした近代的構造そのものが崩れ始めているのが、ポストモダン（ポスト近代）とも呼ばれる今の時代です。本来子どものものであったはずのアニメや特撮といったジャンルに、今や筆者のような大人が惹きつけられていること自体が、その証拠と言えるでしょう。

これからやってくる世界では、おそらく近代的な成熟とは異なる新しいかたちの成熟、というよりも成熟にとってかわるもの、大きくいえば新しい人間像が求められることになるのではないでしょうか。もちろんそれは、単純に近代以前の人間のありように逆戻りするということではありません。これから来る世界の人間像は、近代のそれや近代以前のそれとも一部で重なりつつ、これまでにはなかった課題を抱えたものとなるに違いありません。たとえば先ほど、近代以前の社会では、人は仮面を取り替えるように社会的な役割を変えていったと述べましたが、それは人の一生というタイムスパンで起こる事態でした。しかし、現代の私たちはどうでしょうか。仕事をしているときの自分と、趣味の時間を過ごしているときの自分、それぞれ違う集団の中で違う顔をしていませんか？　あるいは、近年飛躍的に発達し、すでに私たちの現実の重要な一部となったＳＮＳのことを考えてみてください。今や一人の人間が複数のＳＮＳを使い分けるのが当然のようになりましたが、たとえばフェイスブックではオフィシャルな仕事の告知を中心に、ツイッターでは好きなアニメやアイドルの話題を呟くという人はいくらもいるでしょう。それどころか、ツイッター一つとっても、複数のアカウント（いわゆる本アカと裏アカ）を使い分け、それぞれ全く別の顔の自分になることも容易にできます。ＬＩＮＥのトークと電子メールでは、意識せずとも自然に口調も文体も変わってしまうでしょう。そのように、社会的インフラそのものが、私たちをどんどん複数の「私」に分裂させてゆくのが現代の社会の一つの特質です。インスタグラムで「いいね！」を求めて、「映える」写真を投稿する自分と、ツイッターの裏アカで病んだ呟きを毒づく自分と、いったいどちらが本当の「私」でしょうか？　それらさまざまな顔の自分を統一する一つの「私」はあるのでしょうか？そもそも、「私」が一つである必要なんて本当にあるのでしょうか？　日々、当たり前のように仮面をとりかえて〝変身〟し続けるのが、これから来る、あるいはすでに来つつある時代の、物語のヒーローの姿なのかもしれません。

世界は繰り返しながら、同時に変わってゆきます。それは物語だけの問題ではありません。物語がその一部である私たちの社会、あるいは世界の構造そのもの、その中にいる私たちには不変のもののように見えている物事と物事の関係そのものが、常に変わり続けているのです。

そうした変化について、今回きっかけとして取り上げた一つのアニメ作品のように、ほんの些細なしるしを通じて注意深く考えること、それが文学部、あるいは人文学という学問領域の仕事だと考えます。そのためには、たくさんの知識と広い興味関心をもつこと、そして粘り強く考え抜く思考が必要になります。私自身、今はまだ思いついたばかりの今回の話について、これから先も考えを重ねてゆきたいと思います。

読書案内

『宇宙船別冊 SSSS.GRIDMAN』『宇宙船別冊 電光超人グリッドマン』（ホビージャパン、二〇一九）
『てれびくんデラックス愛蔵版 SSSS.GRIDMAN 超全集』（復刻版『電光超人グリッドマン超全集』とのセット。小学館、二〇一九）

まずは映像を見てもらうのが一番なのですが、書籍で振り返りたい場合は、詳しいストーリー紹介とスタッフインタビューの充実した宇宙船別冊をおすすめします。また、貴重な設定資料満載で知られる超全集も必携。

横山重編『室町時代物語集 一～五』（井上書房、一九六二）
横山重・松本隆信編『室町時代物語大成 一～十三・補遺一・二』（角川書店、一九七三～一九八八）
徳田和夫編『お伽草子事典』（東京堂出版、二〇〇二）

中世から伝わったお伽草子の類の大半は、『物語集』『物語大成』に集成されています。その膨大なひろがりを一望するには、梗概や伝本・参考文献などの情報をコンパクトにまとめた『お伽草子事典』が役に立ちます。

金沢英之『義経の冒険』（講談社選書メチエ、二〇一二）

本章で扱ったような中世的な物語のあり方について、よりさまざまな角度から論じています。興味のある方は手に取ってみてください。

柄谷行人『定本 日本近代文学の起源』（岩波現代文庫、二〇〇八）
柄谷行人『日本近代文学の起源 原本』（講談社学芸文庫、二〇〇九）

本章でとりあげた「児童の発見」以外にも、「風景の発見」「内面の発見」等々、思索を誘う刺激に満ちた評論集。本章ではあえて原本版から引用しました。定本版と読みくらべてみて、その理由を考えてみるのも面白いかもしれません。

第九章　階層は再生産されるのか

――調査データから格差社会を考える

平沢和司

はじめに

「格差社会」という言葉から何を思い浮かべますか。東京の湾岸地域に林立するタワーマンションの高層階で優雅に暮らす人たちがいるかと思えば、そのすぐ近くの地下街で大きなカートを押しながら伏し目がちに彷徨うホームレスと思しき高齢女性。いつの世の中でも、リッチな人と貧しい人がいます。これもたしかに格差社会の一側面ですが、本章ではこうしたある一時点での他人どうしの比較ではなく、「親子」に着目して再生産ひいては格差社会について考えてみます。

一　再生産とは

機会の不平等と再生産

冒頭の「格差社会」という用語は、管見の限り二〇〇〇年頃から一般的に用いられるようになったようですが、研究者の間では「社会的不平等」と呼ばれ、長い研究の歴史があります[1]。社会的不平等は結果の不平等と機会の不平等に分けて考えるのが通例です。このうち結果の不平等とは、社会的に望ましいもしくは多くの人が欲するとされる財が人々の間で不平等に分布していることを指します。そうした財として最初に思いつくのはお金でしょうから、個人間あるいは世帯間で(生産や活動の結果として一年間の)所得に差があることが、結果の不平等の一例です。

それに対して機会の不平等とは、社会的に望ましいとされる財を得る機会が個人によって異なることを指します。ここで何をもって「機会」と考えるかが難しいのですが、先の個人の所得の例であれば、なんらかのメカニズムによって、豊かな家庭に育った子どものほうがそうでない子どもに比べて大人になって得られる所得が平均的に高いのであれば、育った家庭の経済的な環境が子どもにとっての機会であり、家族間で機会の不平等が生じていると考えます。このように機会の不平等が世代間で連鎖している状態を、ここでは(富裕や貧困の)「再生産」と呼ぶことにします[2]。それに対してどんな家庭で育っても、高額所得者になるチャンスが等しければ、機会は平等だと判断されます。

人は誰しも親を選べません。本人が選択できない要因によって格差が生じるのは避けるべきだという理念が、機会の不平等を論じる原点となっています。その意味で、どんな家庭に育ったかによって大学進学率が異なることも、機会の不平等の例としてしばしば取り上げられます。この点は再生産と深く関わっていますので、本章の最後で考えることにします。

所得の再生産

それでは実際に所得の再生産は生じているのでしょうか。現在お金持ちの人は、親もお金持ちだったのか、それとも親の経済力は子どもの所得に関係ないのか、早く結論を知りたいところです。しかしこの質問に答えるのは意外と難しいのが現状です。というのも本人の所得は調査によって把握できるのに対して、その親の所得を知るにはさまざまな困難が伴うからです。

まず、必ずしも親と同居しているとは限りません。さらに、たとえば本人（子ども）が四〇歳、親が七五歳で、いずれも昨年の所得がわかっても、再生産の解明にはあまり役に立ちません。なぜならこのままだと働き盛りの本人と年金暮らしの親の所得を比べることになるからです。日本では正規職である男性の所得は年齢によって異なることが知られていますので、親子とも同じ年齢（たとえばそれぞれ四〇歳）の所得を比較すべきです。それを子どもから調べるのは、「（今七五歳の）あなたのお父さんが四〇歳だったときの所得を教えてください」と尋ねることにほかなりません。この質問に正確に答えられる人はまずいないでしょう。

こうした厄介な問題に対処する一つの方法として、親の所得を予測するという試みがなされています。詳しい方法はここでは述べませんが、基本的な考え方は、父親の所得がわかっているあるデータで、父親の属性（年齢・時代・職業・企業規模・役職など）と所得との関連を示す回帰式を求めます。次に本人（子ども）の所得だけがわかっている別のデータで、父親の実際の属性を先の回帰式に代入してその予測所得を求めます。そのうえで子どもの所得と父親の予測所得との相関を算出するというのが一連の手順です。

この方法で吉田（二〇一一：七八頁）は、子どもが一九三六〜七五年生まれの男性の場合、父親の所得との相関（正確には所得弾力性）は〇・三五程度であったと結論づけています。プラスの相関ですので、父親の所得が高い家庭出身の子どものほうがそうでない子どもより所得が高い、要するに親子の所得は関連している、ということになります。もっともこういわれてもその関連の程度が強いのか弱いのか見当がつかないので、海外の報告と比べてみると、アメリカやイギリスの〇・五〜〇・六よりは低いものの、北欧諸国やカナダの〇・二程度に比べれば、日本は高い数値を示しています。

職業への着目

結局、お金持ちの人は親もお金持ちだと断定はできないものの、その傾向がうかがわれるということです。ここから日本でも親子間で経済的な「再生産」が生じていることが示唆されました。とはいえ、先の方法による研究は日本ではきわめて限られているうえに、この数値だけでは、再生産の実態をイメージしにくいのも事実です。さらに個人の社会的な地位は、経済的な側面だけで把握しきれるものではありません。一般的に社会的地位には文化的な側面もあり、これは学歴（大卒か高卒かなど）で測定され、経済的な側面と文化的な側面を総合的に捉えることができるのが職業だと考えられています。こういうと唐突に聞こえるかもしれませんが、我々は初めて会った人について、見た目や年齢のほか「何をしている人か」に興味をもつのではないでしょうか。無意識にその人の職業を気にしているのです。しかも職業（の再生産）に関してであれば、分析方法がほぼ確立していて数多くの研究が蓄積されています。そこで次節では職業に焦点を絞って、親子間で再生産がおきているのかを、実際に社会調査データを分析して確かめてみることにします。

二　分析にはどんなデータと社会調査が必要か

無作為抽出データとは

ただし分析に先立って、適切なデータを社会調査によってどのように入手するかを考えておかなければなりません。先の再生産の定義から考えて、ある個人とその親（あるいは子ども）が、どんな職業についている（いた）かに関して信頼できるデータが必要です。とはいえ、日本に住んでいるすべての親子に関してデータを集めるには相当な手間がかかり、現実的でないことは容易に想像できます。そこで代わりに日本人を代表するような人を何人か選んで、その親か子の職業を尋ねることになります。ただし、高級ブランド店が立ち並ぶ東京銀座の街角で「百人に聞きました」といった突撃インタビューは論外です。銀座に買い物に来る人は経済的に余裕のある人が多いと予想されますし、地方に住んでいる人はそもそも銀座にあまり行かないでしょう。

そこで対象者が母集団から無作為に抽出された社会調査データが必要になります。母集団とは、調べたい人の全体のことです。本章の後段で分析に用いるデータでは全国に住む二〇～六九歳の男女が母集団で、およそ一億人にのぼります。また無作為とは、誰が対象者に選ばれるかの確率がすべての人で等しいことを意味します。基本的には、くじ引きと同じ原理です(3)。こうすれば豊かな人も貧しい人も、また都会に住んでいる人も地方に住んでいる人も選ばれます。選ばれた人々の集合を標本、選ばれた人数を(一般的には標本数と呼びますが正しくは)標本の大きさといいます。標本の大きさは調査によって異なりますが、だいたい一万人程度あれば、母集団の特徴がかなり正確に反映されることがわかっています。こうして標本に選ばれた一万人に対してのみ実際に調査を行います。なお標本を抽出する際には名簿(抽出台帳といいます)が必要です。それには全国規模の調査の場合、市町村が管理している住民基本台帳か、そこから一八歳以上のみを取り出した選挙人名簿が用いられます。

このようにかなり手間をかけて標本を無作為抽出しておくことによって初めて、母集団について正確に推測することができます(図9-1)。もちろん誰が標本に選ばれるかによって数値(たとえば専門職に就いている人の数)は異なりますが、その範囲が確率的に変動することを利用して、標本での結果(数値)が母集団で成り立つかどうか(いくつになるか)を確かめられます。これらが検定や区間推定という作業で総称して統計的推測といいます。

こう聞くとわざわざそんな面倒な調査や推測を改めて行わなくても、欲しいデータがすでに存在

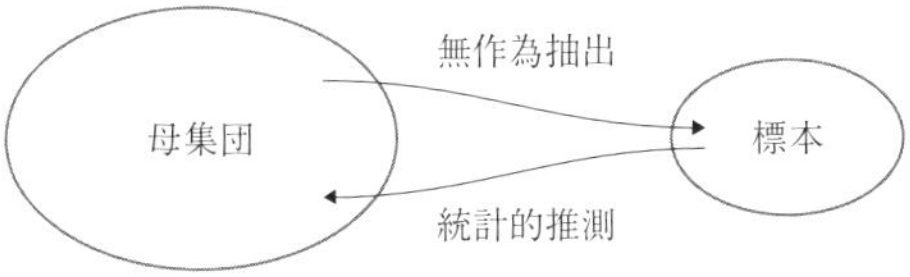

図 9-1　母集団と標本

しているのではないか、と思う人もいるかもしれません。たしかに国は西暦の末尾が〇か五の年の一〇月に、国勢調査という大規模な調査を行っています。これは日本に住んでいるすべての人を対象にしており、対象者の抽出は行われません。それを先の標本調査に対して全数（悉皆）調査といいます。しかしこの全数調査である国勢調査で尋ねられているのは、現在の住まいに住んでいる年数、一緒に住んでいる人の人数などのほか職業については本人だけであって、残念ながら親や子どもの職業はわかりません。

いろいろな社会調査

ここでさまざまな社会調査を目的に即しておおまかに分類すれば、①営利的な目的、②公共的な目的、そして③学術的な目的の調査に分けられます。①営利的な目的の調査としては、たとえば民間企業が新しい商品を売り出す前に、どんな商品をいくらで売り出せば消費者に買ってもらえるかを調べる市場調査（マーケティングリサーチ）があります。②公共的な目的をもつ調査はさらに二分され、一つは新聞社やテレビ局が行う世論調査、もう一つは国や地方自治体が行う統計調査が挙げられます。後者のうち国が定期的に作成する特に重要な基幹統計が、統計法に基づいて五三指定されています[4]。その作成を目的とする調査を基幹統計調査といいます。先に挙げた国勢調査もその一つで、そのほかに非正規雇用者数や失業率を算出する際に用いられる労働力調査や就業構造基本調査などが含まれます。これら三つの調査はどれも調査対象者本人の職業を尋ねていますが、親と子の職業をセットで尋ねた調査は一つもありません。

そこで必要となるのが、③学術的な目的を有する調査です。学術的な調査の究極の目標は、社会についての正確な知識を知ることそれ自体にあると考えられます。とはいえ結果的にその成果が政策に間接的であれ反映されて社会に役立つことを否定するものではもちろんありません。その意味で②の公共的な目的をもつ調査と共通する性格を有しますが、大きな違いは学術調査の実施主体は主に大学の教員から成る研究者集団だという点です。先の国による基幹統計調査については統計法によって、市民は調査に回答(法律上は報告)する義務が課せられています。それに対して、学術調査について回答するかどうかは対象者の自由な意思に任されています。そのため、標本として抽出された対象者すべてから回答を得ることは実際にはできませんが、主旨やプライバシーの保護などについてよく説明して、回収率が少しでも高くなるように努めています。

SSM調査

こうした学術的な目的の調査の内容や規模は多様ですが、再生産を検証できる調査として長い歴史を有し最も規模が大きいのは、「社会階層と社会移動に関する全国調査」(以下、SSM調査という)

です。一九五五年の第一回から二〇一五年の第七回まで、対象者は毎回異なりますが、類似の内容で繰り返し調査がなされています。対象者は第三回までは二〇〜六九歳の男性、第四回から第六回までは二〇〜六九歳の、第七回は二〇〜七九歳の男女です。標本は全国から基本的に層化二段抽出法によって無作為に抽出されています。最新の第七回の有効抽出数は一万五六〇三人、回収数は七八一七人、有効回収率は五〇・一％でした。メインの調査票は、調査員が対象者の自宅を訪ねて調査票に従って回答を書き取る他記式訪問面接法で行われ、さらに第六回以降、一部の質問は、対象者に調査票を渡して記入しておいてもらい、調査員が後日取りにいく留置法が付加されています。

質問内容は多岐にわたるものの、中心は対象者の学歴、職業、収入、および社会に関する意識です。この調査の最大の特徴は、学校を出たあと初めて就いた職業（初職という）から現在の職業（現職）まで対象者の職業が変わるたびにその履歴（職歴）を記録していることと、両親と配偶者の学歴と主な職業も尋ねていることです。一回限りの調査をのぞけば、これほど詳しい調査はほかになく、国際比較を行う際にも活用されるなど貴重なデータとなっています。先の父親の予測所得に関する研究にも、ＳＳＭデータが使われています。この調査の個標データ（回答者ひとりひとりの回答がわかるデータ）が研究者や大学院生に公開されていて、データを管理する機関（データアーカイブといいます）に申請して認められれば自分で自由に分析できます。そこで今回は最新の第七回ＳＳＭデータを用いて再生産について検証してみましょう。(5)

三　世代間移動表を分析してみると

職業と職業階層

調査の方法論について長々と述べていささか遠回りをした感もありますが、もう少し準備作業が必要です。一口に職業といっても、少なくとも五つの側面があることをまず確認しておきます。すなわち「従業先事業の種類」「従業員数」「本人の仕事の内容」「従業上の地位」および「役職名」です。このうち「従業先事業の種類」は、会社の事業内容を示すもので、いわゆる産業分類（製造業・サービス業など）に相当します。会社の規模を表すのが「従業員数」です。その同じ会社のなかに、たとえば人事を担当している人、工場でテレビを組み立てている人、社内を清掃している人などさまざまな人がいます。それらが「本人の仕事の内容」で、職種ともいいます。そして同じ職種でも、経営者・自営業主なのか、あるいは被雇用の正社員なのかパートなのか、を区別するのが「従業上の地位」です。最後に会社のなかでの地位（職階）を表すのが「役職名」（係長・課長など）です。

これら五つの側面のうち「本人の仕事の内容」だけで職業を分類することもありますが、ここではそれに「従業上の地位」と「企業規模」を組み合わせたＳＳＭ総合職業分類を用います。雇う側か雇われる側かは大きな違いですし、日本では給与や福利厚生が大企業と中小企業では異なります

表 9-1　SSM 総合職業分類

SSM 総合職業分類（職業階層）	SSM 職業大分類	従業上の地位	規模（従業員数）
専門	専門		
大企業ホワイトカラー	管理・事務・販売	経営者・役員	官公庁・民間企業 300 人以上
		被雇用者	
中小企業ホワイトカラー	管理・事務・販売	被雇用者	民間企業 300 人未満
自営ホワイトカラー	管理・事務・販売	経営者・役員	民間企業 300 人未満
		自営業主・自由業者・家族従業者	
大企業ブルーカラー	熟練・半熟練・非熟練	被雇用者	官公庁・民間企業 300 人以上
中小企業ホワイトカラー	熟練・半熟練・非熟練	被雇用者	民間企業 300 人未満
自営ブルーカラー	熟練・半熟練・非熟練	自営業主・自由業者・家族従業者	
農業	農業		

注）専門とはたとえば医師・教員・デザイナー・不動産鑑定士など，農業には林業・漁業などを含む。管理とは課長相当職以上，熟練とはたとえば理容師・一般機械組立工など，半熟練とは自動車運転者・金属溶接工など，非熟練とは土工・清掃員など，被雇用者には正社員のほかパートアルバイト・派遣社員などを含む。

出所）平沢和司『格差の社会学入門――学歴と階層から考える』（北海道大学出版会，2014 年）を一部修正

ので、それを加味するほうがよいでしょう。(6) そのうえで全体をいくつに分類するかはいろいろな考え方があるものの、ＳＳＭ総合職業分類では八つに分けられており、(7) それぞれを職業階層といいます。表９－１をご覧ください。これで準備作業は完了です。

世代間移動表から見た再生産

表９－２は、調査対象者本人を二〇一五年に二〇～六九歳の男性に限って、その職業階層と父親の職業階層との関連を示したものです。(8) これを世代間移動表といいます。本人も父親もそれぞれ八つの職業階層に区分されていますので、表全体では

表 9-2　世代間移動表

父親の職業階層(出身階層)	子ども(本人)の職業階層(到達階層)										
	専門	大企業ホワイトカラー	中小企業ホワイトカラー	自営ホワイトカラー	大企業ブルーカラー	中小企業ブルーカラー	自営ブルーカラー	農業	計	%	流出再生産率(%)
専門	① 65	38	14	9	7	14	5	1	② 153	7.2	③ 42.5
大企業ホワイトカラー	85	76	47	14	30	38	11	3	304	14.4	25.0
中小企業ホワイトカラー	36	44	26	15	16	34	6	2	179	8.5	14.5
自営ホワイトカラー	41	37	24	62	16	29	17	3	229	10.8	27.1
大企業ブルーカラー	30	43	21	9	43	29	11	0	186	8.8	23.1
中小企業ブルーカラー	45	56	55	15	72	150	24	11	428	20.2	35.0
自営ブルーカラー	34	36	27	17	32	75	72	6	299	14.1	24.1
農業	④ 18	34	32	12	43	91	39	71	⑤ 340	16.1	20.9
計	354	364	246	153	259	460	185	⑥ 97	2118		
%	⑦ 16.7	17.2	11.6	7.2	12.2	21.7	8.7	4.6		100.0	
流入再生産率(%)	⑧ 18.4	20.9	10.6	40.5	16.6	32.6	38.9	73.2			⑨ 26.7

注）調査対象者本人(子ども)は20〜69歳の男性。子ども(本人)は調査時の職業(学生・無職は含まない)，父親は調査時までの主な職業から職業階層を分類。そのため父親に関しては，調査時に無職，離別，死亡していたケースを含む。

出所）2015年SSM調査データから筆者が作成

六四（＝8×8）のセル（枡目）があります。全体では表の右下に示されているように、二一一八ケース（二一一八組の父と息子）が分析対象とされており、それぞれの親子は六四のセルのどこかに必ず含まれます。たとえば父親が農業階層で本人が専門階層の場合は表中の④のセルに該当し、そうした親子が一八ケースいることが示されています。表9-2の表側を子ども本人の出身階層、表頭を到達階層といいます。

この表から再生産がどの程度生じているかを知ることができます。今、本人と父親の職業階層が同じケースを「再生産」とみなせば、それは表の左上から右下の対角線上の八つのセル（表の網掛け部分）に該当し、合計は五六五ケース（＝65＋76＋…＋71）と算出されます。これが全体二一一八ケースに占める比率を求めれば二六・七％（表中⑨）になります。他方、対角線から外れたケースの合計は一五五三ケース（＝2118－565）で、全体の残り七三・三％を占めています。これを全体移動率といい、本人と父親の職業階層が異なるこれらのケースは「世代間移動をした」と表現します。したがって再生産は「世代間移動をしなかった」ケースということになります。

以上から再生産の比率は二六・七％、ほぼ四人に一人ということがわかりました。これを高いと感じるか低いと感じるかは人によって異なるでしょう。けれども残りの七割強で階層移動が生じていることを勘案すれば、少なくとも社会全体で再生産が起きている、あるいは世間を二世が席巻しているというのは無理があります。

再生産の二つの側面

ただし以上はあくまでも社会全体の結果であって、再生産が特におこりやすい職業階層があるかもしれません。そこで職業階層ごとに再生産率を算出してみます。その過程で再生産率は職業階層ごとに二つあることに気づきます。専門階層を例にとれば、一つは父親が専門階層である子どものうち、子ども本人も専門階層である比率（四一・五％＝65÷153、表中③）で、流出再生産率（非流出率）といいます。もう一つは子ども本人が専門階層のうち、父親も専門階層であった比率（一八・四％＝65÷354、表中⑧）で、こちらは流入再生産率（非流入率）といいます。

どちらの再生産率も分子は同じ（65、表中①）ですが、分母が異なります。言い換えれば、流出再生産率は父親から見て子どもが同じ職業階層であるのに対して、流入再生産率は子どもから見て父親も同じ職業階層であったという違いがあります。前者を職業階層の継承、後者を世襲という場合もありますが、人によっては逆の使い方もありうるでしょう。それでは、どちらが「再生産」のイメージに近いでしょうか。これも人によって意見が分かれると思われます。

重要なことは、再生産率が二つあることを知らないと、どちらをイメージするかで結論が変わってしまうことです。流出再生産率だけを再生産率だと思っている人は、専門階層はその率がほかのどの職業階層よりも高いので、再生産が（相対的に）おこりやすい階層だと判断するはずです。他方、流入再生産率のことだと思っている人は、専門階層はその率がむしろ低いほうなので、再生産はあまりおこっていないと考えるでしょう。

二つの再生産率が極端に異なる階層としては農業階層があり、比較的差が大きい階層として自営ホワイトカラー階層があります。専門階層を含めてこの三つの階層は注意が必要で、第四節で再び論じます。

職業階層の大きさの変化

このようにややこしく、いっけん奇妙なことがおこるのは、父親と子どもの世代で、職業階層の大きさが変化したからです。それが最も顕著なのは農業階層です。父親の世代は三四〇ケース（表中⑤）だったのが、子どもの世代では九七ケース（表中⑥）に激減しています。戦後、第一次産業から第二・第三次産業への転換や、それに伴って地方から都市への人口移動がおこったことを考えれば当然の結果でしょう。逆に専門階層は一五三ケースから三五四ケースに増加しています。他方で、中小企業ブルーカラーのようにあまり変化していない階層もあります。

この職業階層の伸縮という現象のため、先の全体移動率だけでは世代間での階層移動のしやすさを完全には表現できないことが、古くから指摘されています。というのも全体移動率には、世代間で階層の大きさが変化したために、いわば移動せざるをえなかった（構造移動と呼ばれる）ケースが含まれているためです。そこでその分を除去し、純粋に社会全体の開放性（階層移動のしやすさ）を表す指標として循環移動率があります。その求め方はここでは述べませんが、五一・九％と算出されます。

要するに、社会全体での再生産率は二六・七％で、個々の職業階層の大きさが世代間で変化したことを勘案しても社会全体での移動率は五〇％を超えていることから、専門階層など一部を除いて、それほど大規模な再生産がおきているとは、少なくともこのデータからはいえない、というのが第三節での結論になります。

四　なぜ再生産がおきやすい階層があるのか

本人の職業階層に影響する父親の職業階層

先の結論は昨今の日本社会が格差社会だと考えている人にとっては、意外かもしれません。ただし、それでは子ども本人の職業階層は父親の職業階層と無関係に決まっているかといえば、そうではありません。それを理解するために、仮に両者に関連がなかったとすれば、どんな表ができるかを考えてみます。たとえば本人と父親がいずれも専門階層の一番左上のセル①は、何ケースになるでしょうか。答えは二五・六ケースです。なぜなら本人の世代で専門階層が全体に占める比率は一六・七％（表中の⑦）で、それを父親が専門階層である一五三ケース（表中の②）に乗じて求められる値が、関連がないときの期待値だからです。

より一般的にいえば、本人が専門階層である比率が、父親の職業階層が何であっても⑦の比率（一六・七％）で等しいとき、本人と父親の職業階層が無関係（関連がない）と判断されます。しかし現実には表中①は六五ケースもいます。無関係であれば二五・六人だったはずですから、それだけ父親が専門階層だと子どもも専門階層になりやすいということがいえます。逆に父親が農業階層だと子どもが専門階層なのは、五六・八ケースいてもよいところが実際には一八ケースしかいません。この場合は、子どもは専門階層になりにくいということです。こうした検討をすべてのセルについて行ってみると、表全体として父親の職業階層が子どもの職業階層に影響している（無関係ではない）ことが確かめられます。したがって、子どもの育った家庭の経済的な側面のみならず（第一節参照）、職業階層から見ても、冒頭で触れた機会の不平等が生じているということがわかります。

再生産がおきやすい三つの階層

父親の階層が子どもの階層に影響することを相対移動、実際に観察される全体移動率や再生産率を絶対移動として区別するのが、世代間移動研究での定石です。このうち相対移動についてはオッズ比や対数線型分析というやや専門的な方法を用いるのが通例で、しかも本章では絶対移動である再生産率に焦点を絞っていますので、これ以上詳しくは述べません。しかし相対移動の視点から見ても、先に注意を喚起した専門・自営ホワイトカラー・農業という三つの職業階層は、他の階層に比べて、再生産が生じやすいことがわかっています。

問題はなぜそうなるかです。まず農業階層は、親の農業を継ぐ子どもは少ないので流出再生産率は低い（二〇・九％）ですが、農業をしている子どもも世代のほとんどは親も農業をしていたため流入再生産率はきわめて高く(七三・二%)なっています。[9] 近年は規制がしだいに緩和されてきたとはいえ、農地の売買にはさまざまな制約がありますので、農業への新規参入は容易ではなく、農地の買い手も残ったほかの農家が多いようです。そのため結果的に農業階層は世襲や同業者による継承が多くならざるをえないということです。

自営ホワイトカラーというのは実態が見えにくい名称ですが、実際に多い職種は中小企業の経営者・小売店主・飲食店主などです。ここでの経営者はいわゆるオーナー社長であることが多く、小売・飲食店主は文字通り自営業主を指します。会社や商店が、親から子へ継承されるというのが典型的なケースです。農業にとっての農地と同様に、物的あるいは金融資産の直接的な継承が、再生産を生じさせていると考えられます。

専門階層の再生産の背景

これらは比較的イメージしやすいのに対して、わかりにくいのは専門階層の流出再生産率がすべての職業階層で最も高い(四二・五%)ことです。専門職に就くには、多くの場合、大卒でかつ何らかの職業資格を有することが必要条件となっています。この学歴や資格は、先の物的資産のように親から子へ直接譲り渡すことはできません。また金融資産も多いほうが有利でしょうが、(大学へ裏口入学でもしない限り)大卒や専門職という地位を買うことは困難です。それにもかかわらず実際に流出再生産率が高いのはなぜでしょうか。その有力な答えは、子どもの学歴を媒介とした間接

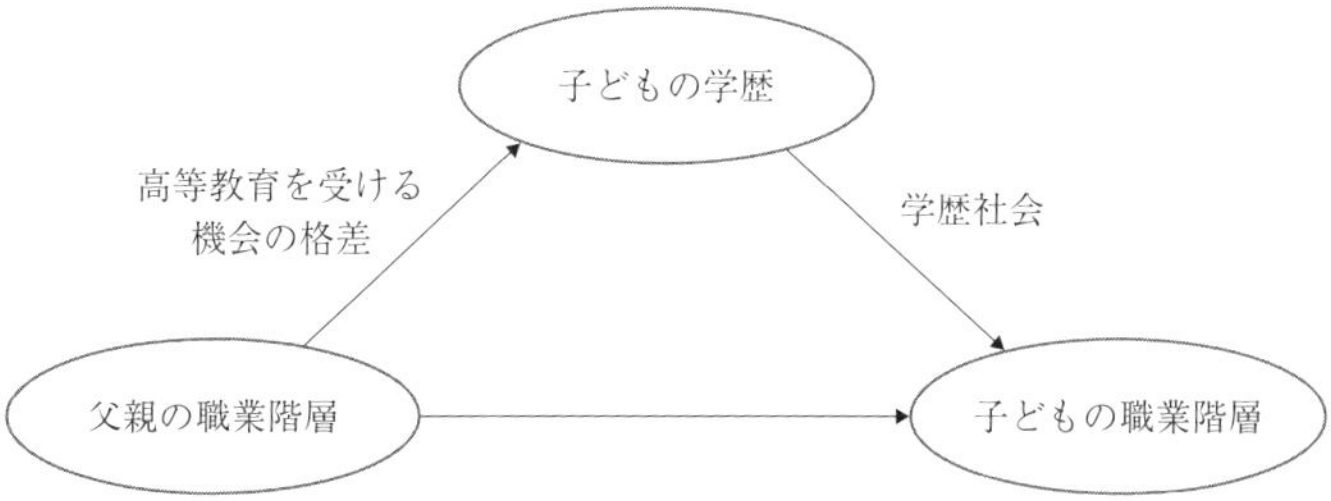

図 9-2　父親の職業階層・子どもの学歴・子どもの職業階層の関連

的な継承が生じているからだと考えられます。具体的には、専門階層の親はその経験や知識から経済的に無理をしてでも子どもを大学へ進学させるので、結果として子どもが専門職に就きやすくなるということです（図９‐２参照）。もちろんこのメカニズムは親が専門職でなくても起こりえますが、そのボリュームが専門職の親子間では特に大きいわけです。

要するに専門階層の再生産を考えるには、子どもの学歴に着目することが重要です。ここでの学歴は、どこの大学を出たかというだけでなく、どの学校段階を卒業したか（大卒か高卒かなど）を指しています。そこで親の職業階層別に子どもが大学へ進学した比率を見てみます。図９‐３は、その推移を子どもの出生年別に示したものです。専門階層の親をもつ子どもの大学進学率は高く、農業階層や中小企業ブルーカラー階層は低くなっています。しかもその差が長年ほとんど埋まらずに推移していることがわかります。

もちろんこれが子ども本人の自発的な選択の結果であれば問題ありません。しかし、いつの時代でも大学進学を希望する子どものすべてが実際に進学できたわけではないことを勘案すると、一部の階層出身

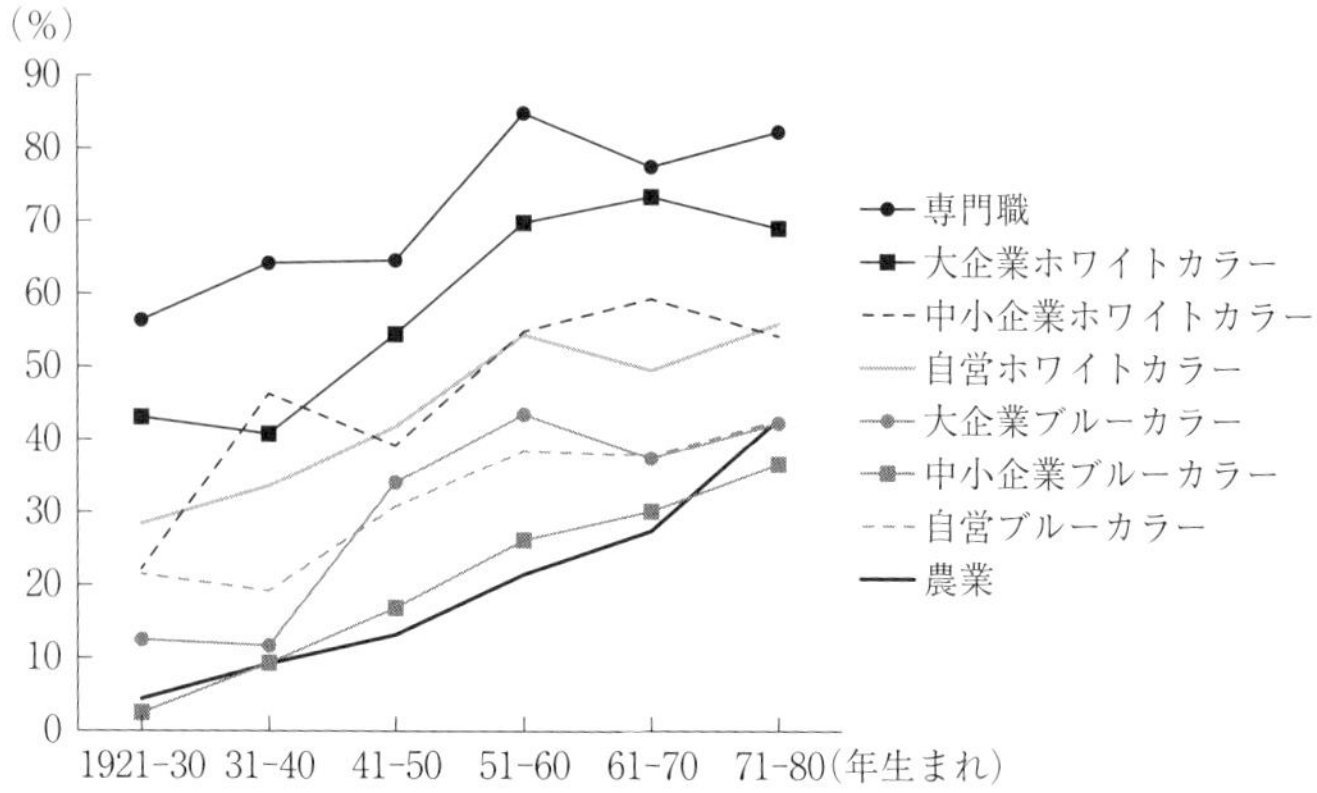

図 9-3　父親の職業階層別子どもの大学進学率

注）2000〜2003, 2005, 2006 年 JGSS プールデータから，男性の子どもについて出生年別・父親の職業階層（SSM 総合職業分類）別に大学進学率を示した。
出所）吉田崇　第 19 回日本家族社会学会配付資料，2009 年

者はなんらかの原因によって進学機会が制約されていると考えざるをえません。その要因として、本人の学力のほか、経済仮説（親の経済力）・文化仮説（親の教育に対する考え方）あるいは合理的選択仮説など複数の仮説が提起され、多くの研究がなされています。

かつては社会全体の大学進学率が上昇すれば、こうした機会の不平等はしだいに解消すると期待された時期もありましたが、そうはなっていないというのが現実です。進学率が上昇することと、出身階層間で進学率の差がなくなることとは別です。さらにここではデータを示しませんが、子どもの学歴と学校卒業後の職業とは関連しています。そのため、先ほど述べたように結局、親の職業階層（専門）→子どもの学歴（大卒）→子どもの職業階層（専門）という学歴を媒介とした再生産がおき

ていると考えられます。

留意点と結論

もっとも以上はデータから観察できる傾向(確率)を記述した結果であって、決定論を述べたわけではありません。農業階層の親をもつと大学へ進学できないとか、専門職の親をもてば自分も必ず専門職に就けるということを含意しません。そうでないことは身の回りを見渡せば納得できると思います。

さらに、再生産率一つをとっても、職業階層をどのように定義し、いくつに区分するかで数値が当然変わってきます。本章の括り方では、たとえば医者の子どもが小学校の教員になっても専門階層の再生産とみなします。けれども階層区分を非常に細かくしていけば、医者の子どもが医者というケースしか再生産として数えなくなるので、再生産率はかなり低くなるはずです。他方で階層区分を社会全体でたとえば二つにしてしまえば、再生産率は高めに出るでしょう。また親の世代にはなかった新しい職業(たとえばユーチューバー)をどう扱うべきかという課題も残されています。

つまり「再生産」というテーマに関して唯一正しい答があるわけではありません。しかし、こういった方法でデータを集め、職業階層という概念を用いて分析した結果、こういう結論に達した、ということははっきりいえます。本書の前段で調査方法や階層区分についてやや詳しく述べたのも、そうした意図からです。また本章で述べた傾向は、分析した標本だけではなく我々が知りたい母集団でも成り立つことを確かめてあり、分析もこれまで研究の蓄積がある方法に基づいて学界の定説を踏まえたものに限っています。その意味で、本章から以下のような結論を述べることは許されるでしょう。

男性については全体移動率が高いので、親子間で職業階層の大きさが変化したことを勘案しても社会全体で再生産がおきているとはいえない、ただし父親の職業階層は子どもの職業階層に影響していて、特に専門・自営ホワイトカラー・農業の各階層で再生産の傾向が比較的強い、その背景として自営ホワイトカラー・農業では物的資産の直接的な継承が、専門職では学歴を媒介とした間接的な再生産が考えられる、ということです。結局、子どもの学歴にしろ職業階層にしろ、親の影響を免れないのが現実です。機会の不平等という難問が依然として我々の前に横たわっていることを、再生産をテーマにした本章で改めて確認したことになります。

謝辞
本章はＪＳＰＳ科研費特別推進研究事業（課題番号25000001）に伴う成果の一つであり、本データの利用にあたっては二〇一五年ＳＳＭ調査研究管理委員会の許可を得ました。

（1）格差社会論のいわば火付け役となった研究として佐藤（二〇〇〇）があります。再生産についても詳しく分析されています。

（2）「再生産」という用語にはいくつかの異なった意味や使われ方があります。詳しくは小内（一九九五）を参照してください。
（3）その具体的な方法論については轟・杉野編（二〇一七）の第七章を参照してください。
（4）統計法や基幹統計については、総務省のホームページを参照してください。
（5）公開講座では第六回データの結果をもとに話しましたが、本章は第七回の結果に基づいています。ただし第七回データのみ、本章執筆時点では公開されていません。
（6）SSM総合職業分類では雇用が正規か非正規は区別されていません。ただし今回の分析対象は男性で、非正規雇用は若年者をのぞいて少ないので区別せずに分析しました。
（7）階層という概念、階級との違いなど詳細については、平沢（二〇一四）の第五章を参照してください。
（8）本人（子ども）が女性の場合は、本文で述べた傾向と異なる部分があり、それを議論するにはそれなりの紙幅が必要なので、ここでは取り上げません。
（9）農業階層には林業や漁業も含まれますが、継承のメカニズムが異なるためここでは農業を念頭に論じています。

文献・読書案内

石田浩・近藤博之・中尾啓子編『現代の階層社会2――階層と移動の構造』（東京大学出版会、二〇一一年）
二〇〇五年SSM調査の分析結果をとりまとめた三巻の一冊で、再生産についても取り上げられている。二〇一五年調査の成果はまもなく刊行される予定。
小内透『再生産論を読む』（東信堂、一九九五年）
佐藤俊樹『不平等社会――さよなら総中流』（中央公論新社、二〇〇〇年）
轟亮・杉野勇編『入門・社会調査法第3版』（法律文化社、二〇一七年）
計量的な分析のために調査票を用いて行う社会調査について、その方法論をまとめた入門書。
中村高康・平沢和司・荒牧草平・中澤渉編『教育と社会階層――ESSM全国調査からみた学歴・学校・格差』（東

京大学出版会、二〇一八年）
　無作為抽出した個人の教育歴について詳細に調べた二〇一三年ＥＳＳＭ調査の分析結果をとりまとめた研究書。
橋本健二『新・階級社会』（講談社（講談社現代新書）、二〇一八年）
　本書と同じＳＳＭデータを用いて、階級という異なる視点から再生産について、本章とはやや異なる結論に達した興味深い書。
平沢和司『格差の社会学入門――学歴と階層から考える』（北海道大学出版会、二〇一四年）
　社会的格差を主に学歴・所得・職業の側面から解説した、北海道大学での講義をもとした入門書。
吉田崇　第19回日本家族社会学会配付資料、二〇〇九年
吉田崇「世代間所得移動からみた機会の不平等」石田浩・近藤博之・中尾啓子編『現代の階層社会２――階層と移動の構造』（東京大学出版会、二〇一一年、七一―八六頁）

あとがき

二〇一九年度は、「文学研究科」から「文学研究院・文学院」への改組の時期と重なりました。企画者の間には、新たな枠組みと心構えでの、〈再〉出発の季節——という思いが共有されていたことでしょう。ここでカミングアウトするのも妙ですが、私は当初からの企画委員ではありません。よって、「はしがき」でどこまで旧委員の皆さんの思いを〈再〉説できたか心許ない限りですが、本編のおもしろさがそれを補って余りあると確信いたします。この「あとがき」から読み始められた方は、ぜひ急いで本編へ向かってください！　例年になくおもしろい仕上がりになっております。

なお、本書の企画・編集に際しても、〈再三〉のことですが、前任者の鈴木幸人先生（博物館学研究室）、北海道大学出版会の佐藤貴博さん、今中智佳子さん、文学研究院研究推進室の森岡和子さんに大変御世話になりました。あつく御礼申し上げます。

さて、残念ながら文学研究院公開講座は、昨二〇一九年度が最終回となりました。ざっくりした言い方をすれば、「働き方改革」の一環です。寂しい話ですが、定員削減のスピードに比して事務的仕事（ペイパーワーク）は増える一方。教員は、本業ともいうべき大学の授業や研究にあてるための時間がなかなか捻出できないのが現状です。これは、さまざまな調整を行ってくださっている事務方に関しても同様で、公開講座を研究院側ですべて賄うのが困難となって参りました。どうか諸事情をお酌み取りください。

ただし、研究成果を市井に還元する活動（アウトリーチ）は、北大が特に国立大学である以上、倫理的にもやはり不可欠だと我々は考えています。そこで二〇一八年度から、規模・回数を縮小しつつも内容はさらに濃く、北海道新聞社および道新文化センターと連携して「北大道新アカデミー」を開始することとなりました。これが軌道に乗り始め、文学研究院は今後（おそらく）毎年前期（四月～七月期）に講義を担当してゆく予定です。

従来の文学研究院公開講座全一〇回と異なる点は――当面の方針なのでいつ変更するとも限りませんが――、哲学・思想系、文学・語学系、歴史学系、社会科学系、といったまとまりごとに、半期ワンクール、全八回で開講することです。学問分野によって方法論（ディシプリン）がかなり異なりますから、これまでは分野横断が甚だしく、聞き手の皆さんにもずいぶんとご負担を強いてきたような気がします。そうした反省もあって、テーマや話題をかなり絞り、また統一感のある講座に仕立てるように〈模様替え〉を図っています。乞うご期待！

現在のところ活字化・書籍化までは考えていませんが、それだけに、ぜひとも北大道新アカデミーに足をお運びになり、文学研究院の現在進行形の研究成果に直に接してみてください。きっと新たな発見や学びがあるはずです。

そうしたかたちで、〈ふたたび〉お目にかかれる日を待ち望んでおります。それでは、いずれの日まで。〈再見《サヨウナラ》〉！

二〇二〇年正月六日

橋本　雄

執筆者紹介（執筆順）

橋本　雄（はしもと　ゆう）　一九七二年生まれ。東京大学大学院人文社会系研究科単位取得退学。博士（文学）。現在、北海道大学大学院文学研究院・教授（日本史学研究室）。著書に、『中世日本の国際関係――東アジア通交圏と偽使問題』（吉川弘文館、二〇〇五年。第二刷二〇一四年）、『中華幻想――唐物と外交の室町時代史』（勉誠出版、二〇一一年）、『ＮＨＫさかのぼり日本史　外交篇７　室町〝日本国王〟と勘合貿易』（ＮＨＫ出版、二〇一三年）。

宮嶋俊一（みやじま　しゅんいち）　一九六六年生まれ。東京大学大学院人文社会系研究科博士課程修了。博士（文学）。現在、北海道大学大学院文学研究院・准教授（宗教学インド哲学研究室）。著書に、『媒介物の宗教史　下巻（宗教史学論叢24）』（津曲真一・細田あや子編、分担執筆、リトン、二〇一〇年）、『祈りの現象学――ハイラーの宗教理論』（ナカニシヤ出版、二〇一四年）、『シリーズ生命倫理学（４）終末期医療』（安藤泰至・高橋都編、分担執筆、丸善、二〇一二年）。

和田博美（わだ　ひろみ）　一九五七年生まれ。北海道大学大学院環境科学研究科博士課程修了。学術博士。現在、北海道大学大学院文学研究院・教授（心理学研究室）。著書に、『発達科学ハンドブック第８巻　脳の発達科学』（榊原洋一・米田英嗣編、分担執筆、新曜社、二〇一五年、二一〇―二一八頁）、論文に、“Acoustic alterations of ultrasonic vocalization in rat pups induced by perinatal hypothyroidism” (*Neurotoxicology*, 59, 175–182, 2017)、“Effects of prenatal ethanol exposure on acoustic characteristics of ultrasonic vocalizations in rat pups” (*Neurotoxicology*, 69, 29–36,

2018)。

水溜真由美（みずたまり まゆみ）　一九七二年生まれ。東京大学大学院総合文化研究科博士課程修了。博士（学術）。現在、北海道大学大学院文学研究院・教授（映像・現代文化論研究室）。著書に、『堀田善衛　乱世を生きる』（ナカニシヤ出版、二〇一九年）、『『サークル村』と森崎和江――交流と連帯のヴィジョン』（ナカニシヤ出版、二〇一三年）、『カルチュラル・ポリティクス 1960/70』（北田暁大・野上元・水溜真由美編、せりか書房、二〇〇五年）。

佐野勝彦（さの かつひこ）　一九七六年生まれ。京都大学大学院文学研究科後期博士課程研究指導認定退学。博士（文学）。現在、北海道大学大学院文学研究院・准教授（哲学倫理学研究室）。著書に、『数学における証明と真理――様相論理と数学基礎論』（菊池誠編、分担執筆、共立出版、二〇一六年）、『コンピュータ理論の起源［第一巻］チューリング』（伊藤和行編、分担翻訳・執筆、近代科学社、二〇一四年）、論文に、"Characterising modal definability of team-based logics via the universal modality" (Jonni Virtema 氏との共著、*Annals of Pure and Applied Logic*, 170(9), 1100-1127, 2019)。

小杉　康（こすぎ やすし）　一九五九年生まれ。明治大学大学院文学研究科博士後期課程単位取得退学。現在、北海道大学大学院文学研究院・教授（考古学研究室）。著書に、『縄文のマツリと暮らし』（岩波書店、二〇〇三年）、『形と心の考古学――認知考古学の冒険』（編著、同成社、二〇〇六年）、『はじめて学ぶ考古学』（共編著、有斐閣、二〇一一年）、『縄文時代の考古学　全12巻』（共編著、同成社、二〇〇七―二〇一〇年）。

佐藤健太郎（さとう けんたろう）　一九六九年生まれ。東京大学大学院人文社会系研究科博士課程修了。博士（文学）。現在、北海道大学大学院文学研究院・准教授（東洋史学研究室）。著書に、*The Vellum Contract Documents in*

Morocco in the Sixteenth to Nineteenth Centuries, 2vols.（共編著、ed. by Miura Toru and Sato Kentaro, Toyo Bunko, 2015–2020)、『世界歴史大系　スペイン史1　古代〜近世』（関哲行・中塚次郎・立石博高編、共著、山川出版社、二〇〇八年）、『モロッコを知るための65章』（共編著、明石書店、二〇〇七年）。

武田雅哉（たけだ　まさや）　一九五八年生まれ。北海道大学大学院文学研究科博士後期課程単位取得退学。現在、北海道大学大学院文学研究院・教授（中国文化論研究室）。著書に、『西遊記――妖怪たちのカーニヴァル』（慶應義塾大学出版会、二〇一九年）、『中国飛翔文学誌――空を飛びたかった綺態な人たちにまつわる十五の夜噺』（人文書院、二〇一七年）、『中国のマンガ――〈連環画〉の世界』（平凡社、二〇一七年）。

金沢英之（かなざわ　ひでゆき）　一九六八年生まれ。東京大学大学院総合文化研究科単位取得退学。博士（学術）。現在、北海道大学大学院文学研究院・教授（日本古典文化論研究室）。著書に、『宣長と『三大考』――近世日本の神話的世界像』（笠間書院、二〇〇五年）、『義経の冒険――英雄と異界をめぐる物語の文化史』（講談社、二〇一二年）、論文に、「中世における文字とことば――吉田兼倶『日本書紀』神代巻抄をめぐって」（『萬葉集研究』第三六集、二〇一六年、二七七―三〇八頁）。

平沢和司（ひらさわ　かずし）　一九六二年生まれ。北海道大学大学院文学研究科博士後期課程単位取得退学。文学修士。現在、北海道大学大学院文学研究院・教授（社会学研究室）。著書に、『格差の社会学入門――学歴と階層から考える』（北海道大学出版会、二〇一四年）、『教育と社会階層』（中村高康・平沢和司・荒牧草平・中澤渉編、分担執筆、東京大学出版会、二〇一八年）、『入門・社会調査法第4版』（轟亮・杉野勇・平沢和司編、分担執筆、法律文化社、二〇二一年）。

〈北大文学研究院ライブラリ 18〉
再――くりかえす世界

2021年3月31日　第1刷発行

編　者　橋　本　　　雄

発行者　櫻　井　義　秀

発行所　北海道大学出版会
札幌市北区北9条西8丁目 北海道大学構内(〒060-0809)
tel. 011(747)2308・fax. 011(736)8605 http://www.hup.gr.jp

㈱アイワード

ISBN 978-4-8329-3411-5

「北大文学研究科ライブラリ」刊行にあたって

このたび本研究科は教員の研究成果を広く一般社会に還元すべく、「ライブラリ」を刊行いたします。これは「研究叢書」の姉妹編としての位置づけを持ちます。「研究叢書」が各学術分野において最先端の知見により学術世界に貢献をめざすのに比し、「ライブラリ」は文学研究科の多岐にわたる研究領域、学際性を生かし、十代からの広い読者層を想定しています。人間と人間を構成する諸相を分かりやすく描き、読者諸賢の教養に資することをめざします。多くの専門分野からの参画による広くかつ複眼的視野のもとに、言語と心魂と世界・社会の解明に取りくみます。時には人間そのものの探究へと誘う手引きとして、また時には社会の仕組みを鮮明に照らし出す灯りとして斬新な知見を提供いたします。本「ライブラリ」が読者諸賢におかれて「ひとり灯のもとに文をひろげて、見ぬ世の人を友」(『徒然草』一三段)とするその「友」となり、座右に侍するものとなりますなら幸甚です。

二〇一〇年二月

北海道大学大学院文学研究科

北大文学研究院ライブラリ

10 食と文化 ―時空をこえた食卓から― 細田典明編著 四六・二七二頁 定価二四〇〇円

11 新渡戸稲造に学ぶ ―武士道・国際人・グローバル化― 弥和順 佐々木啓 編著 四六・二八四頁 定価一八〇〇円

12 時を編む人間 ―人文科学の時間論― 田山忠行編著 四六・二七四頁 定価二四〇〇円

13 空間に遊ぶ ―人文科学の空間論― 田山忠行編著 四六・二八〇頁 定価二四〇〇円

14 人口減少時代の宗教文化論 櫻井義秀 著 四六・二九八頁 定価二六〇〇円

15 悩める人間 ―人文学の処方箋― 仁平尊明 編 四六・二七二頁 定価二四〇〇円

16 恋する人間 ―人文学からのアプローチ― 鈴木幸人編著 四六・二九六頁 定価二六〇〇円

17 かなしむ人間 ―人文学で問う生き方― 鈴木幸人編著 四六・二九六頁 定価二六〇〇円

文学研究院ライブラリは当初文学研究科ライブラリとして刊行されていたが、二〇一九年四月より文学研究科は文学研究院に改組されたため、北大文学研究院ライブラリとして刊行を続けている。

〈定価は消費税含まず〉

北海道大学出版会